21世纪高等院校通识课规划教材

大学生心理健康教育

(第四版)

DAXUESHENG XINLI JIANKANG JIAOYU

4th Edition

◉ 崔艳 马敬 赵刚 主编
◉ 于金龙 郑伟 刘旭 副主编

东北财经大学出版社
Dongbei University of Finance & Economics Press
大连

图书在版编目（CIP）数据

大学生心理健康教育 / 崔艳，马敬，赵刚主编．—4 版．—大连：东北财经大学出版社，2023.8

（21 世纪高等院校通识课规划教材）

ISBN 978-7-5654-4749-5

Ⅰ．大…　Ⅱ．①崔…②马…③赵…　Ⅲ．大学生-心理健康-健康教育-高等学校-教材　Ⅳ．G444

中国国家版本馆 CIP 数据核字（2023）第 000764 号

东北财经大学出版社出版

（大连市黑石礁尖山街 217 号　邮政编码　116025）

网　　址：http://www.dufep.cn

读者信箱：dufep@dufe.edu.cn

大连永盛印业有限公司印刷　　东北财经大学出版社发行

幅面尺寸：185mm×260mm　　字数：397 千字　　印张：17.25

2023 年 8 月第 4 版　　2023 年 8 月第 1 次印刷

责任编辑：蔡　丽　　责任校对：孙　平

封面设计：原　皓　　版式设计：原　皓

定价：45.00 元

教学支持　售后服务　　联系电话：（0411）84710309

如有印装质量问题，请联系营销部：（0411）84710711

第四版前言

近些年来由学生心理问题导致的高校大学生恶性事件时有发生，从2004年云南大学马加爵事件到2009年上海海事大学杨元元因为家庭困境而自杀，从2013年复旦大学研究生投毒案到2016年四川师范大学杀人案，再到2021年北大学生吴谢宇弑母案的一审宣判，这些事件的发生给社会、学校及个人带来的往往是无法弥补的损失甚至灾难，因此对大学生群体开展心理健康教育日趋重要。

我国教育部一直都非常重视大学生的心理健康教育，除规定各高校必须开设心理健康教育课程之外，在2011年第5号文件中，对教学目标、教学内容以及教学方法等都作了明确的规定。我们认为，心理健康教育课程应与传统的学科课程有所区分。传统的学科课程重视的是知识的系统性，而心理健康教育课程开设的目的是希望学生通过学习能应用相关的心理学知识解决生活和学习中产生的各种实际问题，如人际关系方面的问题。因此，本书在编写过程中力求突出实用性和互动性，在“阳光训练”中采用互动式、体验式等各种形式，把抽象的心理健康知识和生动活泼的操作实践紧密结合起来，使学生在体验中学习，在体验中感受，在体验中成长。

在本书的体系结构上，我们力求遵循学生课堂学习的规律，理论联系实际，以充分发挥学生学习的积极性和主动性。本书将各章的主体内容设计为七大板块：

“阳光心态”——引用发人深省的心理学故事或案例，揭示本章主题。

“阳光殿堂”——主要阐述与本章相关的心理学知识。

“问题汇总”——紧密结合当前大学生的生活实际，对大学生常见的心理问题进行归纳总结并提出建议。

“认识自己”——运用心理量表，指导大学生对当前自身心理状态进行分析。

“阳光训练”——通过团体训练等训练模式提高大学生心理素质。

“幸福阳光”——通过运用与心理学相关的故事、案例、诗歌，再次潜移默化地感染和鼓励大学生们，提醒他们拥有积极、良好心态的重要性。

“学思践悟”——学习党的二十大精神，将心理学知识应用到实践，培养学生的家国情怀，守正创新，树立民族自信心，达到价值塑造、知识传授、能力培养三位一体的育德树人之效，努力践行习近平新时代中国特色社会主义思想进教材、进课堂、进学生头脑。

本书编者或者在高校讲授过心理健康教育课程，或者在高校负责心理健康教育工作。大连外国语大学学生处的于金龙老师对本书学生活动的设计提供了很大的帮助。本书由崔艳、马敬、赵刚负责框架设计，指导具体写作及编撰定稿；由于金龙、郑伟和刘旭负责初稿的整理工作。各章的编写分工如下：崔艳负责第一、二章；马敬负责第四、六章；赵刚负责第五、十一章；于金龙负责第八、九、十章；郑伟负责第三章；刘旭负责第七章。

第四版更正了部分错漏之处，以二维码形式提供了“拓展阅读”内容；尤为重要的是，在所有章的最后都增设了“学思践悟”板块，并适当引用了党的二十大报告的内容。

在本书的编写和修订过程中，编者参考和引用了大量文献，但由于不具备广泛且深入地查询馆藏资料的条件，以及电子数据资源的覆盖范围有限，在脚注和“主要参考文献”中可能没有列全资料来源，或者所列的可能不是最早来源的作者的作品，请相关作者谅解；若相关作者与本书编者联系，编者愿意根据引用作品的篇幅来提供相应的字数报酬。在此，编者向所有的相关作者表示衷心的感谢。

本书的编写得到了大连科技学院各级领导和教务处、学生处等职能部门的大力支持，同时特别感谢给予我们大力支持的东北财经大学出版社的相关编辑，以及在编写过程中参考和引用的国内外文献的作者们。此书虽经编者的共同努力，但限于水平和经验，书中难免会存在不足之处，恳请各位专家、同行谅解，也真诚希望读者多提宝贵意见，使本书得以不断完善。

编　者

2023年5月

目　录

第一部分　心理健康基础知识

第二部分　了解自我　发展自我

第三部分　增强自我心理调适能力

第一部分　心理健康基础知识

第一章
健康从"心"开始
——心理健康导论

一个健全的心态，比一百种智慧更有力量。

——狄更斯

世界上只有想不通的人，没有走不通的路。

——佚名

阳光心态

第二次世界大战期间，德国的纳粹分子曾进行了一次严酷的心理实验。他们声称将用一种特殊的方式处死人，这种方式就是抽干人身上的血液。

实验那天，他们从集中营中挑选出来两个人：一个是牧师；另一个是普通工人。纳粹士兵将两个人分别捆在床上，用黑布蒙上双眼，然后将针头扎进他们的手臂，并不时告诉他们：现在，你已经被抽了多少升血了，你的血将在多长时间内被抽干。其实，纳粹士兵并没有真的抽他们的血，只是在他们的手臂上扎进了一支空针头。结果，工人的面部不断抽搐，脸色变得惨白，渐渐地在惊恐万状中死去。而那位牧师始终神情安详，他活了下来。

事后，人们问起牧师当时的感想，他回答说："我的内心很平静，我不害怕，我问心无愧；即使死了，我的灵魂也会进入天堂。"可见，在实验进行过程中，两个人都面临死亡的现实威胁，不同的是，极端恐惧的心态让那个工人失去信心，采取了放弃生命的行为，最终因心力衰竭而死去；牧师则因为拥有平和的心态，正视自己，从容地面对当前的一切，反而幸存了下来。

资料来源　涂道坤，李镇．心态决定一切——成功、健康、幸福的奥秘［M］．长春：吉林摄影出版社，2002：171-172.

【思考】这个故事给你哪些启发？

阳光殿堂

一、心理及心理学的含义

心理是人脑对客观事物的反应。因此，人脑是心理活动的器官①，离开人脑这一物质基础，任何心理现象都不会发生。

心理学是研究人的心理现象的科学。②心理现象包括心理过程和个性心理两个方面。③

（一）心理过程④

心理过程包括认知过程、情感过程和意志过程。

认知过程指的是当客观事物来临时，我们的大脑利用感觉、知觉、记忆、思维和想象对这些外在信息进行加工，进而转换成内在的心理活动的过程。也就是说，我们的大脑是如何认识客观事物的，这就是我们的认知过程。

在认识客观事物的过程中，我们自然会对客观事物产生一定的态度，如喜欢或厌恶、热爱或憎恨等主观体验，这就是情感过程。

人们在认识客观世界后，还会有计划、有目的地改造世界。人们采取行动，克服困难，最终达成目标的过程就是意志过程。意志过程是人和动物的本质区别。

（二）个性心理⑤

心理过程是人们所共有的，体现了心理活动的共性，但反映在每一个具体的人身上，会表现出不同的特点，具有比较稳定的心理特征，这种心理特征被称为个性心理，简称个性，也称作人格。

个性心理由个性心理倾向性和个性心理特征两个方面组成，它体现了人与人之间的差异。

个性心理倾向性主要包括需要、动机、兴趣、信念和价值观等，是驱使个体进行心理活动的潜在动力。

个性心理特征包括气质、性格和能力等，是个性心理的特征结构。人与人之间的差异性主要体现在这3个方面，它比较稳定地反映一个人与其他人不同的特质。

人的心理的认知过程、情感过程、意志过程不是彼此孤立的，而是心理活动的3

① 德国学者弗朗兹·约瑟夫·加尔（Franz Joseph Gall，1758—1828）提出的颅相学中的观点。

② 戴哲人．心理学与教育工作［J］．安徽教育，1979（5）：8-9.

③ 华东六省一市教育学院．教育心理学［M］．福州：福建教育出版社，1983：22.

④ 马有度．中国心理卫生学［M］．成都：四川科学技术出版社，1988：15-23.

⑤ 胡德辉，叶奕乾，杨治良．现代心理学［M］．开封：河南教育出版社，1980：6-7.

个不同方面，这3个方面要统一、协调。心理过程和个性心理也不是截然分开的，而是密切相联的。心理学的主要任务就是探明心理现象的发生、发展规律，进而预测和控制人类的心理活动。它们之间的关系可以用图1-1来表示。

- 心理现象
  - 心理过程
    - 认知过程：感觉、知觉、记忆、思维和想象
    - 情感过程：态度和情绪
    - 意志过程：目的和行为
  - 个性心理
    - 个性心理倾向性：需要、动机、兴趣、信念和价值观等
    - 个性心理特征：气质、性格和能力等

图1-1　心理学研究对象结构示意图

二、健康与心理健康

（一）健康的概念

1946年世界卫生组织（WHO）将健康定义为："健康不仅为疾病或羸弱之消除，而系体格、精神与社会之完全健康状态。"1989年，世界卫生组织又一次深化了健康的概念，认为健康不仅是没有疾病，而且包括躯体健康、心理健康、社会适应良好和道德健康。这种健康观念把人的健康从生物学的意义扩展到了精神和社会关系两个方面的健康状态，把人的身心、家庭和社会生活的健康状态均包括在内。

（二）亚健康状态

亚健康是一种非病、非健康状态，是介于健康与疾病之间的状态。"亚"有次等之意，所以也称这种状态为次健康、第三状态和中间状态等。处于亚健康状态的人，虽没有明确的疾病，但精神活力和适应能力下降，常伴有失眠、食欲差、情绪不稳定等症状；如果这种状态不能得到及时纠正，很容易引起身心疾病。

心理亚健康是介于心理健康和心理疾病之间的状态。其主要表现为不明原因的脑力疲劳、情感障碍、思维紊乱、恐慌、焦虑、自卑，以及神经质、冷漠、孤独、轻率，甚至产生自杀念头等。

心理亚健康状态表现为：①

1.记忆力下降，注意力不集中

在日常生活、工作中，患者老是忘记很多事情，容易走神，无法集中自己的精力。

2.思维缓慢，反应迟钝

患者想问题时会遇到一些困难，大脑的反应变慢，与人交流时脑筋偶尔"短路"，总会慢半拍。

3.长时间的不良情绪

每个人都有出现不良情绪的时候，一般来说都能自我调整。如果一个人的不良情绪持续的时间比较长，无法自我调整，就需要注意了；否则，有可能恶化，出现抑郁症、焦虑症等心理疾病。

4.不自信，安全感不够

患者越来越不自信，总是对未来忧虑，喜欢独处，回避社会。

① 佚名．亚健康状态［EB/OL］．［2013-06-08］．http://baike.baidu.com/view/54369.htm.

如果患者处于心理亚健康状态，建议及时进行心理健康保养，调整好自己的心理状态，有条件的可以进行心理辅导。

（三）心理健康

心理健康是相对而言的，绝对的健康是不存在的，人们的心理状态总是在健康和不健康之间波动，既可以从比较健康变成不健康，又可以从不健康变成健康。因此，心理状态是指人在某一段时间内的特定状态，而不应被认为是固定的和永远如此的。

迄今为止，关于心理健康还没有一个统一的概念。1946年的第三届国际心理卫生大会曾为心理健康下过这样的定义：心理健康是指在身体、智能以及情感上与他人的心理健康不相矛盾的范围内，将个人心境发展成最佳状态。目前大多数人认为，从广义上讲，心理健康是指一种高效而满意的、持续的心理状态；从狭义上讲，心理健康是指人的基本心理活动内容完整、协调一致，能顺应社会，与社会保持同步。

灰色区理论可以更好地帮我们理解心理健康的含义（见表1-1）。[①]

表1-1　　心理状态变化图解

区域 分类	纯白色区	浅灰色区	深灰色区	纯黑色区
人员	具有健康的人格（环境适应能力和人际关系良好、自信心强）的人	具有由生活、人际关系压力而产生的各种心理冲突的人	人格障碍、神经症、性变态患者	精神病患者
服务人员	不需要	心理咨询师	心理医师	精神病医生

人的心理状态是不断变化的动态过程，各区域之间并没有明显的界线。例如，某个学生现在的心理状态可能属于纯白色区；可过两天，他和室友吵架了，感到非常郁闷，这个时候他的心理状态就处于浅灰色区；再过两天，他经过自己的调整又重新开心起来，和室友的问题也解决了，这个时候他的心理状态就恢复到纯白色区。所以，没有谁的心理状态一直是健康的，大多数情况下，人们的心理状态都在纯白色区和浅灰色区之间变化。如果一个人的心理状态处在浅灰色区，又不能及时调整或者找专业人士帮助，他的心理状态就有可能滑落到深灰色区；再不及时进行调整，就有可能演变成精神病患者。

（四）心理健康的标准

人的生理健康是有标准的，人的心理健康也是有标准的。不过，从上面的介绍中我们可以看出，心理状态是不断变化的，因此它的标准就不可能像生理标准那样具体、客观。

目前，美国心理学家马斯洛和米特尔曼提出的心理健康的10条标准被公认为“最经典的标准”：

①充分的安全感；

②充分了解自己，并对自己的能力作适当的评估；

③生活的目标切合实际；

① 田宝，钱建龙．青少年心理技能训练［M］．北京：人民体育出版社，1995：20-21．

④与现实的环境保持接触；

⑤能保持人格的完整与和谐；

⑥具有从经验中学习的能力；

⑦能保持良好的人际关系；

⑧适度的情绪表达与控制；

⑨在不违背社会规范的条件下，满足个人的基本需要；

⑩在不违背社会规范的条件下，在一定范围内发挥个性。

这10条标准反映的是对个体在适应社会过程中的心理状态的一般要求，它具有普遍意义。但是，我们应该注意到人在不同的发展时期，心理状态也是不一样的。因此，判断人的心理健康状况也应该考虑到年龄、性别、所处的时代、文化背景等各种因素。

（五）大学生心理健康的标准

大学生大多数处于18~25岁之间，其心理状态走向成熟但又未完全成熟。在这个时期，大学生会面临学业、情感、人际关系、就业等各方面的压力，若处理不好就会出现心理问题。

不同学者对大学生心理健康的标准有不同的观点，大都从大学生的认知、情感、意志、社会适应等方面加以考查，但是在实践中，大多数学者认为大学生心理健康可以从以下几个方面把握：

1.智力正常

这是大学生学习与生活的必要心理条件，也是适应周围环境变化所必需的心理保证。智力低下者不能适应大学学习生活及环境的变化。

2.情绪健康

情绪稳定并常有愉快心境，乐观开朗，富有朝气，对生活充满希望；同时，善于控制与调节自己的情绪，既能克制又能合理宣泄，情绪反应与环境相适应。

3.意志坚强

意志是指能够克服困难，有计划、有目的地完成一项活动。有意志力的人在行动的自觉性、果断性、顽强性和自制力等方面都表现出较高的水平。有意志力的大学生在各种活动中都有自觉的目的性，能适时地作出决定并运用切实有准备的方式解决所遇到的问题。他们在困难和挫折面前，能采取合理的反应方式，能在行动中控制情绪和言行，而不是行动盲目、畏惧困难、顽固执拗。

4.人格统一

这是指人的知、情、意要统一协调，即个人的所想、所说、所做都是协调一致的，不产生自我同一性混乱，以积极进取的人生观作为人格的核心，并以此为中心把自己的需要、目标和行动统一起来。

5.自我评价正确

大学生能够恰如其分地认识自己，摆正自己的位置，既不以自己在某些方面高于别人而自傲，也不以自己在某些方面低于别人而自惭形秽，能够自我悦纳，喜欢自己，接受自己。

6.人际关系和谐

良好而深厚的人际关系是事业成功与生活幸福的前提。其表现为乐于与人交往，既有广泛而深厚的人际关系，又有知心朋友；在交往中保持独立而完整的人格，有自知之明，不卑不亢；能客观评价别人和自己，善取人之长，补己之短，宽以待人，乐于助人。

7.社会适应正常

个体能很好地适应客观环境，能以有效的办法应对环境中的各种困难，不退缩，还要根据环境的特点和自我意识的情况努力进行协调，或改变环境适应个体需要，或改造自我适应环境。

8.心理行为符合大学生的年龄特征

大学生是处于特定年龄阶段的特殊群体，应具有与年龄和角色相对应的心理行为特征。[①]

（六）如何理解心理健康的标准？[②]

①心理健康和不健康不是泾渭分明的对立面，而是一种连续状态，不能进行明确区分。在很多情况下，异常心理与正常心理、变态心理与常态心理之间没有绝对的界限，只是程度有差异。

②心理不健康与有不健康的心理和行为表现不能等同。心理不健康是指一种持续的不良状态，而偶尔出现不健康的心理和行为可能有其特殊的原因，具有暂时性，不能轻易地就一时一事判断某人心理有疾病。

③心理状态不是固定不变的，而是动态变化的。健康心理和不健康心理可以相互转换。

心理健康的标准是一种理想尺度，它不仅为我们提供了衡量心理健康的标准，而且为我们指明了提高心理健康水平的方向。每个人在自己现有的基础上作不同程度的努力，都可以追求心理发展的更高层次，不断发挥自身的潜能。

（七）在临床上评估心理健康水平的标准

郭念峰于1986年提出了评估心理健康水平的10条标准：[③]

1.周期节律性

人的心理活动在形式和效率上都有着自己内在的节律性。比如，人的注意力水平会自然地起伏。不只是注意状态，人的所有心理过程都有节律性。人们一般可以将心理活动的效率作为指标去探察这种客观节律的变化。有的人白天工作效率不太高，但一到晚上就很有效率；有的人则相反。如果在一段时间内，一个人的心理活动的固有节律被打乱，不管是什么原因造成的，我们都可以说他的心理健康水平下降了。

2.意识水平

意识水平的高低往往以注意力水平为客观指标。如果一个人不能专注于某项工作，不能专注于思考问题，思想经常开小差或者因注意力分散而出现工作上的差错，我们就要警惕他的心理健康问题了，因为注意力水平的降低会影响到意识活动的有效水平。思想不能集中的程度越高，心理健康水平就越低，由此造成的其他后果如记忆

---

① 柳斯品．现代大学生保健指南［M］．北京：北京医科大学、中国协和医科大学联合出版社，1994：20-22.

② 罗国杰．思想道德修养［M］．2版．北京：高等教育出版社，1993：29-30.

③ 郭念峰．临床心理学［M］．北京：科学出版社，1995.

力水平下降等也越严重。

3.心理受暗示性

易受暗示的人往往容易被周围环境的无关因素引起情绪的波动和思维的动摇，有时表现为意志力薄弱。他们的情绪和思维很容易随环境变化，给精神活动带来不太稳定的特点。当然，受暗示这种特点在每个人身上都多少存在，但水平和程度差别是较大的，女性比男性更易受暗示。

4.心理活动强度

这是指对精神刺激的抵抗能力。面对同一强烈程度的精神刺激，不同的人对其反应也不同，这就能看出不同人对精神刺激的抵抗力。抵抗力弱的人往往对刺激反应强烈，容易致病；抵抗力强的人对同等程度的刺激也会有反应，但不是很强烈，会很快恢复心理平衡。这种抵抗力主要是和人的认识水平有关。一个人在对外部事件有充分理智的认识时，就可以相对地减弱对其刺激的强度。另外，人的生活经验、固有的性格特征和先天神经系统的素质都会影响到这种抵抗能力。

5.心理活动的耐受力

这是指一个人长期经受精神刺激的能力。面对这种长期的、慢性的精神折磨，不同人的反应也不一样，有的人心理异常，个性改变，甚至产生严重的躯体疾病，而有的人不但不会出现严重的精神问题，反而把不断克服这种精神刺激当作与生活斗争的乐趣，在别人无法忍受的逆境中创出佳绩，表现出极强的耐受性。

6.心理康复能力

在人的一生中，谁也不可避免遭受精神创伤；在精神创伤之后，情绪的极大波动、行为的暂时改变，甚至某些躯体症状都是可能出现的。但是，由于人们各自的认识能力、经验不同，从一次打击中恢复过来所需要的时间也会有所不同，恢复的程度也有差别。这种从创伤刺激中恢复到正常水平的能力，被称为心理康复能力。心理康复能力强的人恢复得较快，而且不留什么严重痕迹。每当回忆起这次创伤时，他们表现得较为平静，原有的情绪色彩也很平淡。

7.心理自控能力

情绪的强度、情感的表达、思维的方向和过程都是在人的自觉控制下实现的，这种自控能力与人的心理健康水平密切相关。我们可以通过判断一个人的自控力，进而判断一个人的心理健康水平。当一个人身心十分健康时，他的心理活动会十分轻松自如，情感和语言表达恰如其分，仪态大方得体，他的自控力也会较强。

8.自信心

一个人在面对某种生活事件或工作任务时，必然会首先估计一下自己的应对能力。这种自我评估有两种倾向：一种是估计过高；另一种是估计过低。前者是盲目自信；后者是盲目自卑。这两种自信心的偏差都会导致不良后果。前者很可能自身力不从心而导致失败，从而产生失落感或抑郁情绪；后者可能因自觉力不从心，害怕失败而产生焦虑不安的情绪。为此，一个人是否有恰当的自信心是心理健康的一种标准。自信心实质上是一种自我认知和思维分析的综合能力，这种能力可以在生活实践中逐步提高。

9.社会交往

人类的精神活动得以产生和维持，其重要的支柱是充分的社会交往。社会交往的剥夺很可能导致人的精神崩溃，出现种种异常心理。因此，一个人与社会中其他人的交往好坏，也往往标志着一个人的心理健康水平。当一个人严重地、毫无理由地与亲友和社会中其他成员断绝来往，或者变得十分冷漠时，他就是产生了精神病症状，叫作接触不良。如果一个人过分地进行社会交往，与素不相识的人也可以十分热情地倾谈并表现得十分兴奋，他也可能处于一种躁狂状态。

10.环境适应力

从某种意义上说，心理是适应环境的工具，人为了个体保存和种族延续，就必须适应环境。环境包括工作环境、生活环境、工作性质、人际关系等。当这些环境条件突然变化时，一个人能否很快地适应以保持心理平衡，这反映了一个人的环境适应能力，往往也标志着一个人的心理健康水平。

我们可以采用以上10条标准来评估一个人的心理健康水平，大学生也可以针对这10条心理健康标准来评估自己和他人，发现问题并及时调节心理状况，提高心理健康水平。

三、正常心理与异常心理

通常情况下，我们把一个人的心理状态分为正常心理和异常心理两种情况。

（一）正常心理

正常心理分为心理健康和心理不健康两种状态。心理不健康包括一般心理问题、严重心理问题和神经症性心理问题。

1.一般心理问题

一般心理问题是指在近期发生的、内容尚未泛化的、反应不太强烈的情绪问题，常能找到相应的原因，思维符合逻辑，不严重破坏社会功能的心理不健康状态。

2.严重心理问题

严重心理问题是由相对强烈的现实因素激发的，初始情绪反应剧烈，持续时间长久（2个月内），内容充分泛化（类似、相关的刺激也能引起症状反应），已导致社会功能轻度受损，有时伴有某一方面的人格缺陷。

3.神经症性心理问题

神经症性心理问题又称可疑神经症，是介于严重心理问题和神经症之间的状态，内心冲突开始变形（与现实情况和道德无关），持续时间较长（3个月内），泛化严重（无关、不类似的刺激开始引起症状反应），已导致社会功能中度受损。[①]

（二）异常心理

异常心理通常指的是影响人的正常学习、工作和生活的异常或病态的心理与行为表现，主要包括人格障碍、神经症、性变态以及各类精神障碍等。

图1-2可以帮我们更好地理解心理状态的划分。大学生的心理问题大都属于正常心理范围之内，若及时加以调节，便能很快地恢复心理平衡，愉快地进行大学生活。

① 许又新. 神经症［M］. 北京：人民卫生出版社，1993.

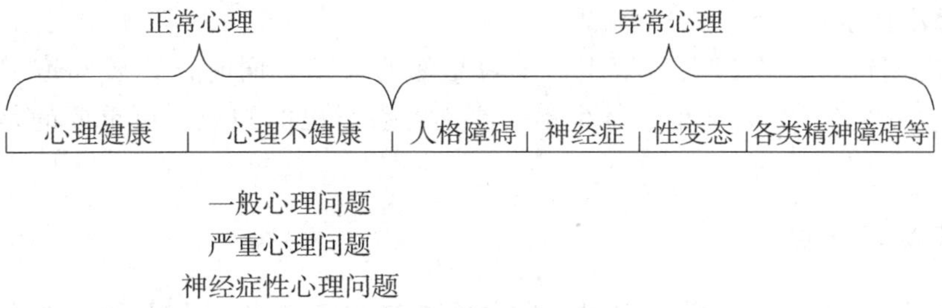

图 1-2 心理状态划分示意图

拓展阅读 1-1

问题汇总

总体来说，大学生心理问题可以分成两大类：一是发展性的心理问题，即心理问题是大学生在完成自身成长过程中遇到发展课题方面的困难而产生的；二是出现了不同程度的心理障碍。[①]

这里，我们主要介绍发展性的心理问题。

一、环境适应问题

这个问题在大一新生中较为常见。高中和大学有着两种完全不同的生活环境、学习氛围和人际环境，若大学生还采用高中时期的态度和方法去面对大学生活，很可能会感到难以适应而产生矛盾和困惑。因此，大一是培养学生独立生活、独立工作的关键时期。刚入学的大学生要顺利度过生活环境的转变期，应从小事做起，从眼前做起，利用每一件小事和每一个机会锻炼自己。

【温馨小提示】

无论你进入的是一所什么样的高校，它都是你未来几年要在其中生活和发展的场所，除非你选择离开。如果不能改变环境，就用一种平和的心态去面对现在的生活，接纳现在的同学和老师，熟悉学校的管理机制和风格，充分利用学校一切可以利用的资源，找到最适合自己的生活方式，那么你的大学生活会既充实又快乐。

二、学习问题

大学生常见的学习问题主要表现为学习目的问题、学习动力问题、学习方法问题、学习态度问题以及学习成绩问题等。大学期间，学习往往不再如高中阶段那样受到绝大多数人的重视，目的不明确、动力不足、态度不好构成了学习问题的主要方面。

① 马建青. 辅导人生——心理咨询学［M］. 济南：山东教育出版社，1992：6.

【温馨小提示】

你要时刻记着，作为一名学生，学习是你的天职。同时，你要知道“会学”比“学会”重要得多。在大学里，学生不仅要学习教材里的知识，更重要的是培养一种自学能力。

三、人际关系问题

同高中阶段相比，大学生们对人际关系往往更为关注。一方面，他们渴望真诚的友谊；另一方面，他们由于缺乏交往的技巧而陷入人际交往的困惑之中，主要表现为不善于沟通，难以和别人愉快相处，感觉自己没有知心朋友，缺乏必要的交往技巧，或者过分委曲求全等，以及由此而引起孤独、苦闷、缺少支持和关爱等痛苦感受。

【温馨小提示】

对你来说，可能是第一次离开家门，与你的同学同食宿、同学习。由于思想观念、生活习惯等的不同，你们之间的相处可能不那么愉快。但是，你要知道，世界上没有两片完全一样的树叶，更没有两个完全一样的人，接纳与众不同的别人实际上就是让别人接纳与众不同的你！

四、恋爱与性心理问题

时下的大学校园，恋爱已成了普遍现象，部分大学生还没有来得及认真思考就匆匆加入“恋爱族”。由于一开始缺乏正确的恋爱动机，同时对爱或被爱缺乏正确的理解，大学生们往往饱受失恋之苦，但又难以自我调适，常常陷入感情的漩涡难以自拔。还有的同学陷入多角恋不能自拔，或者受到单相思的折磨以及未婚同居的恐惧、焦虑、自责等不良情绪的困扰。

【温馨小提示】

爱情是需要学习和准备的。恋爱前要慎重，考虑彼此性格是否合适等诸多因素；恋爱后两个人要彼此包容，多沟通交流，调整自己的情绪和行为，共同经营爱情。一旦分手也要乐观面对，时间是解决问题的良药，感谢曾经的他（她）给了你寻找新的幸福的机会。

五、求职与择业问题

对于大三、大四的学生来说，找到一份理想的工作已成为他们最为关心的问题。可有些大学生缺乏走向社会的心理准备，对面试缺乏信心。在即将走入社会时，他们往往感到非常困惑和担忧，在找工作时也普遍存在焦虑的情绪。

【温馨小提示】

进行职业生涯规划越早越好，不要等到大四的时候才后悔。你付出多少，就会有多少回报，这在找工作时会生动地体现出来。

六、贫富差距带来的心理问题

家庭贫困的学生省吃俭用，有的时候要靠自己打工来赚取学费和生活费，当他们看到家庭富裕学生高消费时，有时心理会不平衡，产生自卑感和孤独感。

【温馨小提示】

起点不决定终点。家庭条件优越只是一个可以利用的因素，却不是成功的必要因素，美好的生活要靠自己来创造。

认识自己

大学生人格问卷

个人信息：

姓　　名：____________ 出生年月：____________ 民　　族：______________

小学所在地：____

高中毕业时间：______________　　高中所在地：________________________

学　　号：________ 所在系和专业：__________系__________专业___________

班　　号：______________

家庭情况：

现家庭住址：____

父亲：______岁　职业：______　文化程度：______　健康状况：______

母亲：______岁　职业：______　文化程度：______　健康状况：______

你的既往病史：

无

难产、早产、肺炎、肝炎、肺结核、脑炎、脑膜炎、痉挛、头部外伤

其他：____________（请具体填写）

你的近亲中，有精神卫生方面的问题吗？（有病、中毒、自杀、去向不明等）有______无______

如果有，是：____________（如父母、兄弟、祖父母、外祖父母、叔、舅、姑、姨、表兄弟、堂兄弟）

兴趣、爱好、特长：____

是否作过心理测验：是______　否______

何时作过何种心理测验：

智力测验　　测试时间____________年

人格测验　　测试时间____________年

其他测验　　测验名称：____________　测试时间____________年

入学动机：（多项选择，数量不限）

1.为了振兴中华。

2.为了社会发展和人类进步。

3.想做学问。

4. 想掌握专门知识和技能。
5. 想提高自己的文化和品德修养水平。
6. 为出国打基础。
7. 为了今后就职方便。
8. 由于父母、老师的规劝。
9. 想过几年自由的日子。
10. 想参加丰富多彩的社团活动。
11. 对结婚有利。
12. 其他。

录取的专业和自己的愿望：
1. 非常符合、满意。
2. 比较满意。
3. 一般。
4. 不太满意。
5. 相差太远，很不满意。
6. 无所谓。

你的第一志愿是：
大学名称：______________ 专业名称：______________________

指导语：以下问题是为了解你的健康状况并增进你的身心健康而设计的调查。请你按题号的顺序阅读，在最近一年中你常常感觉到或体验到的项目上作选择；在与自己情况相符的题目后打"√"，在不相符的题目后打"×"。为了使你顺利完成大学学业，身心健康地去迎接新生活，请你如实地作出选择。
1. 食欲不振。
2. 恶心、胃口难受、肚子痛。
3. 容易拉肚子或便秘。
4. 关注心悸和脉搏状况。
5. 身体健康状况良好。
6. 牢骚和不满多。
7. 父母期望过高。
8. 自己的过去和家庭是不幸的。
9. 过于担心将来的事情。
10. 不想见人。
11. 觉得自己不是自己。
12. 缺乏热情和积极性。
13. 悲观。
14. 思想不集中。

15. 情绪起伏过大。
16. 常常失眠。
17. 头痛。
18. 脖子、肩膀酸痛。
19. 胸痛、憋闷。
20. 总是朝气蓬勃。
21. 气量小。
22. 爱操心。
23. 焦躁不安。
24. 容易动怒。
25. 想轻生。
26. 对任何事都没兴趣。
27. 记忆力减退。
28. 缺乏耐性。
29. 缺乏决断能力。
30. 过于依赖别人。
31. 为脸红而苦恼。
32. 口吃、声音发颤。
33. 身体忽冷忽热。
34. 常常注意排尿和性器官。
35. 心情开朗。
36. 莫名其妙地不安。
37. 一个人独处时感到不安。
38. 缺乏自信心。
39. 办事畏首畏尾。
40. 容易被人误解。
41. 不相信别人。
42. 过于猜疑。
43. 厌恶交往。
44. 感到自卑。
45. 杞人忧天。
46. 身体倦乏。
47. 一着急就出冷汗。
48. 站起来就头晕。
49. 有过昏迷或抽搐的状况。
50. 人缘好，受欢迎。
51. 过于拘泥。
52. 对任何事情不反复确认就不放心。

53. 对脏很在乎。
54. 摆脱不了毫无意义的想法。
55. 觉得自己有怪气味。
56. 别人在自己背后说坏话。
57. 总注意周围的人。
58. 在乎别人的视线。
59. 觉得别人轻视自己。
60. 情绪易被破坏。
61. 至今，你感到身体健康方面有问题吗？
62. 至今，你觉得心理健康方面有问题吗？
63. 至今，你曾接受过心理咨询与治疗吗？
64. 在身体或心理健康方面，你有想咨询的问题吗？

一、大学生人格问卷简介

大学生人格问卷（university personality inventory，UPI）是为了对有心理问题的学生早期发现、早期治疗而编制的大学生精神卫生、心理健康问卷。UPI是1966年参加日本大学保健管理协会的日本大学心理咨询师和精神科医生根据丰富的临床经验和咨询实践集体讨论编制而成的，在日本的一些大学有较长的使用历史。该表由清华大学心理学教授樊富珉从日本引入中国，并对UPI的有关条目、筛选标准、实施过程等进行了较为系统的修订。

UPI主要以大学新生为对象，入学时作为心理健康调查而使用。它有如下作用：

①全面了解、掌握新生入学时的心理健康状态，为学校制定有关教育管理政策提供参考资料；

②及时发现有心理问题的学生，并提供及时的帮助和必要的治疗；

③起到心理卫生的宣传作用，有助于学生了解心理问题的表现，增强心理保健的意识；

④作为大学生心理健康的研究手段与工具。

二、大学生人格问卷的构成

UPI由3个部分构成：

①学生的基本情况，包括姓名、性别、年龄等。

②60道题，其中4道题是测伪题，其他56道题反映学生的苦恼、焦虑、矛盾等症状。

③4道附加题，主要了解被试者对自身身心健康状态的总评价。

三、大学生人格问卷的记分方法

UPI测验完成后，需要计算的指标只有一个，即总分。

UPI总分的计算规则是：

①4道测伪题（第5、20、35、50题）不计分。

②其他56道题，作肯定选择的题计1分；作否定选择的题计0分，并求总和。

所以，UPI总分最高为56分，最低为0分。

四、大学生人格问卷的筛选标准

（一）第一类筛选标准——可能有心理问题者

满足下列条件之一者，可能有心理问题：

①总分在25分（包括25分）以上者；

②第25题作肯定选择者；

③附加题中至少有2题作肯定选择者；

④明确提出咨询要求且属于心理问题者。

第一类学生可能有明显的心理问题，应尽快请他们到咨询机构面谈，了解问题的性质与程度。通过每人15分钟左右的面谈，区分出A、B、C类。

关于A、B、C类如何判定，主要是根据咨询师的经验。下面的特征可供诊断时参考：

A类：各类神经症（恐惧症、强迫症、焦虑症、严重的神经衰弱等），有精神分裂症倾向、悲观厌世、心理矛盾冲突激烈，明显影响正常生活、学习者。对这类学生可立即预约下次咨询时间，每周或隔周面谈一次，直至症状减轻。

B类：存在一般心理问题，如人际关系不协调、新环境不适应等。这类学生有种种烦恼，但仍能够维持正常学习和生活。在对他们提供帮助的同时，请他们有问题时随时咨询。

其余为C类，与他们面谈可以起到预防的作用。他们的症状暂时不明显或已经解决，以后出现症状，心理咨询机构可以提供帮助。

把握A、B、C分类也可以从比率上入手。目前各种调查表明，大学生中心理障碍发生率在20%左右，其中心理症状比较严重者占1%~2%。在UPI调查中，A类学生占被测总体的1%~2%。

A、B、C分类的目的是筛选出需要重点帮助和关心的对象，使那些有明显心理症状的学生通过心理咨询和心理治疗，减轻症状，缓解问题，并逐步正常化。可以根据学生的人数、咨询人员的力量，在有条件的情况下多请一些学生持续面谈，一直到他们可以独立应对生活中的各种事件。

A类心理问题者并不是肯定有神经症或精神病，而只是有某些症状，需要继续提供帮助和指导。此外，为了对A类心理问题者诊断更为准确，可以借助其他测验手段，如采用康奈尔健康问卷分析系统（CMI）对神经症的判定提供参考，也可用卡特尔16种人格因素问卷（16PF）、MMPI等。

（二）第二类筛选标准——应引起关注的人

满足下列条件之一者，为应引起关注的人：

①总分在20~24分者。

②第8、16、26题中有1题作肯定选择者。

③附加题中只有1题作肯定选择者。

第二类学生应引起重视，有条件时可请来面谈，一般过半年左右再调查一次。

（三）第三类筛选标准

不属于第一类、第二类的第三类学生属于一次通过者，即心理比较健康者。

阳光训练

训练1

心态对成功的影响

一位心理学家想知道人的心态对行为到底会产生什么样的影响，于是他决定作一个独具匠心的实验。

首先，他让10个人跟随自己穿过一间黑暗的房子。在他的引导下，这10个人全部顺利通过。然后，心理学家轻轻地打开房内的一盏灯。在昏黄的灯光下，这些人看清了房内的一切，全都惊出了一身冷汗——这间房子里有一个大水池，里面有十几条大鳄鱼，水池上方搭着一座窄窄的小木桥，没想到刚才他们正是从独木桥上走过去的！

此时，心理学家问："现在，你们当中还有谁愿意再次穿过这间房子呢？"沉默了好一会儿，有3个胆大的人站了出来。其中，一个人小心翼翼地走了过去，速度比第一次慢了许多；另一个人颤巍巍地踏上小木桥，走到一半时，竟然趴在小桥上，爬了过去；第三个人刚走几步就一下子趴下了，再也不敢向前移动半步。

房内一共有10盏灯，心理学家又打开剩余的9盏，顿时亮如白昼。这时，人们才看见小木桥下方装有一张安全网，只是由于网线的颜色极浅，所以刚才他们根本没有看见。

"现在，谁愿意通过这座小木桥呢？"心理学家问道。这次有5个人很快地站了出来。

"你们为何不愿意呢？"心理学家问剩下的两个人。

"这张安全网牢固吗？"这两个人异口同声地问。

资料来源　沃特曼，等. 让感觉跟着跑［M］. 龙靖，编译. 北京：民主与建设出版社，2003：233-234.

【思考】

（1）如果你在现场，你会如何表现？

____

____

（2）成功者需要具备的素质是：

____

____

（3）失败者具有的特点是：

____

____

【小结】对失败的恐惧感是人们会失败的主要原因，但是要成功就一定会先失败，失败对成功来说是绝对必要的阶段。

想出3件因为对失败的恐惧感而使你在个人生活、学习与财务处理上无法达到自己目标的事情。假如你不断认为“我不能”，你还能要求自己做什么？

（1）______

（2）______

（3）______

你可以从每一次挫折中学习，将失败转换为成功。请列出3件你经历的曾令你非常沮丧的事情，并至少举出一门你学习到的最有价值的功课。

令你非常沮丧的事情：	学习到的最有价值的功课：
（1）______	（1）______
（2）______	（2）______
（3）______	（3）______

训练2

成功的7个关键因素[①]

7个促使成功的因素是平静的心灵、健康与动力、爱的关系、不受钱财的困扰、有价值的目标与理想、自我的认识、自我实现的意念。

下面是分析你在这7个成功的因素中所拥有的状况：1代表完全消极的情况，你没有一个成功的因素；10代表完全积极的情况，你完全拥有这些成功的因素。先将你认为能表达自己现状的数字圈起来，再以*表示你期待自己达到的程度。

1.我可以完全不受恐惧、压力、焦虑、缺乏安全感以及其他消极因素的影响。

（深受影响）1　2　3　4　5　6　7　8　9　10（完全不受影响）

（1）你曾经在什么样的情况下（不管是过去或是现在），感觉到能以平和的心态面对自己以及外在的环境？

______

______

（2）在什么样的环境中，你曾感觉到一点点安全的气氛？

______

______

（3）现在什么积极的行为能够使你增加心中的安全感？

______

______

2.我有健壮的身体与无穷的生命活力。

（时常生病，常感疲倦）1　2　3　4　5　6　7　8　9　10（有无穷的活力，健康）

（1）有哪些健康的习惯能促使你有强壮的身体与无穷的活力？

______

______

（2）哪些生活习惯能使你失去健康的身体与生命的活力？

______

______

① 北狼团队．成功的七个关键因素［EB/OL］．（2007-03-02）［2013-06-13］．http://blog.sina.com.cn/s/blog_4be7949901000718.html.

（3）从今天起，你可以通过哪一项改变来增进你的健康？

____

____

3.在我的人际关系中，我可以正常地与他人建立起爱的关系。

（常有孤单的感觉）1　2　3　4　5　6　7　8　9　10（建立正常的爱的关系）

（1）你与谁的关系最密切？为什么？

____

____

（2）你与谁的关系最冷淡？为什么？

____

____

4.我可以完全不受钱财困扰。

（常感觉钱不够用）1　2　3　4　5　6　7　8　9　10（完全不受钱的困扰）

（1）你目前的年收入是多少？

____

（2）你期待自己能赚的钱：

1年后____________万元　2年后____________万元

5年后____________万元　10年后____________万元

（3）从今天开始，你可以采取什么步骤来达到不受钱财困扰的目标？

____

____

5.我有明确的目标及理想，使我的生活充满意义。

（完全没有方向）1　2　3　4　5　6　7　8　9　10（有明确的目标）

（1）在现在的生活中，什么是你最重要的目标？

____

____

（2）你可以采取什么步骤来使你达到这个目标？

____

____

（3）在你与你的目标间有些什么障碍？

____

____

6.我完全了解我自己，也知道我为什么做我正在做的事情。

（完全不明白）1　2　3　4　5　6　7　8　9　10（完全了解）

（1）你感到是哪一项个人的特质使你拥有今天成功的形象？

____

____

（2）你感觉到是哪一项个人的缺点使你无法获得成功？

____

____

（3）假如你将自己的一生拍成电影，你会取一个什么样的片名？

（4）你希望别人用哪一个字来形容你？

7.我真诚地相信，我可以实现我设定的任何目标。

（无法达成）1 2 3 4 5 6 7 8 9 10（完全可以实现）

（1）你个人对自我实现所下的定义是什么？

（2）在生活的哪一方面，你最满意自己的表现？

（3）为了提升你生活的品质，从今天开始你可以作哪些改变？

训练3

天生我才①

【目的】通过练习，协助参加者了解自己的长处，珍惜自己的潜能，学习自我欣赏、自我肯定，学习欣赏别人，增进自信和对他人的信任。

【时间】60分钟。

【操作】领导者先介绍活动，请成员填写“天生我才”练习表；然后各小组成员在自己组中讲出自己填写的内容，每位参加者说出同一项的答案后，再开始下一项。完成各项答案，开始讨论。

“天生我才”练习表

请完成下列句子：

1.我最欣赏自己的外表是：

2.我最欣赏自己对朋友的态度是：

3.我最欣赏自己对求学的态度是：

4.我最欣赏的一次学业成绩是：

5.我最欣赏自己的性格是：

6.我最欣赏自己对家人的态度是：

7.我最欣赏自己对做事的态度是：

讨论大纲：

（1）你是否同意“每个人都有长处”？原因何在？

（2）当你做了一件事，如“帮助生病的室友打饭”或“考得好成绩”等时，你会

① 樊富珉．团体心理咨询［M］．北京：高等教育出版社，2005：232-233.

欣赏自己的行为吗？为什么？

（3）当你做了件事，如“和朋友约会迟到了”或“考试时有些题根本不会”时，你会怎么对待自己？会责骂自己吗？为什么？

【小结】每个人都有优点，都有值得欣赏的地方，对优点应欣赏、珍惜及继续发展；对缺点应该接受并改善。

幸福阳光

塞利格曼效应

——没有绝望的环境，只有绝望的心态

塞利格曼效应是美国宾夕法尼亚大学的心理学家塞利格曼教授在一组实验中得到的。他提出“习得性无助”的观点，并指出：只要自己不跪着，没有人会比你高。后来人们将此说法归纳为心理学效应，总结的内容为：

很多人遭遇失败或挫折后，都会产生绝望、抑郁、意志消沉的情绪，这必将使得人们错失成功的机会。当遭遇挫折与失败之时，若人们能够对绝望说“不”，心中始终存有坚定的希望，那么这样的人就永远不会输。

纵观成功企业的管理者和那些有所作为的人，你会发现塞利格曼效应对个人成功起着至关重要的作用。

1975年，塞利格曼以狗为对象，作过如下实验。

塞利格曼把狗分成两组：一组为实验组；另一组为对照组。

他首先把一只狗放进一个装有各种电击装备的全封闭笼子里，然后不停地给狗施加电击。虽然该强度不会使狗死亡或受伤，但足以使狗痛苦。狗刚开始被电击时，为了逃脱这个笼子拼命地挣扎，但经过几次挣扎后，由于无法逃脱困境，挣扎的次数越来越少。

随后，他把这只曾经受过电击的狗，放进一个用隔板隔开的笼子里，隔板的一边是没有电击的，另一边是有电击的，隔板的高度正好是狗可以跳过去的高度。结果发现，这只狗只是在开始的半分钟内有惊恐的举动，随后就一直卧倒在地，忍受着电击的痛苦。当把没有经过电击的狗直接放进那个有隔板的笼子里时，实验人员却惊奇地发现它能轻而易举地逃脱到没有电击的一边。

狗的这种绝望心理状态在心理学上被称为“习得性无助”。它旨在告诉人们：世上没有做不好的事情，只有态度不够积极的人。每个人在生活中都会遭遇不同程度的失败或者挫折，有的人遭遇的时间长、次数多，有的人经历的时间短、次数少，这是很正常的事情。所以，人们不要对挫折产生“习得性无助”心理，要有永不放弃、坚持到底的心态，即用积极的心态为自己创造有意义的生活。

资料来源　HALL E，HALL C. 教育公共关系学［M］. 吴学先，等译. 北京：高等教育出版社，1997：31-36.

学思践悟

遨游在心理学知识的海洋

张欣（化名）从小就有一个成为医生的梦想，17岁时便踏上了留学的道路。她在英国布里斯托大学完成了本科学业之后，选择在本校继续攻读硕士学位。以下是她向我们介绍的学习心得。

一、心怀医学梦　选择适合自己的专业和院校

由于英国政策的相关要求，本科毕业生无法直接选择在英国学医。考虑到临床心理学也是一个非常好的发展方向，并在国内有较大发展潜力，张欣早早就定下了报考心理学的目标。

在院校选择上，张欣表现出了超越年龄的成熟："选择一个学校不能只看它的综合排名，还要关注院校的具体专业排名。"在选择时要格外关注专业的细分方向与课程设置。比如，心理学的范围很广，有些领域偏重理论，有些则更偏重实践。

英国大学注重培养学生独立学习的能力。布里斯托大学心理学专业的课时数虽少，但作业量很大，需要合理安排自己的时间来进行资料查找、文献阅读、论文撰写等学习内容。此外，英国对"学术端正"的要求非常严格，如果学生存在作弊、抄袭等问题，轻则开除，重则会被驱逐出境。这督促学生以更严谨的态度对待学术研究。

二、选择即热爱　理不辩不明

英国教育注重学生的辩证思维能力，老师也会反复在课堂上强调这一点。比如，当提出观点的时候、聆听他人观点的时候、阅读文献的时候，都要将自己的思考带入。所谓的辩证思考并非简单的好与不好，而是让学生明白很多事情并非绝对，需要用证据去证明自己的观点，而非一味概述别人的观点和结果。我们要学会了更理性地看待不同的人与事。课堂上的讨论与发言没有对错之分，自己言之有理即可，理不辩不明。

面对多元文化的碰撞和冲击，要学会彼此尊重和理解。从最初的谨慎、害怕，到后来的勇敢、自信，张欣越来越敢于展示自己，提出自己的观点，她的成绩也有了大幅飞跃。

三、简单又深奥　有趣又枯燥

心理学拥有庞大的分支，相比本科教育偏重打基础，研究生阶段的学习更加细化，专业性更强。

张欣很喜欢布里斯托大学心理学的研究生课程设计，她想要围绕更感兴趣的心理学分支深入学习，增加自己的专业知识性，于是选择了教学型研究生，希望完成自己选定的心理学项目。如果想要做项目，最好还是选择研究型研究生，授课内容更为细化，会具体到某一个课题上，更加注重独立研究。

心理学研究人类行为与各种因素之间的关系，会涉及社会学、经济学、行为学、神经科学等多个领域，需要依靠跨学科理论以及不同的实验方法，从中分析出人的心理现象，即人的行为、情绪、意识等方面。

心理学是一门既简单又深奥、既有趣又枯燥的学科，但这恰好是它的魅力所在。

资料来源 杨萌，张荷丝. 遨游在心理学知识的海洋［N］. 人民日报（海外版），2022-01-13（8）.

第二章
给自己的“心”助跑
——正确看待心理咨询

心灵上的疾病比肌体上的疾病更危险、更经常。

——西塞罗

生活真像这杯浓酒，不经三番五次地提炼呵，就不会这样可口！

——郭小川

阳光心态

我是个没毅力的人吗？

一、问题初探

尹×是踩着钟点进来的，而且他一进来，没顾得擦汗就开口说：“真对不起，今天外面堵车好厉害。”他长着一张白净的脸，中等个头，看起来书卷气十足。衣服虽不时髦，却干净利落。

简单的寒暄后，他开始讲述他的烦恼：“从小到大，我做事情就拖拖拉拉。我爸妈、我姐，平时都可麻利了。可我就不一样。我特别恨自己这个毛病。小时候每次一放假我都想：这次一定要把假期作业早早写完。我会订个计划，把每天的学习任务都写在计划上，然后把计划贴在显眼的地方。可没用，再好的计划，也就是两三天热乎劲儿。到最后，我还是要在假期快结束的时候，才发现什么都没写。这个毛病家里人说过我无数次了，可就是改不了。”

“这是你小时候，那现在呢？”我问。

“现在？现在更惨。”说到这个，他显得很沮丧，“我现在在网站做网络编辑，每天要看好多文章，审好多文章，一旦发现有前途的就要报上去。每天看的书摞起来厚厚一堆。还要联系那些作者，谈稿子设计、稿费什么的，很烦。您能想象那种生活吧？”他充满期冀地看着我。

我点点头。他的眼镜片看起来很厚，度数一定不低。我以前也曾经有过大量阅读的经验，知道那种滋味。

看到我点头，他有些沮丧地说："那种滋味不好受。我们还有任务，每天审过的文章是算业绩的。我连续垫底好久了，再完不成任务，恐怕就要走人了。"

一份工作，不同的人做，自然有高低之分。我很好奇他为什么会认为这和小时候不能完成作业有关，于是就追问下去。

"因为我是个没毅力的人！"他的结论出人意料，"早上到了单位，我总喜欢先看看信和新闻。我也知道有很多工作等着，可总也提不起精神，心里好像有个声音总在小声说：'没事儿，一个小时以后再开始，一定能按时做完。'一个小时后，这个声音又出现了：'再看半小时吧。等会儿加把力气，工作就补回来了。'于是常常是临下班前几个小时，我才开始着急。可这时候已经晚了。加班赶的东西质量又差，老板已经批评我好多次了。"

"那你有没有试着提醒自己呢？比如在桌子上贴上便签什么的？"我问。

"贴过，当然贴过，而且经常贴，我桌子上贴满了黄纸条。"

"所以你才会觉得自己的这种状况和小时候完不成假期作业的情况很像，对吗？"

"嗯。"他垂头丧气地问，"您给支个招儿吧！我怎么才能变得有毅力？我实在受不了了。现在我看文章没长劲儿，看两篇就扔；工作就想偷懒，活儿都拖到最后；我女朋友都说了，我要是再这样下去，她就和我吹！"说完，他恨恨地捶了两下头。

我告诉他，灵丹妙药是不存在的。对于那些存在于生命中的习惯，我们应该去查找出它的源头，至少对它有个正确的认识。

没有人天生就没毅力。至今也没有科学家证明人脑中哪个区域负责毅力和耐心。我相信，不能顺利完成工作，无疑是巨大的困扰。但是这个困扰不应该从工作的性质着眼。无意识地，尹×把困扰同以前不能按时完成作业联系在一起。或许，这是他一直延续下来的习惯。只是，这种习惯究竟代表着什么？我很希望能和他一起找出拖拉背后的这层含义。

很显然，他也发现，拖拉是一种习惯。但是他的表达仍然停留在拖拉带来的困扰表现上。他说，在工作、学习、日常生活中，每个细节都会有拖拉的影子。最近他戒烟失败，加上工作上遇到挫折，让他终于下定决心来与咨询师交谈。

"你刚才说在各个场合都会有拖拉现象，那么你觉得，最容易拖拉的场合是什么呢？"我问。

"最容易拖拉？"他一下愣住了，可能是没考虑这个问题，也可能是给自己早已贴上了一个"没毅力"的标签，他有些慌乱。

"不着急，慢慢想。想想当我这样说的时候，在你脑子里第一个反应出来的答案是什么。"我示意他不用太急。

我不希望他给我一个经过深思熟虑的答案。实际上，我希望他能够把握自己的第一反应。不管这个反应有多荒谬，它背后的价值都无与伦比。

他努力半晌，摇摇头，表示想不出。我告诉他，如果不能有确切的答案，就告诉我，当他听到别人说"拖拉"的时候，脑海里浮现出了什么场景？

经过这样几个来回，他才慢慢说出了自己的第一反应："当听到这个词时，我真的什么都没想到。平时有太多人这样说我了，我都听麻木了，所以真没想到什么。就是听你这样说，我觉得特生气。"

愤怒，是一种人类强烈的情感表达。通常会引起愤怒的事情，对我们来说都有着特别的意义。但是我们会因为种种原因而压抑愤怒，最终会让这种情绪，连带引起这种情绪的事情，一起埋在我们记忆深处，形成一个永不愈合的伤疤。

我们又一起分析了他的愤怒情绪。最终，他告诉我，他一想到所谓的“最后期限”，一想到别人就像拦大坝那样给他设定了必须要做的工作，就气不打一处来。

谈话至此，他已经显得有些精力不济。我理解追索隐藏情绪的疲惫与不安。因此，我和他约了下次见面的时间，并告诉他，我希望他能在这期间想一想，他最讨厌的“最后期限”是哪件事。

二、水落石出

第二次，尹×仍旧是踩着点进的咨询室，同样是告诉我路上堵车，所以来晚了。一坐定，他就说，上次之后他回去想了，觉得自己脑海里存了太多的故事，每个故事都让他印象深刻。因此，他希望我能听听这些故事，帮他一起来分析一下，究竟哪个才是问题的根源。

第三、第四次谈话，仍旧如此。在这3次咨询里，我几乎没说多少话。他常常闭着眼睛，慢慢地说，而我就在旁边专心地听。我们一起回溯，共同梳理了他记忆中的那些不安与困扰情绪。我可以从中感受到他的愤怒，那种愤怒似乎并不仅仅来源于自责；相反，我从中听到的是一种被压抑了的痛苦。

直到第五次咨询的时候，我们才共同梳理到他曾经的创伤。这个创伤并非来自我的引导。事实上，在我还没说些什么的时候，他就开始放声痛哭。或许是越来越能表达真实的自我，他也越来越习惯去正视自己的情绪，所以他才能如此大声地哭出来。

他的症结所在，同我最开始时的想法不同。我曾经想过，他的表现很像典型的“标签作用者”，但事实上，从他的故事里，我听到了事情的真实起因：

小时候他的父母和姐姐都很要强，而且总是精力充沛，能把事情做得又快又好。他没姐姐聪明，做事情时难免会慢一点。每当不能把任务完成得又快又好时，他就会被批评。他也曾经努力过，夜里偷偷爬起来写作业。但是这种努力并不能得到家里人的肯定——在他们看来，这都是理所当然的。同时，当家人指派某项任务给他，而他又提前完成时，家人除了视而不见之外，还会指派新的任务下来。这种新任务在他看来，是对自己的一种惩罚，因为如果自己手不这样快，就可以过得更轻松一点。久而久之，他就习惯把任务放到最后才去完成，因为这样，家人就不会再给他额外的任务了。

“我恨他们!”他一边哭着一边喊。

在引导下，他喊出了压抑在心中的愤怒：“姐姐比我强，她做得快，我不如她，可我也很努力啊！你们为什么不夸夸我？每天都要做家务，家务永远做不完呐！我好不容易把所有的都做完，你们又让我去擦玻璃！用废报纸擦玻璃，擦得我手好疼啊！我想出去玩，想看电视，你们知道吗？……”

等他平静下来，我告诉他，旁边桌子上有个布偶，它虽然普通，却是个很努力、很快乐的布偶。如果这个布偶是当年的你，现在的你愿意过去抱抱他吗？

他一个箭步就蹿了过去，一把抱住那个布偶，久久不肯放手。

三、柳暗花明

第六次咨询的时候，尹×提前5分钟到了咨询室。我们一起探讨了该如何处理这个心结。

我告诉他，家庭关系常常因为家人之间的亲密，反而会在不经意间对人造成沉重的伤害，就像一本书的名字——《家庭会伤人》。童年是人们学习如何面对社会的时候，这时人们的行为常常会受到各种因素的强化。奖赏，强化了我们正向的行为；惩罚，则告诉我们什么事情不能做。很显然，这项工作最开始是由父母来完成的。但是，他的父母可能由于能力所限，没有很好地完成这项工作，而使他在这个过程中受伤。

现在他已经是个男子汉了，有自己的事业、爱情，那么他能不能自己尝试着把这个责任担起来呢？自己在做得好时，给自己鼓励和肯定。如果一项工作看起来实在遥遥无期，那么把它分解一下，每完成一个阶段就奖赏自己一下，行不行呢？

他笑了，说："那我就抽支烟。"

我也笑了，说："抽烟对身体不好，你自己也说过的。换成糖果，你觉得怎么样？"

资料来源　伊威．我是个没毅力的人吗？[J]．青年心理，2007（5）．

【思考】

（1）你原来对心理咨询是如何理解的？

____

____

（2）看过这份咨询手记后，你有何新的认识？

____

____

阳光殿堂

一、如何理解心理问题、心理障碍与心理疾病

（一）三者的含义

提到心理问题，很多人都会认为很可怕，常常把它和精神病联系起来，其实有心理问题并不像大家想象得那么严重。大家还记得前面我们提到的灰色区理论吗？当一个人的心理状态处在浅灰色区时，他出现的问题我们可以称之为心理问题。比如，某个大学生和自己的男朋友或者女朋友吵架了，一直在纠结要不要分手；每次到快考试的时候都会焦虑，担心自己考不好……所有这些不良的情绪状态以及对问题的纠结都属于心理问题。因此，心理问题的发生一定与特定的情境相联系，常由特定的情境诱发；脱离该情境，个体的心理活动会完全正常。这也说明心理问题具有明显的偶发性和暂时性。每个人都会出现心理问题，它就跟感冒发烧一样正常，一辈子不出现心理问题的人是不存在的，所以出现心理问题并不可怕，关键是我们怎样对待、处理它。

心理障碍是指初始反应强烈、持续时间长久、内容充分泛化和自身难以克服的精

神负担。在行为上，心理障碍者已经没有能力按社会认为适宜的方式行动，以致其行为后果对本人或社会是不适应的。心理障碍主要表现为各种人格障碍、性心理障碍和神经症。

心理疾病是对比较严重的心理障碍和部分轻度精神病的一种通俗称谓。

（二）三者的区别

心理问题、心理障碍和心理疾病在程度上有明显的不同。后两者情绪反应比较强烈，不良情绪持续时间也较长，一般超过3个月，在行为上有时会失去理智控制，对生活、工作和人际交往有一定程度的影响，情绪反应的内容被泛化。所以，当我们出现心理问题的时候，要及时调整；否则，演变成心理障碍或者心理疾病，情况就比较严重了。

结合图1-2，我们也可以这样理解，正常心理状态出现的问题可以称之为心理问题，异常心理状态出现的问题就可能是心理障碍或者心理疾病了。

在心理学界与精神病学界，公认的判断正常心理状态和异常心理状态的3个原则如下：[①]

1.心理活动的内在协调一致性原则

第一章的“阳光殿堂”部分提到人的心理过程主要包括认知过程、情感过程和意志过程，这3个方面是协调一致的，这种协调一致性保证了人在反映客观世界过程中的高度准确性和有效性。比如，一个人的亲人突然去世，他知道了这件事情，这是他的认知过程。他知道这件事情后，感到非常难过，这是他的情感过程。他难过之后，意识到自己不能再这样下去，要坚强起来，要活得更好才是对亲人最大的安慰。这就是一个完整的知、情、意统一的过程。我们说他的心理是正常的。相反，如果他得知自己亲人去世后，拍手哈哈大笑，或者把自己锁在屋子里，不吃不喝，他的心理过程就失去了协调一致性，心理转为异常状态。

2.个性的相对稳定性原则

每个人在自己长期的生活道路上都会形成自己独特的个性心理特征。这种个性心理特征一经形成就具有稳定性的特点。如果外界没有发生重大变化，而该人的个性心理特征突然变得异乎寻常，并且本人对自身状态毫无知觉，在这种情况下，这个人很可能就心理异常了。比如，一个本来性格很开朗、待人接物很热情的人突然变得很冷淡、消沉、表情呆板，并且对自己当前状态也没有很好的自知力，这就是心理异常的表现。

在精神病学临床上，“自知力”经常被作为是否有精神病的指标。自知力是指人对自身精神状态的认识能力。一个自知力完整的人，通常能认识到自己在哪些方面出现了问题，并要求治疗。而无自知力，是一种求助者对自身状态的反应错误，其本人并不认为自己在哪方面出现了问题，不能主动求医。

3.主客观世界统一性原则

我们的心理活动要与客观现实相符合；如果不符合，就会出现幻觉、妄想。幻觉是一种虚幻的表象，本来并不存在的某种事物，患者却能感知它的存在，坚信自己能够看到或听到它等。妄想是一种不理性、与现实不符且不可能实现但本人坚信的错误

① 刘善循，赵梅，刘红梅. 青少年心理卫生与咨询［M］. 北京：军事医学科学出版社，1998：37-38.

信念，如坚信某个人喜欢自己、坚信有人要害自己等。

以上3个原则，如果违背了其中一个，就很可能出现心理异常的状况。而心理咨询往往针对的是心理正常的人，很少是心理异常者。

二、如何看待心理咨询

（一）心理咨询的含义

心理咨询是指咨询师运用心理学的理论与方法，对在心理方面出现问题并企求解决问题的来访者提供心理援助的过程。心理咨询会帮助来访者克服成长中的障碍，促进来访者人格的完善，最终迈向自我实现。①

（二）对心理咨询的理解

心理咨询在国外已有近百年的历史。而我国的心理咨询从20世纪80年代初期才开始，起步较晚，很多人对心理咨询还存在一定的误解。因此，我们对它要有正确的认识：

1. 心理咨询解决的是心理问题，而不是处理生活中的具体问题

比如，有的同学和室友吵架了，希望解决调换寝室的问题，这不是心理咨询所能解决的问题。心理咨询师要解决的是来访者在处理人际关系问题时，哪些心理因素起到了不良的作用，要进行哪些调整使来访者以积极的心态去面对各种实际问题。

2. 心理咨询不会立竿见影

很多人在没作心理咨询之前往往对心理咨询师抱有较高的期待，希望心理咨询师能迅速给出解决的方法，一旦一两次心理咨询没达到预期的效果就大失所望。实际上，这是对心理咨询的错误理解。心理咨询是一个连续的、艰难的改变过程。一个人的心理问题常与他的个性及生活经历有关，就像一座冰山，尘封已久，没有强烈的求助、改变的动机，没有恒久的决心与之抗衡，是难以冰雪消融的。因此，来访者千万不要期待一两次心理咨询就能解决心理问题，要做好打持久战的准备。

3. 心理咨询是建立在来访者主动求助的基础之上的

来访者能否主动求助，是心理咨询能否成功的关键因素。因为只有来访者有强烈的自我改变的意愿，他才会愿意提供详尽的情况，和心理咨询师共同探讨问题的症结所在，心理咨询才会有效果。如果来访者迫于别人的压力而来，不愿意吐露心声，心理咨询师的交流和帮助就难以深入进行。

4. 心理咨询是助人自助的过程，它不同于一般的帮助人的行为②

在这个过程中，心理咨询师要运用心理学理论和方法分析、引导、启发、支持、促进来访者改变和人格成长，最终协助来访者自强自立。心理咨询师无权把自己的价值观和意愿强加给来访者，更不能替来访者改变或作决定。只有改变自己、战胜自己，最终才能超越自我，达到理想目标。

5. 心理咨询不是做思想教育工作

有些人还有另一种极端的认识，就是认为心理咨询没多大用处，无非是讲些道理、做做思想工作，因而忽视或未意识到心理问题是需要治疗的。心理咨询作为一门

① 罗国杰. 思想道德修养［M］. 2版. 北京：高等教育出版社，1993：34.
② 这是英国霍普森（B. Hopson）的观点。

医学和社会科学的交叉学科，有着严谨的理论基础和诊疗程序，它与单纯的思想工作和教育工作是有很大区别的。单纯的思想工作和教育工作的目的是说服对方服从、遵循社会规范、道德标准及集体意志。而心理咨询是运用专门的理论和技巧寻找心理障碍的症结，予以诊断治疗。心理咨询师持客观、中立的态度，而不是对来访者进行批评教育。

另外，某些心理障碍同时具有神经生化改变的基础，需要结合药物治疗，这更是思想工作所不能取代的。

由此可知，心理咨询是助人自助的过程，就是协助来访者自己帮助自己。它的妙处就在于它帮助了来访者，却好像是来访者自己帮助了自己。它的最终目的是要通过咨询提高来访者内在的心理品质，因此，它并非一般人理解的劝慰人、开导人或是处理心理障碍。心理咨询的过程实际上就是人格重建的过程，最终帮助来访者实现“心灵再度成长”的任务。①

三、心理咨询的原则②

1.保密性原则

保密性原则是心理咨询中最为重要的原则，是咨访双方确立相互信任的咨询关系的前提条件。这一原则要求在没有得到来访者同意的时候，不得将其咨询资料泄露给任何人或机构。但是，若是涉及伤害自己、他人及社会安全和要配合公安机关调查取证等情况，心理咨询师需及时向有关部门提供必要资料。

2.时间限定原则

心理咨询必须遵守一定的时间限制，包括每次咨询的时间和两次咨询的间隔。每次咨询的时间一般规定为50分钟左右，两次咨询的间隔是1周左右，原则上不能随意延长咨询时间或间隔。

3.地点限定原则

心理咨询必须限定在特定的咨询地点进行。咨询地点通常是专用的心理咨询室，要求有安全的空间、合适的设置，最好具有隔音效果。原则上不能在咨询室以外的地点进行心理咨询。

4.感情限定原则

心理咨询师和来访者关系的接近是有限度的。如果接触过密，不仅容易使来访者过于了解心理咨询师的内心世界和私生活，阻碍来访者的自我表现，也容易使心理咨询师将自己的感情带进心理咨询过程中来，从而失去客观公正地判断事物的能力。

5.“来者不拒，去者不追”原则

来访者应是自愿而又有求助动机的人，这是确立咨访关系的先决条件。没有求助动机的人，心理咨询师不会主动要求为其进行心理咨询；只有来访者本人有需要并寻求心理援助，才能够使问题得到解决。对于中途想中止咨询的来访者，心理咨询师也不会强迫其继续咨询。

6.客观中立和无条件接纳原则

心理咨询师要无条件地接纳来访者，对来访者谈话中涉及的道德问题要保持中

① 马辛．简明精神病学［M］．北京：人民卫生出版社，1992：969-967.
② 张日昇．咨询心理学［M］．北京：人民教育出版社，1999：116-119.

立，对其生活言行也不宜批评和指责。心理咨询师要站在一个客观的立场上，对来访者的语言、行为和情绪充分理解和无条件接纳，要帮助来访者分析原因并寻找出路，驱走心灵的阴影。

7.重大决定延期原则

心理咨询期间，若来访者情绪过于不稳和动摇，则原则上应规劝其不要轻易作出诸如退休、调换工作、退学、转学、离婚等重大决定；等到来访者的情绪得以安定、心境得以整理之后再作出决定，这样往往不容易后悔或反悔的概率较小。

四、心理咨询的类型

（一）按性质划分

1.发展咨询

我们每个人在人生的各时期都可能产生心理困惑，这种心理困惑并不是明显的心理冲突，而是在成长中所遇到的与心理有关的现实问题，如工作、学习、恋爱、婚姻、家庭生活、职业选择等。像这种帮助来访者更好地认识自己和社会，充分开发潜能，增强适应能力，提高生活质量，促进人的全面发展的咨询就是发展咨询。它的对象是心理正常的人。咨询的地点一般为非医疗机构，如学校、社区、企业等。

2.障碍咨询

所谓障碍咨询是指对有非精神病性心理障碍的来访者进行的咨询，如各类神经症（如严重的神经衰弱、焦虑症、恐惧症、强迫症等）、人格障碍以及性心理障碍等，它的重点是祛除或控制症状、预防复发。对有严重心理障碍和患有心理疾病的人，需要转到心理治疗机构进行治疗，帮助其尽快痊愈。从事这类咨询的人员需要受过充分的精神医学和临床心理学训练，咨询的地点一般为专门的心理卫生机构、综合性医院下设的心理咨询机构、社区心理卫生机构以及由专业人员开设的私人诊所等。

需要指出的是，障碍咨询与发展咨询是相互联系的，祛除心理障碍会为心理发展奠定基础，而良好的心理发展也会减少心理障碍的发生。同时，在实际的心理咨询中，有时很难将两者完全割裂开来，有些咨询既属于障碍咨询，又属于发展咨询。①

（二）按对象划分②

1.个别咨询

个别咨询是指咨询者与来访者之间一对一的咨询。它是心理咨询最常见的形式。它的优点是针对性强、保密性好，咨询效果明显；但咨询成本较高，需要双方投入较多的时间、精力。

2.团体咨询

团体咨询是指在团体情境下进行的一种心理咨询的形式。心理咨询师根据来访者问题的相似性把他们分成小组，通过共同商讨、训练、引导，解决成员共有的发展课题或心理障碍。它突出的优点是咨询面广，对某些心理问题或心理障碍的咨询效果明

---

① [1] 汤宜朗，许又新．心理咨询概论［M］．贵阳：贵州教育出版社，1999：198-199．[2] 马建青．辅导人生——心理咨询学［M］．济南：山东教育出版社，1992：96-99．

② 张人骏，朱永新，袁振国．咨询心理学［M］．北京：知识出版社，1987：42-44．

显优于个别咨询。它的不足之处是同一类问题也可能因个体差异而表现出明显的个体性，单纯的团体咨询往往难以兼顾个体的特殊性。

（三）按方式划分[①]

1.门诊咨询

门诊咨询是指来访者到专门的心理咨询机构求询或者去当地专业的医院设立的心理门诊进行咨询治疗，心理咨询师与来访者能够面对面地进行深入的交流和沟通，帮助来访者及时发现问题，并提出建议。它是心理咨询最常见的方式。

2.现场咨询

现场咨询是指心理咨询师在学校、机关、企业、部队、城乡社区、家庭、医院病房等现场，对来访者提出的各种心理问题给予咨询帮助。现场咨询对那些只有心理问题，或虽有心理障碍但本人由于各种原因又不能到门诊咨询的人最为合适。

3.信函咨询

信函咨询是指通过书信的方式来进行的一种咨询。心理咨询师根据咨客来信描述的情况或提出的问题，以通信方式解答疑难问题，进行疏导教育。这种方式的优点是简单方便，尤其是对异地的患者及一些有心理问题又羞于面见心理咨询师的咨客非常适合。这种方式的缺点是由于心理咨询师和咨询对象不能直接见面，不能全面深入地了解情况，因而只能根据一般性原则提出指导意见。

4.电话咨询

电话咨询是指用电话的方式开展咨询。很多国家都设有专线电话，只限于心理危机者使用，主要目的是防止自杀。我国的北京、上海、天津、南京、广州等地已建立了各种“热线电话”，除了处理各种心理危机，也为解决其他心理问题提供服务。这种方式的优点是快捷、方便、保密性强。但电话咨询由于缺乏心理咨询师与咨询对象之间面对面的直接交流，难以进行准确的心理评估，限制了心理咨询师的干预能力。

5.互联网咨询

互联网咨询是指借助互联网进行咨询，如利用微信、QQ、电子邮箱等进行咨询。这是近些年来逐渐兴起的一种新型的咨询方式，与信函咨询有某些相似之处，不同点在于互联网咨询更迅速、快捷。对于那些由于个人身体条件、地域或环境的限制而不能直接、方便地寻求心理咨询，以及由于个人生活风格、认知习惯，不愿意面对心理咨询师的人来说，互联网咨询是一个有效的方法。[②]

需要指出的是，以上各种咨询方式是互为补充、互为促进的，可根据具体情况选择不同的咨询方式。多种形式配合，更有利于心理咨询的广泛开展和咨询效果的提高。

（四）按时间划分[③]

1.长期咨询

长期咨询的时间较长，一般在3个月以上，甚至长达数年。因心理咨询的目的不仅在于问题的解决和症状的消失，而且要改善性格及行为方式，促进心理成长，所以

① 张人骏，朱永新，袁振国．咨询心理学［M］．北京：知识出版社，1987：44-47.
② 田志华．青年心理与心理咨询［M］．北京：中国青年出版社，1999：129.
③ 汪雪兴．管理心理学［M］．3版．上海：上海交通大学出版社，2001：136.

需要的时间较长。长期咨询的重点放在深层心理的探讨、心理与行为改进的维持上。

2.短期咨询

短期咨询的时间较短，至于多长时间为短期，目前意见不一，可能是三四次的会谈，也可能是10次左右，时间历经一两个月。短期咨询的重点在于解决问题和祛除症状。作短期咨询时，心理咨询师要把咨询的重点弄清楚，不要把范围无限制地扩大，以致无法在短期内结束。

3.限期咨询

限期咨询是指在咨询开始时，心理咨询师与来访者共同订立咨询计划，对咨询的次数或期限作了规定，如5次、10次或2个月等。这种事先确定咨询期限的做法让来访者对咨询进度事先有了解，并可针对此约定的期限去尽量努力，求得具体的改善效果。

问题汇总

大学生常见的心理障碍与疾病如下所述。

一、人格障碍[①]

（一）含义

人格障碍又称变态人格，是指人格特征明显偏离正常状态，形成了根深蒂固的特有的行为方式，且对环境适应不良。

（二）特征

人格障碍的共同特征是：

①人格障碍开始于童年、青少年或成年早期，并一直持续到成年乃至终生。人格障碍没有明确的起病时间，不具备疾病发生、发展的一般过程。

②可能存在脑功能损害，但神经系统没有发生病理变化。

③人格特征显著偏离正常状态，从而形成与众不同的行为模式，如情绪不稳、易激怒、情感肤浅或冷酷无情等。行为常常受本能、欲望、偶然动机的驱使，缺乏目的性、计划性和完整性，自制力差。

④人格障碍主要表现为情感和行为异常，其意识状态、智力均无明显缺陷。人格障碍一般没有幻觉和妄想，可与精神病性障碍相区别。

⑤多数人格障碍者对自身人格缺陷常无自知之明，难以从失败中吸取教训，尽管经常碰壁、冲突不断，但屡犯同样的错误，以致害人害己。

⑥人格障碍者一般能应付日常工作和生活，能理解自己行为的后果，也能在一定程度上理解社会对其行为的评价，主观上往往感到痛苦。

（三）原因[②]

人格障碍的原因可能是：

---

① 张伯源，敖明，许岫茹．心理咨询和行为治疗［M］．北京：团结出版社，1990：167-168.

② 詹思延．流行病学［M］．7版．北京：人民卫生出版社，1981：280-281.

1.生物学因素

这是指染色体畸变与遗传、大脑发育成熟延迟等。

2.心理因素

7岁以前是人格形成的关键期。所以，童年生活经历对人格形成极为重要。早年失去父爱的孩子，成年后性格往往表现为胆小、畏缩；母爱被剥夺则可能是反社会人格的重要成因。有资料表明，在孤儿院成长的儿童成年后性格内向者较多。

父母教养方式不当也是人格障碍的重要因素。教育态度的不一致、父母的不良行为方式，对儿童起到了不良的“示范”作用；不恰当的学校教育、对儿童提出过高的要求，使儿童始终生活在“失败”的阴影之中。这些因素对人格发育均有不利影响。

3.社会文化因素

恶劣的社会环境、不合理的社会现象、扭曲的价值观念对人格障碍的形成起推动的作用。不良的生活环境、结交具有品行障碍的“朋友”及出没于具有恶习的社交圈子，对人格障碍的形成往往起到重要作用。

（四）类型

人格障碍的常见类型有偏执型人格障碍、分裂样人格障碍、冲动型人格障碍、反社会型人格障碍、表演型人格障碍、自恋型人格障碍、依赖型人格障碍、强迫型人格障碍等。

1.偏执型人格障碍

偏执型人格障碍多见于男性。其特征归纳如下：

①敏感多疑，患者往往把别人无意的甚至可能是友好的行为表现误解为怀有敌意、轻蔑，或者没有足够根据即猜疑别人。

②对事态的前后关系缺乏正确评价，有一种将周围事件解释为具有某种“阴谋”的不符合事实的先占观念。

③极端地自信、自负，自我评价过高，自尊心很强。

④固执己见，常常认为只有自己是最正确的，听不得不同意见，不相信反面证据。

⑤拒绝接受批评，对挫折和失败过分敏感，受到质疑就争论，耿耿于怀并将挫折和失败的原因归咎于别人，甚至冲动攻击和好斗。

⑥个性很强，主观性强，工作能力强，好与人争辩，并固执地追求个人的利益或权力，不相信别人，很难以事实或说理来改变他们的认识或想法。

⑦容易发生病理性嫉妒，如过分怀疑配偶或恋人对己不忠，但不是妄想，易发生偏执狂或偏执型精神分裂症。

在大学生中，也有些同学会过分地敏感猜疑。例如，看到一些同学见到自己后立即结束谈话，就怀疑别人说自己的坏话，或是将他人无意的、非恶意的甚至是友好的行为误解为敌意或歧视，并伴有攻击性行为。这种现象往往与这些同学短期内自信心下降且自尊心较强有关，不能盲目地诊断为偏执型人格障碍。

2.分裂样人格障碍

这是一种以观念、外貌和行为奇特，人际关系有明显缺陷，情感冷淡为主要特点的人格障碍。本人是痛苦的，但并不能意识到自身的问题。

分裂样人格障碍的主要特征是：

第一，在社交关系中感到孤独和不适，与亲友在一起时感到很不舒服，很少动感情，而且有知觉或者认知歪曲以及古怪的行为，起自成年早期，前后过程多种多样，符合以下5项以上：

①牵连观念（未达关系妄想程度）。

②与其文化背景不相一致却影响其行为的古怪想法或魔术思想（如迷信、特异功能、心灵传感等。对于儿童或者青少年，分裂样人格障碍表现为怪异的幻想或者整日沉湎某个想法）。

③不同寻常的知觉或者身体幻觉。

④古怪的（如含糊的、琐碎的、隐喻的、过分推敲的或者刻板的）语言以及其他行为或者表现。

⑤猜疑或者偏执观念。

⑥感情表达不适合或者受限制。

⑦除一级亲属以外，没有亲密的或者知心的朋友。

⑧过分的社会焦虑，往往伴有偏执性的害怕感，但没有对自己错误的判断。

第二，并非发生精神分裂症，伴有精神病性表现的心境障碍、其他精神病性障碍或者某种普遍性发育障碍。

在大学期间，每个人的想法和观念都是不同的，有的人行为看起来古怪，而这往往跟他们独特的生活经历有关，因此，同学之间要相互包容，多一些理解和关心。

3.冲动型人格障碍

冲动型人格障碍又称爆发型或攻击型人格障碍，是一种以行为与情绪有明显冲动性为主要特征的人格障碍。冲动型人格障碍发作前没有先兆，发作过程中不考虑后果，不能自控，易与他人发生冲突。这种人往往在童年时就有所表现，往往因微小的事和精神刺激，就会突然爆发强烈的暴力行为，自己控制不住自己，从而对他人造成破坏和伤害。

冲动型人格障碍分为主动攻击型和被动攻击型两大类。

（1）主动攻击型的主要特征

①情绪急躁易怒，存在无法自控的冲动性和驱动力。

②性格上常表现出攻击性、鲁莽和盲动性。

③冲动的动机形成可以是有意识的，亦可以是无意识的。

④行动反复无常，可以是有计划的，亦可以是无计划的。行动之前有强烈的紧张感，行动之后体验到愉快、满足或放松感。

⑤心理发育不健全和不成熟，经常导致心理不平衡。

⑥容易产生不良行为和犯罪倾向。

（2）被动攻击型的主要特征

被动攻击型的主要特征是以被动的方式表现其强烈的攻击倾向。这类人表面上表现得被动和服从，内心却充满敌意和攻击性，如故意迟到，故意不回电话或信息，故意拆台使工作无法进行；顽固执拗，不听组织安排，暗地破坏或阻挠。他们的仇视情感与攻击倾向十分强烈，但又不敢直接反抗权威。

4.反社会型人格障碍

反社会型人格障碍是以行为不符合社会规范为主要特点的。

反社会型人格障碍的诊断要点为：

①行为违背社会常情，与社会规范和社会准则相悖，且习以为常。

②冷漠无情，处处以自我为中心，头脑中只有自己而无视他人，从不关心他人痛痒。

③明显缺乏自控能力，行为常常失控，冲动任性，难以与人保持深厚的人际关系；虽然明知行为错误，也不感到内疚，也不能吸取教训。

反社会型人格障碍与冲动型人格障碍的区别是：冲动型人格障碍的人虽然行为冲动，但冲动过后常常后悔不已，且具有阵发性特点，不发作时表现正常；反社会型人格障碍的人的冲动行为则表现为想干什么便干什么，以自我为中心，对人没有内疚感和自责感，令人感到不可理喻，在人际交往中只能与人维持一种肤浅的、短暂的友谊关系。

5.表演型人格障碍

表演型人格障碍亦称癔症型人格障碍，是一种以通过过分感情用事或夸张言行来吸引他人注意为主要特点的人格障碍。具有表演型人格障碍的人在行为举止上常带有挑逗性，并且十分关注自己的外表。这类人情绪外露，表情丰富，喜怒哀乐皆形于色，矫揉造作，易发脾气，喜欢被别人同情和怜悯，情绪多变且易受暗示；以自我为中心，好交际和自我表现；对别人要求多，不大考虑别人的利益；思维肤浅，不习惯于逻辑思维，显得天真幼稚。此类型人格障碍多见于女性，各种年龄层次都有，尤以中青年女性最为常见，一般年龄都在25岁以下。

依据美国的《精神障碍诊断与统计手册》（第五版）（DSM-5），表演型人格障碍的诊断标准如下：一种过度情绪化的和追求他人注意的普遍模式；起始不晚于成年早期，存在于各种背景下，表现为下列5项（或更多）症状：

①在自己不能成为他人注意的中心时，感到不舒服；

②与他人交往时的特点往往带有不恰当的性诱惑或挑逗行为；

③情绪表达迅速而表浅；

④总是利用身体外表来吸引他人对自己的注意；

⑤言语风格是印象深刻、缺乏细节的；

⑥表现为自我戏剧化、舞台化或夸张的情绪表达；

⑦易受暗示（容易被他人或环境所影响）；

⑧认为与他人的关系比实际上的更为亲密。

表演型人格障碍往往跟一个人的心理成熟度有关，随着年龄的增长、阅历的增加，症状可逐渐减轻。

6.自恋型人格障碍

这类人大多有以自我为中心的特点，大多表现为自我重视、夸大、缺乏同情心，对别人的评价过分敏感，并伴有阵发性的自卑。

DSM-5关于自恋型人格障碍的诊断标准为：一种需要他人赞扬而缺乏共情的自大（幻想或行为）的普遍模式；起始不晚于成年早期，存在于各种背景下，表现为下列5项（或更多）症状：

①具有自我重要性的夸大感（如夸大成就和才能，在没有相应成就时却盼望被认为是优胜者）；

②幻想无限成功、权力、才华、美丽或理想爱情的先占观念；

③认为自己是特殊的，只能被其他特殊的或地位高的人（或机构）所理解或与之交往；

④要求过度的赞美；

⑤有一种权利感（不合理地期望特殊的优待或他人自动顺从他的期望）；

⑥在人际关系上剥夺他人（为了达到自己的目的而利用别人）；

⑦缺乏共情，不愿识别或认同他人的感受和需求；

⑧常常妒忌他人或认为他人妒忌自己；

⑨表现为高傲、傲慢的行为或态度。

自恋型人格障碍的人在许多方面与表演型人格障碍的人的外在表现相似，如情感的戏剧化，有时还喜欢挑逗。两者的不同之处在于：表演型人格障碍的个体想要的是关注，自恋型人格障碍的个体想要的是赞赏；表演型人格障碍的人外向、热情，而自恋型人格障碍的人内向、冷漠，过分看重自己，对权力与完美的爱情有非分的幻想，对批评极为敏感，在人际交往中，这种人很难表现出同情心。

自恋型人格障碍的大学生，往往自我评价过高，主观自我高于客观自我，因而在生活中爱听表扬，忌听批评，且具有高度幻想性，特别是过高的自我评价带来成功的虚幻体验，过度自信，希望得到别人的赞赏。一般而言，这类大学生天赋较好，一直处于被关注的中心，自信心与自尊心都较强，缺乏失败的生活经历与亲身体验，因而生活在理想世界中，当面临挫折甚至失败时，无法面对现实世界而导致心理崩溃。

7.依赖型人格障碍

依赖型人格障碍是日常生活中较常见的人格障碍。根据DSM-5，依赖型人格障碍的诊断标准为：一种过度需要他人照顾以至于产生顺从或依附行为并害怕分离的普遍模式；起始不晚于成年早期，存在于各种背景下，表现为下列5项（或更多）症状：

①如果没有他人过度的建议和保证，便难以作出日常决定；

②需要他人为其大多数生活领域承担责任；

③因为害怕失去支持或赞同而难以表示不同意见（注：不包括对被报复的现实的担心）；

④难以自己开始一些项目或做一些事情（因为对自己的判断或能力缺乏信心，而不是缺乏动机或精力）；

⑤为了获得他人的培养或支持而过度努力，甚至甘愿做一些令人不愉快的事情；

⑥因为过于害怕不能自我照顾而在独处时感到不舒服或无助；

⑦在一段密切的人际关系结束时，迫切寻求另一段关系作为支持和照顾的来源；

⑧害怕只剩自己照顾自己的不现实的先占观念。

当代大学生大多数是独生子女，亲人的溺爱使他们逐渐产生对父母或权威的依赖心理，容易形成依赖型人格障碍。这种现象在女大学生中更常见。她们大都和父母关系亲密，从小受到家人精心照顾，经历简单，受挫折少，所以她们喜欢依赖老师或父母解决问题，或“黏”着自己的好朋友帮自己作决策，倾向于把责任推给别人。

8.强迫型人格障碍

强迫型人格障碍患者从早年（儿童甚至幼儿期）就表现出过度追求完美、有计划性、过度整洁、过分注意细节、行为刻板、观念固执、怕犯错误等性格特点。由于强迫型人格障碍的人对自己要求严格，常常事业很成功，但是牺牲了自己的个人生活。

DSM-5关于强迫型人格障碍的诊断标准是：一种沉溺于有秩序、完美以及精神和人际关系上的控制，而牺牲灵活性、开放性和效率的普遍模式；起始不晚于成年早期，存在于各种背景下，至少表现为下列症状中的4项：

①沉溺于细节、规则、条目、秩序、组织或日程，以至于忽略了活动的要点；

②表现为妨碍任务完成的完美主义（如因为不符合自己过分严格的标准而不能完成一个项目）；

③过度投入工作或追求绩效，以至于无法顾及娱乐活动和朋友关系（不能用明显的经济情况来解释）；

④对道德、伦理或价值观念过度在意、小心谨慎和缺乏弹性（不能用文化或宗教认同来解释）；

⑤不愿丢弃用坏的或无价值的物品，哪怕这些物品毫无情感纪念价值；

⑥不情愿将任务委托给他人或与他人共同工作，除非他人能精确地按照自己的方式行事；

⑦对自己和他人都采取吝啬的消费方式，把金钱视作可以囤积起来应对未来灾难的东西；

⑧表现为僵化和固执。

强迫型人格障碍的大学生往往存在许多非理性信念，如：我应该得到生活中所有人的喜爱和赞许；我必须是优秀的，班里或学校里的好事必须有我一份；做人要讲规矩，没有规矩寸步难行。他们带着这些条条框框去生活，心理压力很大，而且觉得活着很累，情绪很坏，精神总是处于紧张状态之中。

二、性心理障碍[①]

性心理障碍又称性变态，是指与生殖活动没有直接关系，在寻求性满足的对象和方式上与常人不同，且违反社会习俗的心理障碍。常见的性心理障碍有恋物癖、裸露癖、窥视癖、异装癖、易性癖、施虐癖等。性心理障碍者并非精神病人，只是这种病态性的行为为社会所不容。

性心理障碍的病因尚不明确，包括心理学、环境和社会等方面因素。性心理障碍患者对正常的性活动通常没有要求，甚至心怀恐惧。他们的性心理障碍行为常具有强迫性和反复性，自我控制和自我保护能力往往较差。他们的性心理障碍行为并非时时发作，只是在歪曲的性冲动支配下，在特定的情景刺激下才会付诸行动，当时怎么也控制不了自己。因此，他们在事前并无周密准备，案发后又能供认不讳，事后常感到

① 王幅明．新世纪青年必读：现代人综合素质纵横谈［M］．郑州：大象出版社，1999：284.

后悔，痛心疾首，但往往屡教不改。

三、神经症[①]

神经症是一种心因性的疾病，患者的神经系统没有器质性病变，而仅仅是功能降低或失调。致病原因是大脑长期负担过重，过度疲劳，或精神受刺激、情绪持续紧张。在大学生中常见的神经症主要有神经衰弱、焦虑症、强迫症、恐惧症、疑病症等。

（一）神经衰弱

神经衰弱是一种最常见的神经症，主要表现为大脑功能衰弱，患者既容易兴奋又容易疲劳，对微弱刺激十分敏感，注意力不集中等，并常伴有各种躯体不适感和睡眠障碍。引起神经衰弱的原因是长期存在的某些精神因素引起大脑机能活动的过度紧张，使精神活动的能力减弱。

大学生神经衰弱的发生，往往和他们学习负担过重、持续的精神过度紧张、考试压力大、学习目标不切合实际、人际关系紧张、生活受挫等因素有关。神经衰弱的学生应合理安排学习和生活作息，适当参加娱乐活动和体育锻炼，也可进行必要的心理治疗，以期达到好的效果。

（二）焦虑症

焦虑症主要包括急性焦虑症（惊恐障碍）和慢性焦虑症（广泛性焦虑）。

急性焦虑症发病突然，患者会感到心慌意乱、紧张不安或无名恐惧，似乎预感到大难临头，伴有心悸、胸闷、头晕、脸发热、手脚发麻、肌肉颤抖及抽动、浑身出汗等躯体症状。严重时，患者搓手顿足、坐立不安、长吁短叹，甚至尖声怪叫，似乎马上就要“发疯”或者窒息死亡。时间一般持续几分钟到两三个小时，之后自行终止，但有的人一周或一天之内会发作好几次。反复发作会给患者造成极大的痛苦；即使在不发作时，患者也往往因为担心再次发病而惴惴不安。

慢性焦虑症患者会莫名其妙地紧张不安，对现实中某些无关紧要的细微小事过分担心和烦恼，一味地提心吊胆、惶恐不安，好像不幸随时将降临在自己或亲人的头上。患者常出现睡眠障碍，情绪也不稳定。

大学生患焦虑症的主要原因是自卑、胆小怕事、谨小慎微以及对轻微的挫折或身体上的不适过分焦虑和紧张等；外在诱因主要是学习紧张、考试压力、人际关系压力等。

（三）强迫症

强迫症是以强迫症状为主要特征的神经症。强迫症状主要指那些明知没有必要，但又无法摆脱的无意义的思想、行为，主要包括强迫思维和强迫行为。强迫思维如强迫回忆、强迫怀疑等；强迫行为如强迫洗手、强迫关门等。

大学生强迫症的发生多与性格有关，做事过分认真细致，追求完美，过于求全责备，有时拘谨死板、优柔寡断、缺乏幽默感等；还与患者不良家庭环境的影响有关，

① 程才根，胡卫东．大学生心理健康概论［M］．沈阳：辽宁大学出版社，1990：292-298.

如父母对子女苛求批评多、戒律多，很少表扬与激励；也与某些心理社会因素有关，如遭受重大精神刺激等。

一部分大学生存在一些比较轻的强迫倾向，面对它的最好的办法就是泰然处之，顺其自然，越是在意，问题越严重；同时，转移自己的注意力，多参加学校活动，让自己的生活尽量丰富些，时间长了自然就好了。

（四）恐惧症

恐惧症是指对特定的事物、场景或与人交往所产生的恐惧。这种过分强烈的恐惧达到了不合情理的程度，以致影响到一个人的工作、学习和日常生活。患者本人也知道害怕是过分的、不应该的或不合理的，但并不能防止恐惧发作。

社交恐惧症是指对一种或多种人际处境存在持久的、强烈的恐惧和回避的行为。恐惧的对象可以是某个人或某些人，也可以相当泛化，包括除了某些特别熟悉的亲友之外所有的人。社交恐惧症多在17~30岁期间突然发病，常无明显诱因。社交恐惧症的主要特点是害怕被人注视，甚至觉得无地自容，因而不愿社交，不敢出现在公共场合，怕到人多的地方去。

恐惧症的发生可能与以往生活中的不良经历和重大精神创伤有关，或者是通过条件反射作用而建立的一种不适应的行为。患有恐惧症的大学生也常表现出一些不良的性格特点，如胆小、孤僻、敏感、退缩和依赖性强等。

（五）疑病症

疑病症主要表现为对自己健康状况或身体的某一部分功能过分关注，深信自己患了某种疾病，但与实际健康状况不符，医生多次解释其无病后仍不能接受，反复就医，甚至影响其学习与工作。

认识自己

症状自评量表（SCL-90）

以下列出了有些人可能会有的问题，请仔细阅读每一条，然后根据最近一星期来自己的实际感觉，选择最符合你的一种情况，请在相应的选项上打“√”。

	没有	较轻	中等	较重	严重
1.头痛	1	2	3	4	5
2.神经过敏，心中不踏实	1	2	3	4	5
3.头脑中有不必要的想法或字句盘旋	1	2	3	4	5
4.头晕或晕倒	1	2	3	4	5
5.对异性的兴趣减退	1	2	3	4	5
6.对旁人责备求全	1	2	3	4	5
7.感到别人能控制你的思想	1	2	3	4	5
8.责怪别人制造麻烦	1	2	3	4	5

	没有	较轻	中等	较重	严重
9.忘性大	1	2	3	4	5
10.担心自己的服饰是否整齐及仪态是否端正	1	2	3	4	5
11.容易烦恼和激动	1	2	3	4	5
12.胸痛	1	2	3	4	5
13.害怕空旷的场所或街道	1	2	3	4	5
14.感到自己的精力下降，活动减慢	1	2	3	4	5
15.想结束自己的生命	1	2	3	4	5
16.听到旁人听不到的声音	1	2	3	4	5
17.发抖	1	2	3	4	5
18.感到大多数人都不可信任	1	2	3	4	5
19.胃口不好	1	2	3	4	5
20.容易哭泣	1	2	3	4	5
21.同异性相处时感到害羞、不自在	1	2	3	4	5
22.感到受骗、中了圈套或有人想抓住你	1	2	3	4	5
23.无缘无故地突然感到害怕	1	2	3	4	5
24.自己不能控制地大发脾气	1	2	3	4	5
25.怕单独出门	1	2	3	4	5
26.经常责怪自己	1	2	3	4	5
27.腰痛	1	2	3	4	5
28.感到难以完成任务	1	2	3	4	5
29.感到孤独	1	2	3	4	5
30.感到苦闷	1	2	3	4	5
31.过分担忧	1	2	3	4	5
32.对事物不感兴趣	1	2	3	4	5
33.感到害怕	1	2	3	4	5
34.感情容易受到伤害	1	2	3	4	5
35.旁人能知道你的私下想法	1	2	3	4	5
36.感到别人不理解你、不同情你	1	2	3	4	5
37.感到人们对你不友好、不喜欢你	1	2	3	4	5
38.做事必须做得很慢，以保证做得正确	1	2	3	4	5
39.心跳得很厉害	1	2	3	4	5
40.恶心或胃部不舒服	1	2	3	4	5
41.感到比不上他人	1	2	3	4	5
42.肌肉酸痛	1	2	3	4	5
43.感到有人在监视你、谈论你	1	2	3	4	5
44.难以入睡	1	2	3	4	5
45.做事必须反复检查	1	2	3	4	5

	没有	较轻	中等	较重	严重
46. 难以作出决定	1	2	3	4	5
47. 怕乘电车、公共汽车、地铁或火车	1	2	3	4	5
48. 呼吸有困难	1	2	3	4	5
49. 一阵阵发冷或发热	1	2	3	4	5
50. 因为感到害怕而避开某些事物、场合或活动	1	2	3	4	5
51. 脑子变空了	1	2	3	4	5
52. 身体发麻或刺痛	1	2	3	4	5
53. 喉咙有梗塞感	1	2	3	4	5
54. 感到前途没有希望	1	2	3	4	5
55. 不能集中注意力	1	2	3	4	5
56. 感到身体的某一部分软弱无力	1	2	3	4	5
57. 感到紧张或容易紧张	1	2	3	4	5
58. 感到手或脚发重	1	2	3	4	5
59. 想到死亡的事	1	2	3	4	5
60. 吃得太多	1	2	3	4	5
61. 当别人看着你或谈论你时就感到不自在	1	2	3	4	5
62. 有一些不属于你自己的想法	1	2	3	4	5
63. 有想打人或伤害人的冲动	1	2	3	4	5
64. 醒得太早	1	2	3	4	5
65. 必须反复洗手、点数目或触摸某些东西	1	2	3	4	5
66. 睡得不稳、不深	1	2	3	4	5
67. 有想摔坏或破坏东西的冲动	1	2	3	4	5
68. 有一些别人没有的想法或念头	1	2	3	4	5
69. 感到对别人神经过敏	1	2	3	4	5
70. 在商店或电影院等人多的地方感到不自在	1	2	3	4	5
71. 感到任何事情都很困难	1	2	3	4	5
72. 一阵阵恐惧和惊恐	1	2	3	4	5
73. 感到在公共场合吃东西很不舒服	1	2	3	4	5
74. 经常与人争论	1	2	3	4	5
75. 单独一个人时神经很紧张	1	2	3	4	5
76. 别人对你的成绩没有作出恰当的评价	1	2	3	4	5
77. 即使和别人在一起也感到孤单	1	2	3	4	5
78. 感到坐立不安、心神不定	1	2	3	4	5
79. 感到自己没什么价值	1	2	3	4	5
80. 感到熟悉东西变成陌生或不像是真的了	1	2	3	4	5
81. 大叫或摔东西	1	2	3	4	5
82. 害怕会在公共场合晕倒	1	2	3	4	5

	没有	较轻	中等	较重	严重
83.感到别人想占你的便宜	1	2	3	4	5
84.为一些有关“性”的想法而很苦恼	1	2	3	4	5
85.你认为应该因为自己的过错而受到惩罚	1	2	3	4	5
86.感到要很快把事情做完	1	2	3	4	5
87.感到自己的身体有严重问题	1	2	3	4	5
88.从未感到和其他人很亲近	1	2	3	4	5
89.感到自己有罪	1	2	3	4	5
90.感到自己的脑子有毛病	1	2	3	4	5

一、SCL-90简介

SCL-90是由美国的德若伽提斯（L. R. Derogatis）在1975年编制的。

本量表共有90个项目，包含较广泛的精神病症状学内容，对感觉、情感、思维、意识、行为直至生活习惯、人际关系、饮食、睡眠等，均有涉及。

适用范围：它对有可能处于心理障碍边缘的人有良好的区分能力，适用于测查人群中哪些人可能有心理障碍、有何种心理障碍及严重程度。在临床上，它可被广泛应用于精神科和心理咨询门诊中，以了解求询者的心理卫生问题，可作为诊断参考，也可以用作初级的筛查工具，不适用于躁狂症和精神分裂症。

二、SCL-90评分标准

（一）总分

①总分是90个项目所得分之和。

②总症状指数也称总均分，是将总分除以90。

③阳性项目数是指评为2~5分的项目数。阳性症状痛苦水平是指总分除以阳性项目数。

④阳性症状均分是指总分减去阴性项目（评为1分的项目）总分，再除以阳性项目数。

（二）因子分

SCL-90包括9个因子，每一个因子都反映出来访者的某方面症状的痛苦情况，通过因子分可了解症状分布特点。

因子分=组成某一因子的各项目总分/组成某一因子的项目数

9个因子的含义及所包含项目为：

1.躯体化

它包括第1、4、12、27、40、42、48、49、52、53、56、58项，共12项。该因子主要反映身体不适感，包括心血管、胃肠道、呼吸和其他系统的主诉不适，头痛、背痛、肌肉酸痛，以及焦虑的其他躯体表现。

2.强迫症状

它包括第3、9、10、28、38、45、46、51、55、65项，共10项。其主要指那些明知没有必要，但又无法摆脱的无意义的思想和行为，还有一些比较一般的认知障碍的行为征象在这一因子中反映。

3.人际关系敏感

它包括第6、21、34、36、37、41、61、69、73项，共9项。其主要指某些个人的不自在与自卑感，特别是与其他人相比较时更加突出。在人际交往中心神不安、明显不自在、人际沟通中的自我意识、消极的期待亦属于这方面症状。

4.抑郁

它包括第5、14、15、20、22、26、29、30、31、32、54、71、79项，共13项。该因子以苦闷的情感与心境为代表性症状，还以生活兴趣的减退、动力缺乏、活力丧失等为特征，反映失望、悲观以及与抑郁相联系的认知和躯体方面的感受，还包括有关死亡的思想和自杀观念。

5.焦虑

它包括第2、17、23、33、39、57、72、78、80、86项，共10项。其一般指那些烦躁、坐立不安、神经过敏、紧张以及由此产生的躯体征象，如震颤等。测定游离不定的焦虑及惊恐发作是本因子的主要内容，还包括一个解体感受的项目。

6.敌对

它包括第11、24、63、67、74、81项，共6项。其主要从3个方面来反映敌对的表现：思想、感情及行为。该因子包括厌烦的感觉、摔物、争论直到不可控制的脾气暴发等各方面。

7.恐惧

它包括第13、25、47、50、70、75、82项，共7项。恐惧的对象包括出门旅行、空旷场地、人群或公共场所和交通工具等。此外，一些项目反映社交恐惧。

8.偏执

它包括第8、18、43、68、76、83项，共6项。本因子围绕偏执性思维的基本特征而制定，主要指投射性思维、敌对、猜疑、关系观念、妄想、被动体验和夸大等。

9.精神病性

它包括第7、16、35、62、77、84、85、87、88、90项，共10项。其反映各式各样的急性症状和行为、限定不严的精神病性过程的指征，也可以反映精神病性行为的继发征兆和分裂性生活方式的指征。

此外，还有第19、44、59、60、64、66、89项未被归入任何因子，反映睡眠及饮食情况，分析时将这7项作为附加项目或其他，成为第10个因子，以便使各因子分之和等于总分。

各因子分的计算方法是：各因子所有项目的分数之和除以因子项目数。例如，强迫症状因子各项目的分数之和假设为30，共有10个项目，所以因子分为3。在1~5分评分制中，粗略简单的判断方法是看因子分是否超过3分；若超过3分，即表明该因子的症状已达到中等以上严重程度。表2-1是正常成人SCL-90的因子分常模，如果因子分超过常模，即为异常。

表2-1　　正常成人SCL-90的因子分常模

项　目	X+SD	项　目	X+SD
躯体化	1.37+0.48	敌对	1.46+0.55
强迫症状	1.62+0.58	恐惧	1.23+0.41
人际关系敏感	1.65+0.61	偏执	1.43+0.57
抑郁	1.5+0.59	精神病性	1.29+0.42
焦虑	1.39+0.43	其他	

阳光训练

训练1

资源大发现①

【目的】良好的社会支持系统是完成大学适应过程的重要支撑，明晰社会资源是发现和利用社会支持的关键。

【准备】纸、笔。

【时间】30分钟。

【操作】

叔本华说："与其迷路，不如问路。"到了一个新环境，要建立一个更好的支持系统，这样才能更好地适应大学生活。想象一下，当你在大学里遇到困难和压力时，你将自己可以利用的资源填入表2-2。

表2-2　　可以利用的资源

序号	资源名称	可以利用的方面	如何利用	是否适合自己
1	辅导员			
2	专业课老师			
3	心理咨询中心			
4	图书馆			
5	网络			
⋮	⋮			

现在请你看一看，你填在第一位的是谁？谁离你最近？你为什么选他（她）？在你遇到困难和挑战的时候，你是怎样向他（她）寻求支持的？如果你的支持网络里只有两三个人，请你仔细想想为什么人这么少，是害怕被视为弱者，还是曾经求助却被拒绝甚至伤害等。

把学生分成若干小组，让各小组同学一起讨论校园内外都有哪些能够帮助自己学习和成长的资源，讨论时间为5~10分钟。学生比较容易发现学校的硬件资源，这时教师应及时引导学生。资源既有硬件资源，也有软件资源，如教师的学识、修养，优秀的同学资源，宿舍文化等。

【小结】通过交流，学生会发现学校里有很多可以利用的资源，充分利用这些资源，来促进自己的发展吧！课后可要求每个学生写一篇心得，并思考怎样学会利用大学的资源。

① 汪艳丽. 大学生心理素质训练［M］. 北京：高等教育出版社，2010：34-35.

训练2

突破困境[①]

【目的】协助个人了解当前困扰自己的一个问题，并尝试找出解决的方法。

【时间】60~80分钟。

【准备】纸和彩笔。

【操作】

①进行想象放松，使成员平静下来。

②发给用纸，请成员在第一个空白处画出此刻的心情和感受；第二个空白处画出目前个人所面临的一个最大困扰；第三个空白处画出解决困扰的方法；第四个空白处画出如果解决了这个困扰，生活将会变得怎样。然后，请成员在组内交流，通过成员的反馈和协助，对自己的问题更加清楚，更有信心解决问题。

第一幅画	第二幅画
第三幅画	第四幅画

训练3

阅读下面的故事，然后写一篇读后感。

胡萝卜、鸡蛋与咖啡豆

你先往3个锅里倒入一些水，然后把它们放在旺火上烧。在第一个锅里，放一些

① 樊富珉. 团体心理咨询［M］. 北京：高等教育出版社，2005：248-249.

胡萝卜。在第二个锅里，放一些鸡蛋。在第三个锅里，放一些已经磨成粉末的咖啡豆。

煮沸15分钟，再来看你放进去的这些东西。胡萝卜已经不再坚硬，开始变得柔软。鸡蛋原来是易碎的，薄薄的外壳保护着蛋清和蛋黄，但是经开水一煮，蛋清和蛋黄就变硬了。而咖啡粉不见了，但是那锅水的颜色已经改变了，并散发出诱人的咖啡香味。

现在我们回到生活中来。生活不是一帆风顺的，也不总是风平浪静的。有时我们会遇到很多困难。事情不会总向着我们希望的方向发展，周围的人群也不总是像我们所希望的一样对待我们。我们经常会付出很多，但得到很少。那么，当遇到困境时，我们会怎样呢？

想想那些锅。这些煮沸的水就像我们在生活中遇到的困境一样。我们也许像胡萝卜，一开始是坚硬的、强壮的，后来却变得软弱。我们累倒，丧失了希望，我们选择了放弃，再无斗志！不要像胡萝卜一样！

我们也许会像鸡蛋，一开始有着柔软而敏感的心，在生活的压力下，却逐渐变得强硬而又冷漠。我们不再友好，我们与任何人都敌对。我们变得心硬，不再温暖，只有苦涩、悲愤。不要像鸡蛋一样！

我们也许像咖啡豆。沸水没有改变咖啡豆，咖啡豆改变了沸水，沸水因为咖啡豆而变得不一样！看一下，闻一下，尝一口。水的温度越高，咖啡的香味就越醇厚。我们应该像咖啡豆一样！

我们转变了困境，我们有了新的进步！我们有了新的知识、新的技能、新的习惯！我们在经历中成长！我们使自己周围的世界变得更加美好！

为了成功，我们必须持续不断地努力。我们要坚信现在所做的一切，我们要永不放弃，我们必须不断地排除面前的障碍……摆在我们面前的困难只会让我们更加强壮、更加美好、更加坚强……

每当变幻时，你会像谁呢？是胡萝卜、鸡蛋还是咖啡豆？

资料来源 [1] 蒋雪岭. 麻雀变凤凰：管理、培训、生活游戏大全 [M]. 北京：中国经济出版社，2003：185-187. [2] 倪京凤. 积极心理学取向的班级辅导培训手册 [M]. 上海：上海教育出版社，2010：42-43. [3] 贝纳德. 哈佛家训Ⅱ [M]. 于玲，编译. 哈尔滨：黑龙江科学技术出版社，2015：52-53.

幸福阳光

心理咨询不是救命稻草

很多人已经慢慢意识到了心理健康的重要性，也有越来越多的人走进了心理咨询室。可是，有多少人真的知道如何去作心理咨询呢？或者说，走进心理咨询室的第一步不是解决自己所谓的问题，而是学习如何开始作心理咨询。

对于每个个体来说，面对的问题千差万别，自己被困扰了许久。挣扎、痛苦，无计可施之后，寻一根稻草——心理咨询，试试看。

“我的问题是……医生，给我条明路吧！救救我！”

在来访者心中，心理咨询师好像是神仙，有金手指。他是专家，只要告诉他自己的问题，他就可以像神仙一样，为自己指出一条明路，让自己走出困境。其实，心理咨询师也是人！不同的是，与来访者相比，他对人的心灵更熟悉一点儿，是个专门和人一起对心灵工作的人。

下个略显绝对的断言：来访者带来的问题永远都不是真正的问题所在。来访者之所以被困住，就是因为他把它当作问题来解决。

如果人们走进心理咨询室，目的就是期待着50分钟之后得到一颗灵丹妙药，那么他一定会失望而归。这是因为他还不知道如何去作心理咨询。

曾经我也带着自己所谓的问题，走进心理咨询室；经过一番体验之后，并没有得到什么指示，只是有了一番自己的感悟。

首先，我发现，心理咨询之后，我重新找回了自己那颗带有温度和力量的心。而这颗心是怎么找回来的？记不得了。仿佛就伴着心理咨询师的话，我尝试着去找。当我回味这一历程的时候，酸甜苦辣尽在其中！我的大脑不记得心理咨询师说过什么，只是在心里刻下了那个历程。

心理咨询是一个旅程，是一次由心理咨询师陪伴完成的心灵探索，是一次走进心理世界的“双人游”。那么，要如何去作心理咨询呢？或者说，在作心理咨询前，来访者应该作什么样的心理准备呢？

◎不要企图一次、两次就可以解决问题；带着平常心，会有助于最终解决问题。

◎尽量呈现你自己。在咨询过程中，我们展现出来的自己可能是多种多样的：也许是急切想解决问题的自己，也许是非常理性的自己，也许是极其感性的自己，也许是冷漠的自己，也许是顽固的自己。不管是什么样的自己，试着让心理咨询师走进自己的内心世界。这一定很难。但是如果真的能让心理咨询师走进自己的内心，就意味着已经成功大半了！

◎和心理咨询师一起开始了解、探索自己的现在和过去。和他一起在自己的内心世界游荡，带着好奇和恐惧，循着心理咨询师温暖而有力的手，走到每一个被遗忘的角落。那里值得去清扫，但我们也能在那里寻到宝藏。

◎学会放开心理咨询师，并在他的陪同下自己试着慢慢地到处探索。

◎与心理咨询师挥手告别后，带着温暖、安全、力量独自上路。

◎也许，在需要的时候，再次回到心理咨询师这里补充一下营养，然后再上路。

资料来源　孙莉. 心理咨询不是救命草 [J]. 青年心理，2007（2）：46-47.

学思践悟

心理干预指导师：治愈你的“不开心”

罗世香是一名全职的心理工作者，拥有首都医科大学博士学位，持有心理咨询师二级资格证书，现在的工作重心是心理干预指导。从业3年来，接待个案时数超过2 000小时，接待来访者300余人。

心理干预指导师是个新职业。2020年5月，人社部发文，在“心理咨询师”职业下拟增设“心理干预指导师”工种。心理干预指导师主要是针对突发性公共事件、群体性公共事件开展群体心理援助、心理疏导和行为干预工作，以及各类人群的心理健康教育、行为训练、心理督导等，比普通心理咨询范围更广。与心理咨询师相比，心理干预指导师更加注重实践经验，而不是仅仅取得证书就能执业。我国目前真正具备专项心理干预技能的人才，仍然非常稀缺。

对罗世香来说，这是一场机遇。她曾在某三甲医院从事临床护理工作7年。在对重症患者的护理过程中，一些患者会出现迷茫、无助，甚至绝望、暴躁的情绪，无处排解。这些患者心里压抑了太多的东西，有太多需要倾诉、需要被看见的内在的东西。医心和医病同等重要。于是，罗世香作了一个大胆的决定：离开工作多年的医院，攻读博士，去研究社会心理康复。

2020年新冠肺炎疫情期间，有一位来访者因为对疫情的恐慌产生了巨大的心理压力。“十分焦虑，始终无法平静。感觉自己被困在一个狭小的空间里，周围漆黑一片，非常恐慌，憋得喘不过气。”直到经过一番专业的心理指导后，这名来访者的紧张情绪慢慢消失了：“当听到心理干预指导师的声音时，我就觉得自己可以平静下来了，委屈、苦恼、恐惧都没了……”

罗世香接触的案例中，还有因父母过于焦虑导致孩子患自闭症的，有做生意失败而一无所有、妻离子散走投无路的，有准备考研却因为压力太大而精神崩溃的……对这些情况进行心理干预指导时，罗世香会通过评估状态、稳定情绪、理解共情、情绪解读、指导建议等步骤来进行帮助。

她会根据医学常识和临床工作经验，首先确保来访者生理上的安全。心理问题也会引起躯体反应，有的来访者会出现失眠、胸闷、颤抖等情况，极端情况下还有自杀倾向。其次，要有很好的共情能力，要设身处地感受来访者的情感。避免进行道德评判，不去指责是非对错。

与普通的心理咨询不同的是，心理干预指导常常要给出具体的指导和建议，帮助来访者解决实际面临的问题。

当然，心理干预指导师并不是“神”，不要寄希望于有一种“魔法”让人迅速治愈，立竿见影。当前心理治疗领域的流派和技巧五花八门，但最重要的仍是坚守初心，保持对这个世界的爱与善意。这是一份关于生命的事业，可以触摸到人们内心深处最柔软的地方，可以点亮至暗时刻的生命之光。

资料来源　杨洋. 心理干预指导师：治愈你的“不开心”[EB/OL].（2020-11-10）[2022-10-28]. https://baijiahao.baidu.com/s?id=1682953752963620022&wfr=spider&for=pc.

第二部分　了解自我　发展自我

第三章

描绘多彩的人生

——健全人格的塑造

吉之立大事者，不唯有超世之才，亦必有坚忍不拔之志。

——苏轼

习惯形成性格，性格决定命运。

——凯恩斯

阳光心态

本杰明·富兰克林是美国独立战争时期重要的领导人之一。他在年轻时为自己定下了13条美德：

1.节制。食不过饱，饮酒勿醉。

2.寡言。不说无用之话，不讲闲言碎语。

3.有序。物归其位，事有其时。

4.决心。事情当做必做；既做就坚持到底。

5.节俭。花钱须于人于己有益，即不浪费。

6.勤勉。不虚度光阴，只做有用之事，不做无用之举。

7.真诚。不恶意相欺，思想纯洁公正，言必有据。

8.正直。不做害人之事，谨记履行利他之义务。

9.中庸。不走极端，以德报怨。

10.整洁。保持住所、着装、身体干净清洁。

11.平和。心态平和，不因琐事烦，不因常事乱，不因必然恼。

12. 节欲。不可损害他人的安宁和名誉。

13. 谦逊。

富兰克林按照这些美德要求自己，努力达到“道德完美”。他提出，人是惯性生物，这使得人们改变自己的行为和坚持每一种美德都非常困难。为此，他制定了一项策略，即每周专注于掌握一种美德。他认为，在集中精力坚持一周之后，这项美德在很大程度上已经扎根于习惯之中，之后就更容易坚持下去。他把这些美德列在表里，按一周中的每一天隔开，每天都检查是否做到；发现违反，就立即改正。表格记录了他的进步，使他确信自己正变得越来越高尚。

他在节俭和节制方面已经做得很好了。例如，作为一个18岁的年轻人，他已经意识到把钱花在啤酒上是一种浪费。

真诚这一美德促使富兰克林拒绝刊登所有他认为是诽谤或辱骂的文章。当作者以新闻自由的名义要求发表这种文章时，他回应道，这些文章他们想印多少份都可以，但要发就他们自己去发。他绝不散布诽谤言论。

最能体现富兰克林性格和成就了他一生的美德是勤勉。他深信努力工作的价值，也相信勤勉是品格良好的标志。因此，他不仅努力做到勤勉，还尽量让众人认可他的勤勉。

富兰克林最初只列了12项美德，但是一位朋友提醒他说，大家普遍认为他比较自大，于是他增加了最后一项——谦逊。富兰克林为实现最后一项美德颇费一番力气，他克制自己不去纠正别人的错误，学着避免发表武断的言论，但始终认为自己并未真正战胜自大。

资料来源　席林．奇才——连续突破性创新者的创意启示录［M］．李蒙，宫海荣，译．长沙：湖南文艺出版社，2019：128-131.

【思考】富兰克林的经历对你今后的人生有何启发？

____

____

阳光殿堂

一、人格的含义与特征

你认为人格指的是什么？

____

____

人格是我们口头常用的词汇，比如“我以人格担保”“他的人格很高尚”……其实，不同的人格有不同的含义，有法律意义上的人格，也有道德意义上的人格。

在心理学中，人格（personality）又称个性，是个体在遗传物质的基础上，通过与后天环境的相互作用而形成的相对稳定的和独特的心理行为模式。①

人格包含4个基本特征：②

① 郑雪．人格心理学［M］．广州：暨南大学出版社，2007.
② 张厚粲．心理学［M］．天津：南开大学出版社，2002：185-186.

（一）独特性

独特性是指人与人之间没有完全一样的人格，每个人都有自己独特的人格。独特性是一个人区别于另一个人的重要内在特征，如《西游记》中的师徒四人，各有各的人格特征：

①唐僧诚心向佛，执着，举止文雅；

②孙悟空天资聪颖，顽皮敏捷，疾恶如仇；

③猪八戒好吃懒做，贪财好色，贪生怕死；

④沙和尚任劳任怨，敦厚善良，老实忠诚。

强调人格独特性的同时，人们还要注意到人格具有的共同性。同一社会群体中的人往往具有一些相同的人格特征。传统的中国人身上都会透出保守、忍耐、中庸的人格色彩；西方人则更多地表现出冒险、灵活、标新立异的人格色彩。

（二）稳定性

稳定性是指人格不是偶然的、一时的心理特性，而是经常表现出来的相对稳定的心理特点。这种稳定性体现在：

1.人格成熟之后，很难有大的改变

如《三国演义》里的张飞冲动暴躁，很难具备《红楼梦》里林黛玉的忧郁、聪慧。

2.在不同时间、不同环境下人格表现的一致性

一位性格内向的大学生，大一时在集体活动中沉默寡言，到大四参加集体活动时仍然不会有很大变化；在学校少言寡语，工作后也会如此。

在强调人格的稳定性的同时，我们还要注意到人格具有的可变性。随着生理的成熟和环境的改变，人格也可能产生或多或少的变化。丘吉尔幼年是个害羞的孩子，习惯畏畏缩缩地一个人独来独往。在保姆的激励下，他才鼓起勇气尝试主动和别人交往，训练自己的独立自主性，长大以后成为担当国家大任的首相。

（三）统合性

人格是由多种成分构成的一个有机整体，具有内在的一致性，受自我意识的调控。人格的统合性是心理健康的重要指标。当一个人的人格结构各方面彼此和谐一致时，他的人格就是健康的；否则，就会出现适应困难的情况，甚至出现分裂人格。有的人希望自己在学业上取得一番成就，但同时缺乏自我控制力、沉迷网络，出现这种矛盾会让“自我”很痛苦，出现适应问题。

（四）功能性

功能性是指人格在很大程度上会影响人的生活方式，甚至决定事业成败和人的命运。俗话说：“播种行为，收获习惯；播种习惯，收获性格；播种性格，收获命运。”同样面对失败，性格坚强的人直面挫折，发奋拼搏，而性格懦弱的人会一蹶不振，得过且过。

二、人格的内涵①

（一）气质

1.含义

气质（temperament）是表现在心理活动的强度、速度、灵活性与指向性等方面的一种稳定的心理特征，即我们平时所说的脾气、秉性。气质受神经系统活动特性所制约，是先天形成的。孩子刚一出生，最先表现出来的差异就是气质差异，有的孩子爱哭好动，有的孩子沉稳安静。

气质是人的天性，没有好坏之分。它只给人们的言行涂上某种色彩，但不能决定人的社会价值，也不直接具有社会道德评价含义。一个人的活泼与稳重不能决定他为人处世的方向，任何一种气质类型的人既可以成为品德高尚、有益于社会的人，也可以成为道德败坏、有害于社会的人。气质不能决定一个人的成就，任何气质的人只要经过自己的努力都可能在不同实践领域取得成就，也可能成为平庸无为的人。②

2.类型

气质通常分为胆汁质、多血质、黏液质和抑郁质4种类型。不同气质类型的大学生在学习上有不同特点，应该根据自己的气质特点扬长避短。

（1）胆汁质的人的特点

胆汁质的人主要表现为直率热情、精力旺盛、脾气急躁、易于冲动；反应迅速，但准确性差；情绪明显表露于外，但持续时间不长。《三国演义》中的张飞就是典型的胆汁质类型。在正确的教育下，他们能具备坚强的毅力、主动性、热情和独创精神；在不良环境的影响下，他们可能表现出缺乏自制力、急躁、易激动等不良品质。

胆汁质类型的大学生进行持续不断的学习，成绩会相当出色；但情绪易冲动，遇到不利的情况、挫折或者听一堂枯燥的知识课，马上会气馁、没耐心、无精打采。在这种状态下，信心和耐心是克服障碍的法宝。

（2）多血质的人的特点

多血质的人表现为活泼好动、敏感、反应迅速；不甘寂寞，善于交际；接受新事物快，但印象不是很深刻，注意力容易转移；情绪和情感易于产生，也易于改变。其显著的特点是：有很强的灵活性，容易适应变化的生活条件。《红楼梦》中的王熙凤就是典型的多血质类型。在良好的教育条件下，多血质的人可以培养出高度的集体主义情感，对学习、劳动、社会生活表现出积极主动的态度；在不良教育条件下，可能表现出轻率、疏忽大意、散漫以及对自己的能力评价过高等不良行为和态度。

多血质类型的大学生如果集中精力听讲，效率会较高，可以做到当堂知识当堂巩固，可以省出更多时间学习课外知识。不足之处是课堂上一些微小的事情也会引起他们的注意，分散精力，影响听课效果。这类学生可以通过锻炼自身的毅力和恒心来克服缺陷。

（3）黏液质的人的特点

黏液质的人表现为安静稳重、交际适度；反应缓慢，沉默寡言；善于克制自己，

① 董一英，童三红．心理学教程［M］．长春：吉林人民出版社，2004：266-271.
② 彭聃龄．普通心理学［M］．4版．北京：北京师范大学出版社，2012.

情绪不易外露，注意力稳定但难以转移；善于忍耐，沉着坚定，不尚空谈，埋头苦干等。其显著特点是安静均衡。《水浒传》里的林冲就是典型的黏液质类型。在正确的教育条件下，黏液质的人容易形成勤勉、实事求是、坚毅等特性；在不良教育条件的影响下，则可能发展成为萎靡、消极、怠惰，以及对人甚至对己都漠不关心、冷淡顽固等不良品质。

黏液质类型的大学生注意力集中，沉着坚定，一般情况下都能集中注意力听讲，较少受干扰。他们的反应速度一般，沉默寡言，如果想提高学习效率，课前要多作预习。

（4）抑郁质的人的特点

抑郁质的人表现为心思细腻、情感体验深刻，情绪不易外露，具有很高的感受性，观察能力强，善于觉察到别人不易发觉的小事物；行动缓慢、内向、多愁善感。《红楼梦》里的林黛玉就是典型的抑郁质的人。这种类型的人在顺利的环境下、在友爱的集体里，可以表现出温顺、委婉、细致、坚定、能克服困难、富有同情心等优良品质；在不利条件下，可能表现出伤感、沮丧、深沉、优柔寡断等。

抑郁质类型的大学生同黏液质类型的大学生相仿，也需要注意多作课前预习和课后复习。其优点是能够持久地思考一个问题而不受干扰，注意力容易集中。倘若能很好地利用这一优势，钻研学业，他们的成绩会相当出色。[①]

在现实生活中，单一气质的人并不多，绝大多数人是4种气质类型相互混合、渗透，兼而有之。

（二）性格

性格（character）是一种与社会最密切相关的人格特征，在性格中包含许多社会道德含义。性格表现了人们对现实和周围世界的态度，并体现在他们的行为举止中。

性格主要体现在对自己、对别人、对事物的态度和所采取的言行上。态度是指个体对社会、对自己和对他人的一种心理倾向，它包括对事物的评价、好恶和趋避等方面。态度表现在人的行为方式中。例如，路上有人掉了钱包，有的人会在捡起后积极寻找失主，有的人置若罔闻，有的人则会捡起据为己有。这就是人们对同一事物的不同态度。这些不同的态度表现在人们的不同行为方式中，构成了人们的不同性格。

性格表现了一个人的品德。受人的价值观、人生观和世界观的影响，有的人大公无私，有的人自私自利，这就是性格的差异。性格是在后天社会环境中逐渐形成的，是人的最核心的人格差异。性格有好坏之分，能最直接地反映出一个人的道德风貌。

德国心理学家斯普兰格依据人类社会文化生活的6种形态，将人划分为6种性格类型，不同性格类型具有不同的价值观成分。这6种性格类型是：

1.经济型

这种人注重实效，其生活的目的是追求利润和获得财富，如企业家等。

2.理论型

这种人表现出具有探究世界的兴趣，能客观而冷静地观察事物，力图把握事物的本质，以追求真理为人生的目的，如思想家、科学家等。

① 高玉祥. 健全人格及其塑造［M］. 北京：北京师范大学出版社，1997.

3. 审美型

这种人对现实生活不太关注，富于想象力，追求美感，以感受事物的美作为人生的价值，如艺术家等。

4. 权力型

这种人倾向于权力意识和权力享受，支配性强，其生活价值就在于满足自己的权力欲望，得到某种权力和地位。

5. 社会型

这种人能关心他人，献身社会，助人为乐，以奉献社会为人生最高目标。

6. 宗教型

这种人信奉宗教，相信神的存在，把信仰视为人生的最高价值。

（三）认知风格

认知风格是指个人所偏爱使用的信息加工方式。比如，遇到问题后，有的人喜欢问别人，有的人喜欢自己独立思考。认知风格表现的特点主要有场依存性和场独立性、冲动性和沉思性等。

1. 场依存性和场独立性

具有场依存性认知风格的人加工信息主要依赖外在标准，思考问题不够独立，容易相信别人的观点。具有场独立性认知风格的人加工信息主要依赖内在标准，更多地独立思考问题，不轻易相信别人。

2. 冲动性和沉思性

冲动性和沉思性主要是形容思考问题的速度。具有冲动性认知风格的人反应快，但是准确性差，而具有沉思性认知风格的人反应慢，但准确性高。

（四）自我调控系统

自我调控系统是人格中的内控系统或自控系统，作用是对人格的各种成分进行调控，保证人格的完整、统一、和谐。其包括如下3个子系统：

1. 自我认知

自我认知是对自己的洞察和理解，其包括自我观察和自我评价。如果一个人不能全面认识自己，只看缺点，忽视优点，就会产生自卑感；过高地评估自己，就会骄傲自大。

2. 自我体验

自我体验是伴随自我认识而产生的内心体验，是自我意识在情感上的表现。当一个人对自己作积极评价时，他就会产生自尊感；作消极评价时，他就会产生自卑感。

3. 自我控制

自我控制是自我意识在行为上的表现，是实现自我意识调节的最后环节，包括自我监控、自我激励、自我教育等。

三、人格的代表性理论

人格是研究个体心理差异的领域，有着异常复杂的心理结构。最有代表性的关于人格的理论是特质理论和类型理论。

（一）特质理论

1.奥尔波特的人格特质理论

美国人格心理学家奥尔波特首次提出了人格特质理论，理论框架如图3-1所示。

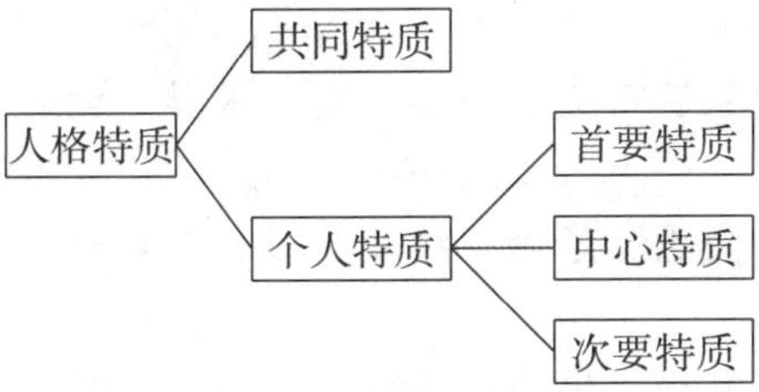

图3-1　奥尔波特的人格特质理论框架

他把人格特质分成两大类：

（1）共同特质

共同特质是指在某一社会文化形态下，大多数人或一个群体所共有的相同的特质。

（2）个人特质

个人特质是指个体身上所独具的特质。个人特质又分为如下3种：

①首要特质，是指一个人最典型、最有概括性的特质。

②中心特质，是指构成个体独特性的几个重要的特质。

③次要特质，是指个体的一些不太重要的特质，在一般情况下并不表现出来。

2.卡特尔的人格特质理论

卡特尔用因素分析的方法对人格特质进行了分析，提出了基于人格特质的一个理论模型。该模型分成4层：

①个别特质和共同特质。

②表面特质和根源特质。表面特质是从外部行为可以直接观察到的特质。根源特质是制约表面特质的潜在基础，是人格的内在因素。

③体质特质和环境特质。

④动力特质、能力特质和气质特质。

卡特尔用因素分析的方法提出了16种相互独立作用的根源特质，从而编制了卡特尔16种人格因素问卷（16PF）。他认为在每个人身上都具备这16种特质，只是在不同的人身上的表现有程度上的差异，所以可以对人格进行量化分析。

3.艾森克的三因素模型

艾森克所说的三因素分别是：

（1）外倾性

外倾性表现为内外倾向的差异。

（2）神经质

神经质表现在情绪稳定性上的差异。

（3）精神质

精神质表现为孤独、冷酷、敌视、怪异等负面人格特征。

艾森克依据三因素模型编制了艾森克人格问卷（Eysenck Personality Questionnaire，EPQ），这个量表在人格评价中得到了广泛的应用。本章将在“认识自己”部分具体介绍艾森克人格问卷。

4.塔佩斯的大五因素模型

塔佩斯用词汇学方法对卡特尔的人格特质变量进行再分析，发现5个相对稳定的人格因素：

（1）经验开放性

经验开放性反映出想象、审美、情感丰富、求异、创造、智能等特质。

（2）尽责性

尽责性显示了胜任、公正、条理、尽职、成就、自律、谨慎、克制等特质。

（3）外倾性

外倾性表现为热情、社交、果断、活跃、冒险、乐观等特质。

（4）宜人性

宜人性反映出信任、直率、利他、依从、谦虚、移情等特质。

（5）情绪不稳定性

情绪不稳定性包括焦虑、敌对、压抑、自我意识、冲动、脆弱等。

这5个特质的头一个字母构成了“OCEAN”一词，代表了人格的海洋。

此外，科斯塔和麦克雷编制了大五人格量表（NEO人格量表）。这是目前应用较为广泛的人格测定量表之一。

（二）类型理论

类型理论产生于20世纪30—40年代的德国，主要用来描述一类人与另一类人的心理差异，即人格类型上的差异。类型理论主要指对立类型理论，这种理论是依据某一人格特性的两个相反方向来确定的。

1.A-B型人格

福利曼和罗斯曼描述了A-B型人格类型。人们在研究人格和工作压力的关系时，常用到这种人格类型。

A型人格的主要特点是：

①性格急躁，缺乏耐性；

②成就欲高，上进心强，有苦干精神，工作投入，有时间紧迫感和竞争意识，动作敏捷，说话快，生活处于紧张状态；

③社会适应性差，属于一种不安定性人格。

B型人格的主要特点是：

①性情温和，举止稳当，对工作和生活的满足感强；

②喜欢慢节奏的生活，可以胜任需要耐心和谨慎思考的工作。

2.内–外向人格

瑞士著名人格心理学家荣格依据心理倾向来划分人格的类型，最先提出了内–外向人格类型学说。

当一个人把兴趣和关注点指向主体时就是内向人格，而当一个人把兴趣和关注点指向外部客体时就是外向人格。

（1）内向人格的特点

内向人格的特点是自我剖析，做事谨慎，深思熟虑，交往面窄，有时会出现适应困难。

（2）外向人格的特点

外向人格的特点是注重外部世界，情感外露，热情，当机立断，独立自主，善于交往，行动敏捷等。

四、人格的影响因素[①]

（一）遗传因素

由于人格具有较强的稳定性特征，因此人格研究者更注重遗传因素的作用。遗传因素对人格的作用程度随人格特质的不同而不同。通常，在智力、气质这些与生物因素相关程度较大的特质上，遗传因素的作用更重要；在价值观、信念、性格等与社会因素关系密切的特质上，后天环境的作用可能更重要。

人格的发展是遗传与环境两种因素交互作用的结果。人既具有生物属性，又具有社会属性。人在胚胎状态时，环境因素的影响就开始了，这种影响会在人的一生中持续下去。后天环境的因素是多种多样的，小到家庭因素，大到社会文化因素。这些因素对人格的形成与发展都有重要的影响。

（二）社会文化因素

每个人都处在特定的社会文化环境中，文化对人格的影响极为重要。社会文化塑造了社会成员的人格特征，使成员的人格结构朝着相似性的方向发展，这种相似性既具有维系社会稳定的功能，又使得每个人能稳固地“嵌入”在整个文化形态里。

（三）家庭环境因素

研究人格的家庭成因，重点在于探讨家庭（包括家庭结构、经济条件、居住环境、家庭氛围等）的差异和不同的教养方式对人格发展和人格差异具有的不同影响。

1.权威型教养方式的家庭

权威型教养方式的父母在子女的教育中表现得过度支配，孩子的一切都由父母来控制。在这种环境下成长的孩子容易形成消极、被动、依赖、服从、懦弱的性格特点，做事缺乏主动性，甚至会形成不诚实的人格特征。

2.放纵型教养方式的家庭

放纵型教养方式的父母对孩子过于溺爱，让孩子随心所欲，父母对孩子的教育有时出现失控的状态。在这种家庭环境中成长的孩子多表现为任性、幼稚、自私、野蛮、无礼、独立性差、唯我独尊、蛮横胡闹等。

3.民主型教养方式的家庭

民主型教养方式的父母在家庭中为孩子营造一种平等和谐的生活氛围，父母尊重孩子，给孩子一定的自主权和积极正确的指导。父母的这种教育方式能使孩子形成一些积极的人格品质，如活泼、快乐、直爽、自立、彬彬有礼、善于交往、富于合作、思想活跃等。

---

① 曹鸣岐．应用社会心理学［M］．西安：西安地图出版社，2005：279-284．

由此可见，家庭确实是“人类性格的工厂”，它塑造了人们不同的人格特质。

（四）早期童年经验

“早期的亲子关系定出了行为模式，塑造出一切日后的行为。”这是麦金依（Mackinnon，1950）有关早期童年经验对人格影响力的总结。中国也有句俗话：“三岁看大，七岁看老。”人生早期所发生的事情对人格的影响，历来为人格心理学家所重视。需要强调的是，人格发展尽管受到童年经验的影响，幸福的童年有利于儿童发展健康的人格，不幸的童年也会使儿童形成不良的人格，但二者不存在一一对应的关系。比如，溺爱也可能使孩子形成不良的人格，逆境也可能磨炼出孩子坚强的性格。另外，早期童年经验不能单独对人格起作用，它与其他因素共同决定了人格的形成与发展。

（五）物理因素

生态环境、气候条件、空间拥挤程度等这些物理因素都会影响到人格的形成与发展。很多研究说明了生态环境对人格的影响。另外，气温会提高某些人格特征的出现频率，如热天会使人烦躁不安，对他人采取负面反应，做出反社会行为。总之，自然环境对人格不起决定性的作用。在不同的物理环境中，人们可以表现出不同的行为特点。

（六）学校教育因素

学校是一种有目的、有计划地向学生施加影响的教育场所，是成长过程中重要的环境因素。教师对学生的人格常具有指导定向作用。有研究表明，在不同教师的影响下，学生常有不同的行为表现，教师的公正性对学生有非常重要的影响。另外，学校是同龄群体聚集的场所，同伴常对学生人格的形成产生巨大的影响。[①]

五、大学生的人格特征[②]

当今大学生面对的是一个压力日渐增大的社会，大学生在人格发展过程中出现了更多的迷茫和冲突。可以说，大学生的人格综合反映了时代精神与自身特点。当代大学生在人格发展中呈现出如下特征：

（一）传统人格和现代人格的交融

传统人格包括遵从权威、孝敬长辈、安分守成、宿命自保、男性优越等；现代人格包括平权开放、乐观进取、尊重感情、两性平等等。有研究对京港两地大学生传统人格特征和现代人格特征进行调查，发现当代大学生的人格特征正在由传统性向现代性转变，传统人格与现代人格共存于大学生身上，但是现代人格比例明显地高于传统人格。[③]

---

① 彭聃龄．普通心理学［M］．4版．北京：北京师范大学出版社，2012．

② 马文华．高校困难学生资助奖励政策解读、工作程序规范实施指导及相关标准规范实用手册（第一卷）［M］．北京：华夏教育出版社，2007：348-358．

③ 许燕，曹雪．从传统性到现代性的转变上看京港大学生的人格差异［J］．心理学探新，2000，20（4）：44-49．

（二）开放性

由于社会的发展和大学生的自身特点，当代大学生的视野开阔而不狭隘，思维活跃而不僵化，标新立异而不墨守成规，敢于开拓而不畏缩，行为开放而不拘束。他们更加注重知识的广泛猎取和多方面能力的培养，为将来走上社会作心理和能力上的准备。开放观念是一种面向社会、面向未来的观念，是一种跨越时空、富于创造力的优势观念。这种人格特征如果引导得当，则能够提高大学生全面发展的水平；如果发展不当，就会养成放纵的习惯，影响学生发展和社会进步。

（三）自我意识趋向成熟

自我意识是反映大学生人格健康成熟的一个重要特征。自我意识反映在认识过程中，表现为正确认识自我，客观评价自己，既不狂妄自大，也不妄自菲薄；反映在情感过程中，表现为自尊心、自信心、自豪感、责任感等方面的自我体验；反映在意识过程中就是自我监督、自我调节和自我控制。

大学生的自我意识成熟体现在以下方面：

1.自我形象日趋完整

对自己的外表、才能、性格、交际、人生价值等有了更深的认识，逐渐学会多角度、多层次地认识自己、接纳自己，不再因一时一事而轻易否定自己。

2.自我控制的自觉性和水平提高

大学生较以前能更自觉、主动地规划和设计自己的行动目标和计划，能在更高水平上驾驭自己。

3.自我设计、自我实现愿望强烈

大学生有强烈的成人感和独立感，希望树立崭新的自我，希望通过自身努力解决自己的问题。

4.自我评价更主动，更符合实际

大学生能根据周围人的态度，运用自己的理智和能力对自己进行独立的分析、判断。

5.自我体验深刻、敏感、细腻

凡是与自己有关的事物，都易引起大学生的情绪反应。

（四）务实性

市场经济的发展要求人们具有求实、务实、实干的思想，具备竞争和讲求效益的心理素质和行为方式。大学生认识到只有不断完善自己，才能实现自我价值，在为社会进步贡献自己的智慧的同时，更加注重个人目标的实现。

（五）强烈的情感和交往需要

大学生大多是初次离开父母来到学校，远离亲人，这就需要找人倾诉、交流，获得精神上的慰藉。同时，处于青年时期的大学生，精力充沛，思想活跃，兴趣广泛，通过交往可以赢得同龄人的接受、认可和信任。因此，渴望友谊和情感交流是当代大学生人格的一个重要特点。①

六、健全人格

俗话说："人往高处走，水往低处流。"历史上，贝多芬、爱因斯坦、罗斯福、周恩来等都是因为自身所具有的迷人的人格魅力和取得的成就而被世人所敬仰。每个人都希望自己的性格、气质、自我调控能力等比较完美，达到理想的状态，成为具有非凡人格魅力的人，流芳千古。这是人对健全人格的一种追求，对自我的一种超越。

（一）健全人格模式②

健全人格是各种人格特征的完备结合。20世纪50年代后期以来，人的潜能研究逐渐得到重视，心理学家对具有高健康水平的人进行研究，提出了许多健全人格模式。

1.成熟型

奥尔波特在哈佛大学长期研究高心理健康水平的人，并把他们称作成熟者。他从成熟者身上归纳出7个特点：

①能主动、直接地将自己延伸到自身以外的兴趣和活动中。

②具有对别人表示同意、亲密或爱的能力。

③能够接纳自己的一切，好坏优劣都如此。

④能够准确、客观地知觉现实和接受现实。

⑤能够形成各种技能和能力，专注和高水平地胜任自己的工作。

⑥自我形象现实、客观，知道自己的现状和特点。

⑦能着眼未来，生活的动力来自长期的目标和计划。

2.功能发挥型

美国人本主义心理学家罗杰斯认为，健全人格的特点可以通过功能充分发挥者的人格来显现。罗杰斯概括了功能充分发挥者的5种人格特征：

①他们的社会经验都能正确、符号化地进入意识领域。

②能自我协调。

③以自己的内在评价机制来评价经验。

④自我关注。

⑤乐意给他人以无条件的关怀，能与他人高度协调。

3.自我实现型

美国心理学家马斯洛对自我实现者进行了深入研究，发现这些人都能满足自我实现需要，能力得到了运用，潜能得以发挥。马斯洛从自我实现者身上归纳出14种人格特点：

①能充分地、准确地认识现实；

②对自己、对他人、对整个自然能够做到最大限度地认同和接纳；

③有自然、朴实和纯真的美德；

④经常关注社会上各种疑难问题；

---

① 张玉芬．大学生人格教育［M］．北京：经济管理出版社，2006.

② 高玉祥．健全人格及其塑造［M］．北京：北京师范大学出版社，1997.

⑤喜欢独处，有超俗的品质；

⑥独立自主，不受文化和环境的约束；

⑦高品位的鉴赏力；

⑧常有高峰体验（指那种如痴如醉、物我两忘的境界和情绪）；

⑨能建立持久的友谊；

⑩民主的价值观；

⑪较强的伦理关系；

⑫不带有敌意的富有哲理的幽默感；

⑬有创造性；

⑭不消极地适应现存的社会文化类型。

根据国内外研究资料整理，健全人格可以概括为以下特点：

（1）内部心理和谐发展

他们的动机、兴趣、才能、价值观、性格等都向健康的方向发展，各方面协调一致。

（2）能够正确处理人际关系，发展友谊

他们在人际交往中显示出自尊和他尊、理解和信任、同情和人道等优良品质。

（3）能把自己的智慧和能力有效地运用到工作和事业上

他们在学习、工作中能把兴趣和能力有效地结合起来，善于创造，并能体验其中的愉悦。

（二）大学生健全人格特征[①]

我国大学生健全人格应包括以下特征：

1.具有远大而稳定的奋斗目标

通过对自我和现实的认识与思考，确立人生方向和目标。

2.具有强烈的道德和责任感

遵守道德规范和伦理关系，勇于承担社会责任。

3.具有正确的自我意识

对自己和他人要有正确的认识和评价，客观地分析优点和缺点，充满自信心，扬长避短。

4.具有良好的自我调控能力

对自己的情绪、行为能进行有效的控制，经常保持愉快、满意的心境，注意力集中，富有创造性。

5.具有良好的社会适应能力

能够积极地认识社会、接纳社会，使自己的思想和行为跟上社会发展的步伐，符合社会的要求，在社会上纵横驰骋，游刃有余。

6.具有和谐的人际关系

乐于与他人交往，建立和谐的人际关系，具有亲密的朋友，以诚实、谦虚、宽容的态度尊重他人。

① 祁立刚．塑造大学生健康人格［N］．光明日报，2005-12-28.

7. **具有积极的生活态度**

对所从事的学习和工作具有浓厚的兴趣，充分发挥自己的智慧和创造力。

8. **具有健康的审美情趣**

对高尚的事物能够产生共感和接纳，对低俗的事物能够产生排斥感和抵触感。

问题汇总①

在人格的形成、发展过程中，主客观因素会不同程度地影响人格的健康发展，从而导致人格问题的出现，严重的还会引起人格障碍。

人格问题是介于健全人格和人格障碍之间的一种状态，也可以说是人格发展的不良倾向或轻度的人格障碍。健全人格、人格问题和人格障碍三者的数量在人群中呈正态曲线分布。健全人格和人格障碍的人在人群中均为少数人群，绝大多数人都存在或多或少的人格问题。

大学生常见的人格问题有自卑、抑郁、羞怯、狭隘、焦虑、虚荣、自我、孤独等。这些人格问题不仅影响活动效率、妨碍人际关系，还会给人蒙上一层消极、阴暗的色彩，影响人的健康发展。

一、自卑

自卑是个人对自己不恰当的认识，是一种自己瞧不起自己的消极心理，是对自己不满、鄙视、否定的情感。进入大学后，有些大学生发现“山外有山”，尤其是当学习、社交、文体方面显露出某些不足时，就怀疑自己、否定自己，从而产生自卑心理。处于自卑阴影中的人总觉得自己的能力、才智不如别人，什么都比别人差，做什么事都缺乏信心，怕被人嘲笑；处处贬低自己，总感觉别人看不起自己，从而把自己孤立起来，不愿与人交往，在自己的小天地里备受煎熬。

【温馨小提示】

首先，大学生要正确认识自己、悦纳自己，人各有所长，也各有所短，不要为自己的所短而自卑。

其次，大学生要进行自信心磨炼，将目标定得小些、切合实际些，多积累成功的愉悦体验。

最后，大学生要确立合理的评价参照系和立足点。一个人若以强者为标准，则可能自卑，因而寻找适合自己的评价标准就显得很重要。俗话说“人比人，气死人”，理性的比较方式是多与自己作纵向比较，而不是一味地与人作横向比较。有了足够的自信心，自卑感就会悄然而退。

二、抑郁

抑郁是大学生常见的情绪困扰，是一种感到无力应付外界压力而产生的消极情绪体验。抑郁的大学生的主要表现是：情绪低落、精神萎靡、兴趣丧失、思维迟缓、缺乏活力、反应迟钝、干什么都打不起精神。抑郁在低年级大学生中比较普遍。抑郁人

① 马文华. 高校困难学生资助奖励政策解读、工作程序规范实施指导及相关标准规范实用手册（第一卷）[M]. 北京：华夏教育出版社，2007：359-361.

皆有之，但对大多数人来说能迅速地化解和排除，少数人尤其是那些性格内向、孤僻多疑、不爱交际、生活中遭遇意外挫折的人比较容易长期陷入抑郁状态，甚至导致抑郁症。

【温馨小提示】

①要避免抑郁或从抑郁中解脱出来，就需要正确地评价自己，看清自己的长处，建立自尊，增强自信；

②调整认知方式，建立理性认知，不把事物看成非黑即白；

③扩大人际交往，多与人沟通，多交朋友。

如果抑郁情绪较严重，则应寻求心理咨询帮助。

三、羞怯

羞怯在大学生中并不少见。比如在人多的时候不敢讲话，不愿说话，眼睛不敢看人，在一些公共场合特别拘束，手脚不知往哪里放，害怕和陌生人打交道，路上遇见异性同学会手足无措，见到老师难为情、拘束不安等。

羞怯是一个人自我防御心理过强的结果。这类人过于关注自己，特别注意自己在别人心目中的形象，不愿意在别人面前出丑，希望别人认为自己有人缘，由于这种意识过于强烈，而把别人的存在看得过于重要，觉得自己时时处在众目睽睽之下，于是敏感、拘束，每说一句话，都要在心里反复演习多次，每做一件事，都要思前想后，为此搞得神经紧张、坐立不安。

【温馨小提示】

害羞之心人皆有之，但过分害羞，不该害羞时害羞，尤其当害羞成了一种习惯时，就是有害的了。它会导致压抑、孤独、焦虑等不良心理状态的产生，还会阻碍人际交往，影响一个人才能的正常发挥。要避免过分害羞，可以从以下几方面入手：

1.增强自信心

许多害羞者在知识、才能和仪表方面并不比别人差。研究表明，怕羞的女大学生自以为长得不美，但不相识的男生凭照片都认为她们与那些社交活跃的女生一样动人。因此，要正确评价自己，多看到自己的长处。

2.放下思想包袱，不过于计较别人的议论

每个人都会说错话、做错事，这并没什么大不了的，没有完美的人和事。即使有人议论也是正常的，“走自己的路，让别人说去吧”，要让自己变得更洒脱。

3.有意识地锻炼自己

胆量和能力都是锻炼的结果，要敢于说第一句话，敢于迈第一步。上课、开会时尽量坐到前排去；走路时抬头挺胸，把速度提高1/4；主动大胆地和别人尤其是陌生人、异性、老师讲话；与人说话时，正视对方的眼睛；在高兴时开怀大笑等。

四、狭隘

受功利主义和大学生本身特点的影响，大学生中的狭隘现象并不少见。凡事斤斤计较、耿耿于怀、好嫉妒、好挑剔、容不得人等，都是心胸狭隘的表现，即日常说的“气量小”。心胸狭隘往往影响人际关系，伤害他人感情，也常给自己带来烦闷、苦恼，影响自己的情绪和在他人心目中的形象，因此，于人于己有百害而无一利。狭隘的人多见于内心细腻的人，尤其是女性。

【温馨小提示】

克服狭隘，一要胸怀宽广坦荡，不论遇到什么事都想得开、看得开。二要丰富自己。一个人的视野越开阔，就越不会陷入狭隘之中，这就是所谓的“站得高，看得远”。三要有意识地学会宽容。严于律己，宽以待人。遇事多与别人交流，相互理解。①

五、焦虑

焦虑是个体主观上预料将会有某种不良后果产生或模糊的威胁出现时的一种不安感，并伴有忧虑、烦恼、害怕、紧张等情绪体验。在这个紧张和刺激不断增多、竞争不断增强的社会里，每个人都可能处于一定的焦虑状态。适度的焦虑对于保持生命活力是必要的，这里所说的焦虑主要是指不适当的高度焦虑。

被焦虑困扰的大学生常表现出烦躁不安、思维受阻、行动不灵活、身体不舒服等症状。大学生焦虑主要集中在考试和人际关系上。

【温馨小提示】

为了防止过于焦虑，应该增强自信心，相信车到山前必有路，办法总比困难多；应不怕困难，当机立断，不必要的担忧正是焦虑产生的主要原因；应该把该做好的事情做好，提高个人能力和素养，一般来说，考试前准备得越充分，考试焦虑就越少；凡事尽最大的努力，把注意力从担心失败转移到积极行动、争取成功上来。

六、虚荣

可以说，虚荣心普遍存在于每一位大学生身上，尤其是女生身上，这是正常的，但一旦过分，则会有害无益。虚荣心往往与自尊心、自卑感联系在一起，没有自尊心，就没有虚荣心。没有自卑感，也就不必用虚荣心来表现自尊心，虚荣心是自尊心和自卑感的混合物。

虚荣心强的大学生一般性格内向、情感脆弱、多愁善感，虽然自惭形秽，却又害怕别人伤害自己的尊严；过分介意别人的评论与批评，与人交往时总有一种防御心理，不允许有一点点的侵犯，且常会千方百计地抬高自己的形象。他们捍卫的往往是虚假的、脆弱的、不健康的自我，以致无暇来丰富、壮大真实的自我。

【温馨小提示】

防止或改变过强的虚荣心，需要做到：

1.正确对待荣誉

人人都希望得到一定的荣誉与地位，渴望得到他人的倾慕、尊重，但对此的追求要把握一个“度”。荣誉应当与一个人的真实努力相符；否则，只能是虚假的。我们需要得到别人的尊重，也有得到别人尊重的权利，但这种尊重必须建立在自己真实的努力之上，要取得好成绩，一定要认真刻苦地学习；否则，即使赢得了某些“荣誉”，也不光彩。

2.正确认识和估计自己

虚荣心强的人大多不能正确认识和对待自己，缺乏自知之明。要克服虚荣心理，

① ［1］张玉芬．大学生人格教育［M］．北京：经济管理出版社，2006．［2］樊富珉，王建中．当代大学生心理健康教程［M］．武汉：武汉大学出版社，2006．

认真地剖析自己的优缺点，正确地估计自己，切莫过高或过低估计自己；否则，当在现实中碰得头破血流时，心理的天平就会倾斜，虚荣心就会乘虚而入。

如何正确认识自己呢?

一是比较，通过与别人相比较，认识自己，取长补短；

二是观察，从别人对自己的态度中认识自己；

三是成果分析，借自己活动的实际效果来认识自己；

四是交流，通过与他人交流来认识自己。[①]

七、自我

越来越多的大学生都是独生子女，他们习惯了作为家人中心的位置，尤其是那些有较强自信心、自尊心、优越感、独立感的学生，更比较容易出现自我中心倾向。当这种倾向与一些不健康的思想意识（如个人主义、自私自利思想）和心理特征（如过强的自尊心、唯我独尊等）结合时，就会表现出过分的、扭曲的自我中心。过多自我中心的人往往以自我为核心，想问题、做事情，从“我”出发，不能设身处地进行客观思考，颐指气使，盛气凌人，不允许别人批评。这种人往往见好就上，见困难就让，有错误就推，总认为对的是自己、错的是别人，因而他们常不能赢得他人的好感和信任，人际关系多不和谐。

【温馨小提示】

克服过分以自我为中心，需要注意以下方面：

首先，要树立健康的人生观，自觉地将自己和他人、集体结合起来，走出自己的小天地。

其次，要恰当地评价自己，既不低估，也不高估；既不妄自菲薄，也不自高自大。

再次，要尊重他人。只有付出尊重和信任，才能获得友谊。

最后，学会移情，设身处地地从他人的角度思考问题，将心比心。

八、孤独

孤独是一种因缺乏人际交往而产生的寂寞感和失落感。有的大学生在满怀愁绪又无人倾诉时会感到孤独，有的大学生在生活困难又求助无门时会感到孤独，有的大学生在失恋之后缺乏他人帮助时会感到孤独。大学生的孤独感与他们自身独立意识的增强和自我意识的发展有关。他们力图摆脱对成人的依赖和追随，而现实又让他们不安，从而转向自我内心的交流；他们常会产生关于自己的许多独特的想法和憧憬，但又担心自己的某些方面会被人笑话，于是小心地在心中筑起一道围墙，锁住自己内心的秘密。孤独是心理上的寂寞感与痛苦感，孤独的人是不快乐的。

【温馨小提示】

克服孤独，需要在以下方面努力：

1.要积极调整自我心态，主动适应环境的变化

要培养和提高自我心理调整能力，积极主动地去适应不断变化的新环境，在遇到困难和问题时，注意自我心理调节。

---

① 李志强. 试析大学生虚荣心理的教育对策［J］. 零陵学院学报，2003，24（5）：154-156.

2.培养和增强大学生的人际交往能力

大学生年龄相近，兴趣、爱好相似，整天学习、生活在一起，这种朝夕相伴的生活极容易实现情感和心理上的沟通以及语言上的交流等，而这对于克服大学生的孤独感是极为有利的。①

认识自己

艾森克人格问卷

姓名：________ 性　别：________ 出生年月：________________

职业：________ 文化程度：________

指导语：在这份问卷上有85个问题。请你依次在符合你的答案上画圈，符合你时选择“是”，不符时选择“否”；如果不选择，默认为选择“否”。这些问题要求你按自己的实际情况回答，不要去猜测怎样才是正确的回答。因为这里不存在正确或错误的回答，也没有捉弄人的问题，将问题的意思看懂了就尽快回答，不要花很多时间去想。问卷无时间限制，但不要拖延太长，也不要未看懂问题便回答。

1.你是否有广泛的爱好？	是	否
2.在做任何事情之前，你是否都要考虑一番？	是	否
3.你的情绪时常波动吗？	是	否
4.当别人做了好事，而周围的人认为是你做的时候，你是否感到洋洋得意？	是	否
5.你是一个健谈的人吗？	是	否
6.你曾经无缘无故地觉得自己“可怜”吗？	是	否
7.你曾经有过贪心使自己多得额外的物质利益吗？	是	否
8.晚上你是否小心地把门锁好？	是	否
9.你认为自己活泼吗？	是	否
10.当你看到小孩（或动物）受折磨时是否感到难受？	是	否
11.你是否常担心你会说出（或做出）不应该说（或做）的事？	是	否
12.若你说过要做某件事，你是否不管遇到什么困难都要把它做成？	是	否
13.在愉快的聚会中，你是否能尽情享受？	是	否
14.你是一个易被激怒的人吗？	是	否
15.你是否有过自己做错了事反倒责备别人的时候？	是	否
16.你喜欢会见陌生人吗？	是	否
17.你是否相信进行储蓄是一种好办法？	是	否
18.你的感情是否容易受到伤害？	是	否
19.你是否服用有奇特效果或是有危险性的药物？	是	否
20.你是否时常感到“极其厌烦”？	是	否
21.你曾多占多得别人的东西（甚至一针一线）吗？	是	否

① 严海霞. 大学生孤独心理的成因分析及防治［J］. 中国成人教育，2011（3）：30-32.

22. 如果条件允许，你喜欢经常外出（旅行）吗？	是	否
23. 对你所喜欢的人，你是否拿来取乐开过过头的玩笑？	是	否
24. 你是否常因自罪感而烦恼？	是	否
25. 你是否有时候谈论一些你毫无所知的事情？	是	否
26. 你是否宁愿看些书而不想去会见别人？	是	否
27. 有坏人想要害你吗？	是	否
28. 你认为自己"神经过敏"吗？	是	否
29. 你的朋友多吗？	是	否
30. 你是个忧心忡忡的人吗？	是	否
31. 你在儿童时代是否立即听从大人的吩咐而毫无怨言？	是	否
32. 你是一个无忧无虑、逍遥自在的人吗？	是	否
33. 有礼貌、爱整洁对你很重要吗？	是	否
34. 你是否担心将会发生可怕的事情？	是	否
35. 在结识新朋友时，你通常是主动的吗？	是	否
36. 你觉得自己是个非常敏感的人吗？	是	否
37. 和别人在一起的时候，你是否不常说话？	是	否
38. 你是否认为结婚是个框框，应该废除？	是	否
39. 你有时有点自吹自擂吗？	是	否
40. 在一个沉闷的场合，你能给大家增添生气吗？	是	否
41. 慢腾腾开车的司机是否使你讨厌？	是	否
42. 你担心自己的健康吗？	是	否
43. 你是否喜欢说笑话和谈论有趣的事情？	是	否
44. 你是否觉得大多数事情对你都是无所谓的？	是	否
45. 你小时候有过对父母鲁莽无礼的行为吗？	是	否
46. 你喜欢和别人打成一片，整天相处在一起吗？	是	否
47. 你失眠吗？	是	否
48. 你饭前必定先洗手吗？	是	否
49. 当别人问你话时，你是否对答如流？	是	否
50. 你是否为了有富裕时间而宁愿早点动身去赴约会？	是	否
51. 你经常无缘无故感到疲倦和无精打采吗？	是	否
52. 在游戏或打牌时你有过欺骗行为吗？	是	否
53. 你喜欢紧张的工作吗？	是	否
54. 你时常觉得自己的生活很单调吗？	是	否
55. 你曾经为了自己而利用过别人吗？	是	否
56. 你是否参加的活动太多，已超过自己可能分配的时间？	是	否
57. 是否有那么几个人时常躲着你？	是	否
58. 你是否认为人们为保障自己的将来而精打细算、勤俭节约所费的时间太多了？	是	否

59. 你是否曾想过去死？ 是 否

60. 若你确知不会被发现，你会少付钱给人家吗？ 是 否

61. 你能使一个联欢会开得成功吗？ 是 否

62. 你是否尽力使自己不粗鲁？ 是 否

63. 一件使你为难的事情过去之后，是否使你烦恼好久？ 是 否

64. 你曾否坚持要照你的想法去办事？ 是 否

65. 当你去乘火车时，你是否最后一分钟到达？ 是 否

66. 你是否容易紧张？ 是 否

67. 你常感到寂寞吗？ 是 否

68. 你的言行总是一致吗？ 是 否

69. 你有时喜欢玩弄动物吗？ 是 否

70. 有人对你或你的工作吹毛求疵时，是否容易伤害你的积极性？ 是 否

71. 你去赴约会或上班时，曾否迟到过？ 是 否

72. 你是否喜欢在你的周围有许多热闹和高兴的事？ 是 否

73. 你愿意让别人怕你吗？ 是 否

74. 你是否有时兴致勃勃，有时却很懒散不想动弹？ 是 否

75. 你有时会把今天应该做的事拖到明天吗？ 是 否

76. 别人是否认为你是生机勃勃的？ 是 否

77. 别人是否对你说过许多谎话？ 是 否

78. 你是否对有些事情易性急生气？ 是 否

79. 若你犯有错误，你是否愿意承认？ 是 否

80. 你是一个整洁严谨、有条不紊的人吗？ 是 否

81. 在公园里或马路上，你是否总是把果皮或废纸扔到垃圾箱里？ 是 否

82. 遇到为难的事情你是否拿不定主意？ 是 否

83. 你是否有过随口骂人的时候？ 是 否

84. 若你乘车或坐飞机外出，你是否担心会碰撞或出意外？ 是 否

85. 你是一个爱交往的人吗？ 是 否

一、艾森克人格问卷简介

艾森克人格问卷属于人格测验，评估内外向、情绪稳定性等人格特征，从几个个性调查发展而来。相对于其他以因素分析法编制的人格问卷而言，它所涉及的概念较少、施测方便，有较好的信度和效度，是国际上最具影响力的心理量表之一。

我们这里选用的是龚耀先教授1983年修订的艾森克人格问卷中文版，共有85道题，在结果分析方法上发展了T分表和各维度的分级方法。

二、艾森克人格问卷的记分方法

（一）原始分计分方法

1.E量表：外向-内向

第1、5、9、13、16、22、29、32、35、40、43、46、49、53、56、61、72、76、85题答“是”和第26、37题答“否”的，每题各得1分。

2.N量表：神经质（又称情绪性）

第3、6、11、14、18、20、24、28、30、34、36、42、47、51、54、59、63、66、67、70、74、78、82、84题答“是”的，每题各得1分。

3.P量表：精神质（又称倔强）

第19、23、27、38、41、44、57、58、65、69、73、77题答“是”和第2、8、10、17、33、50、62、80题答“否”的，每题各得1分。

4.L量表：测定被试者是否掩饰、假托或自身隐蔽，或者测定其朴实、幼稚水平

第12、31、48、68、79、81题答“是”和第4、7、15、21、25、39、45、52、55、60、64、71、75、83题答“否”的，每题各得1分。

（二）标准分换算方法

得出的原始分还要换算成标准分（T分）。

艾森克人格问卷标准分换算采用标准T分的换算方法：

$$T=50+\frac{10(X-M)}{SD}$$

式中：X为某被试者的问卷原始分；M和SD分别为该人群样本的均数和标准差。将均数换成50，标准差换算成10，即以50为中值，以10为一个标准差。

根据标准差的面积分布，得知在T/43.3至T/56.7之间的人数约占全体的50%；在T/38.5至T/61.5之间的人数约占全体的75%；在T/38.5至T/43.3和T/56.7至T/61.5这两个区域的人数各占全体的12.5%，共计25%。一般认为，在E量表中，分数低于38.6的为内向型，高于61.5的为外向型。其他量表以此类推。在实际生活中，存在上述各类型的人，但各类型的人数有多少，尚缺乏精确研究。

除内向或外向外，还有情绪稳定或不稳定之分。因此，将X轴作为E维度，Y轴作为N维度，在T/50处垂直相交，可分为四象限：内向-稳定；内向-不稳定；外向-稳定；外向-不稳定。在此剖析图找到E和N的交点，便得知某被试者的个性特点。

三、艾森克人格问卷的筛选标准

（一）原始分结果解释（实际上应按标准差计算后再确定）

1.E量表分

分数高于15，表示被试者人格外向，可能好交际，渴望刺激和冒险，情感易于冲动。分数低于8，表示被试者人格内向、好静，富于内省，不喜欢刺激，喜欢有秩序的生活方式，情绪比较稳定。

2.N量表分

分数高于14，表示被试者焦虑、忧心忡忡，常郁郁寡欢，有强烈情绪反应，甚至出现不够理智的行为。分数低于9，表示被试者情绪稳定。

3.P量表分

分数高于8，表示被试者可能难以适应外部环境，不关心他人，孤独，不近人情，对别人不友好，喜欢寻衅搅扰，喜欢做奇特的事情，并且不顾危险。

4.L量表分

分数高于18，表示被试者有掩饰倾向，测验结果可能失真。

（二）标准分结果解释

1.E量表

E量表表示被试者性格的内外倾向。分数超过61.5，表示被试者为典型的外向型；分数在56.7~61.5，表示被试者为趋向外向型；分数在43.3~56.7，表示被试者为中间型；分数在38.5~43.3，表示被试者为趋向内向型；分数低于38.5，表示被试者为典型的内向型。

2.N量表

N量表亦称神经质量表，表示被试者情绪是否稳定。分数高于61.5，表示被试者情绪不稳，有焦虑、紧张、易怒、睡眠不好、躯体不适等症状；分数低于56.7，表示被试者情绪稳定。

3.P量表

P量表亦称精神质量表，表示被试者心理是否正常。分数超过61.5，表示被试者精神质非常明显；分数在56.7~61.6，表示被试者倾向精神质；分数低于56.7，表示被试者属正常范围。

4.L量表

L量表测查被试者的掩饰程度。L分大于60即为无效。[1]

阳光训练

训练1

我是谁[2]

【目的】了解自我、认识自我。

【时间】25分钟。

【准备】纸、笔。

【操作】

（1）要求同学们至少写出20句“我是……”，要求尽量选择一些反映个人风格的句子，避免出现类似“我是男生”“我是中国人”的句子。

（2）将上述20个句子归类。

---

① 陈仲庚，等．艾森克人格问卷（EPQ）使用说明［Z］．北京：北京大学心理学系临床心理学实验室，1985.

② 宋志英．大学生心理素质与训练［M］．合肥：中国科学技术大学出版社，2012：67-68.

反映身体状况（外貌、身高、体型等）的句子有：

反映心理状况（常有的情感体验，如内心开朗、多愁善感；才智，如有能力、灵活等）的句子有：

反映社会状况（对他人的态度和原则，如乐于助人、爱交朋友、坦诚等）的句子有：

检查你的答案是否包括这3个方面，如果没有再补充一些句子。

【小结】上面的练习可以帮助你从生理自我、心理自我和社会自我3个方面了解你自己，写的句子越多，说明你对自己了解得越充分。

训练2

自信心训练体验活动①

【目的】学会自我肯定，培养自信心。

活动一：目光炯炯

【要求】两个人对坐，目光对视1分钟，轮流说出自己的一个优点，态度肯定，大声说3遍。两个人继续对视，轮流请求对方做某事或向其借东西。1分钟内以各种方式要求对方，对方则反复拒绝。注意体会感受。

【思考】

（1）说优点时每一遍的感觉有什么不同？

（2）一次一次地遭到拒绝，心情如何？

（3）拒绝别人时有何感受？

（4）在今后的学习、工作中，你打算采取什么样的态度对待别人？

① 吴发科. 中学生心理健康教育教案荟萃［M］. 广州：广东高等教育出版社，2004：54-56.

活动二：优点轰炸

【要求】小组成员轮流被别人指出优点，每个人只对被谈论者指出一个确实存在的优点。被谈论者只允许静听，不必作任何表示。注意体会被大家指出优点时的感受。

【思考】

（1）被大家指出优点时有何感受？

____

____

（2）是否有一些优点是自己以前没有意识到的？是否加强了对自身优点、长处的认识？

____

____

（3）指出别人的优点时你有何感受？

____

____

活动三：优点暗示

【要求】列出自己的每一个优点，每天以赞赏的眼光去看它们，坚持一个月，争取养成积极暗示的思维习惯。

优点一：______________________________

优点二：______________________________

优点三：______________________________

训练3

自我控制能力训练[①]

网络游戏出现后，在年轻人当中迅速风靡，而一部分大学生心理尚未成熟，将网络游戏当成生活中的全部，甚至为了游戏而荒废学业，为了玩游戏整日坐在电脑前。

小康本来是个品学兼优的好学生，但入学没多久，他就开始沉迷于一款网络游戏，结果学业一落千丈。他有时连续几天从白天玩到夜晚，吃喝全在电脑前，整个人都变了样，脸色苍白，眼睛红肿，脏乱不堪的电脑桌上堆满了空可乐瓶、一次性饭盒，还有一地的烟头……网络游戏是一种多人同时在线的活动，强调了团队的合作精神，许多同学，尤其是许多男同学对网络游戏割舍不下。一位同学这样说道："如果我长时间没有上线，就会影响到我们整个队的升级，有时候慢了点就会挨骂。"

大学生迷恋网络，除了痴迷游戏过程和结果给自己带来的心理满足，还有虚拟网络对情感的满足。不少人经过紧张的高中学习成功考入大学，大学里相对松散的管理模式对那些自我控制能力较差的同学而言，无疑是多了许多的自由空间。由于不知道如何科学地安排这些时间，于是这些学生被网络所吸引。聊天、交友、虚拟恋爱、虚

① 段远翎．"网络迷恋者"迷恋些什么？——大学生上网情况调查［N］．闽南日报，2005-09-20.

拟结婚，这类群体不在少数。小李刚上大学，由于大学学习生活较为轻松，有了许多空闲时间，就经常上网，热衷在网上聊天。由于网络本身的隐蔽和自由，小李可以在网上说生活中不能说的话，当遇到谈得来的网友时，感情就容易释放，以至于发展到网恋。他在网络中越陷越深，一发不可收拾，白天逃课，晚上通宵，“乐”不思学，甚至远去省外约会“女友”，人力、精力、物力投入很多，仍然乐此不疲。

【思考】

（1）小康和小李存在什么问题？

____

____

（2）自我控制能力差的人还有哪些特点？

____

____

（3）自我控制能力强的人有哪些特点？

____

____

【小结】自我控制能力差很重要的一个原因是在现实世界中更多地受到焦虑、抑郁等问题困扰，而又没有找到正确的应对心理问题的方式，把上网活动等作为缓解情绪压力、解决情绪问题的有效方式，很容易增加上网的机会，并形成对网络的依赖。同时，网络不容易引发个体的负面情绪，因此自我控制能力低下者更愿意将自己沉迷在网络世界之中。而恰恰是网络容易引发个体愉悦、放松的情绪体验，这种体验对于低自我控制能力者的诱惑很大，更加强了上网的动机，并最终导致对上网冲动的自我控制的失败。

（1）找到应对焦虑、抑郁等心理问题的正确方式尤为重要。分别回忆出一件发生在自己身上的焦虑和抑郁事件。

焦虑事件：______________________________

抑郁事件：______________________________

（2）面对焦虑和抑郁事件，你当时是如何应对的？

焦虑事件应对：______________________________

抑郁事件应对：______________________________

（3）你认为怎样应对焦虑和抑郁事件更合理？

合理地应对焦虑事件：______________________________

合理地应对抑郁事件：______________________________

幸福阳光

欣赏自己[①]

也许你想成为太阳，可你只是一颗星星；

也许你想成为大树，可你只是一棵小草；

① 方舟发表在《初中生必读》上的文章《欣赏自己》，年份和期数未知。

于是，你有些自卑。

其实，你和别人一样，也是一道风景：

做不了太阳，就做星星，在自己的星座发热、发光；

做不了大树，就做小草，以自己的绿色装点希望；

做不了伟人，就做实在的自我，平凡并不可悲，关键的是必须做最好的自己。

学思践悟

待人舒服，是一种人格魅力

有人说过："君子如玉。"待人舒服的人就好像一块温润的美玉。即使历经诸多风雨，也不会改变其豁达的胸襟、广阔的心境，不会改变其包容他人的本质与真心。

"目中有人才有路，心中有爱才有度。"待人舒服的人，总能给别人带去温暖与爱意，让自己收获钦佩与赞赏，在无形中将自己的魅力展现得淋漓尽致。

一

看过这样一个故事：

一位母亲在裁剪衣服时让女儿给自己递剪刀，女儿随手就将剪刀递了过去，结果刚好用刀尖戳到了母亲。母亲就对女儿说："递东西给别人，心里要想着对方是不是方便拿到。你把刀尖递过去，别人就要小心翼翼地转过来，还可能不小心被戳到。下次递东西的时候，一定要注意替对方想一想。"

很多时候，教养就体现在日常小事之中。真正有教养的人，总能设身处地站在别人的位置上思考问题，给别人体贴入微的关怀。

二

真正待人舒服，绝不是刻意做作的言语，也不是口是心非的体贴与关心，更不是为了谋取利益时的虚假面容，而是发自内心地顾及对方情绪，不给对方难堪，时刻尊重对方。

其实，我们每个人都渴望能被人温柔以待，但只有先做到待人舒服，才会收获对方的爱意与温暖。生活不是打擂台，并不需要争个高低。当我们彼此之间多一分在意、多一分关心，反而能从人群中找寻出彼此关怀的真情。

三

那怎么样才能待人舒服呢？——常念人恩。能感受别人的难处是关怀，能体谅别人的不易是宽厚，能饶恕别人的错误是大度。我们应当感恩生命中出现过的所有人，是他们充实了我们的时光，让我们对未来有着无限憧憬。

人与人之间，最欣慰的是相互理解，最可贵的是彼此珍惜。当我们学会了欣赏他人，自然也会收获他人对自己的赞赏。当我们明白了只有真心才能换来真心，待人舒服体贴就不再是一件难事了。

待人舒服是一个人了不起的能力，更是一个人的高级修养。愿你温柔待人，同时也被人温柔以待。

资料来源　新华社. 待人舒服，是一种人格魅力［EB/OL］.（2021-12-12）［2022-10-28］. https://baijiahao.baidu.com/s?id=1718944781320734168&wfr=spider&for=pc.

第三部分　增强自我心理调适能力

第四章

做一个有准备的人

——职业生涯规划

今天你如果不生活在未来，那么明天你将生活在过去。

——佚名

你所从事的事业，必须是所有可能的事业中你最能胜任的。

——马登

阳光心态

某医学院大学生刘小平的家乡江西省樟树市是全国闻名的酒乡、药都，也是四特酒的产地，私企仁和医药集团员工的工资待遇达到了沿海发达地区的水平。因此，刘小平将未来职业规划定位于回家乡打工、创业。他除了学好医药专业以外，还选修了食品科学专业，并时刻关注着家乡的经济发展，目的是在毕业后先打工几年，积累一定资金后再自主创业开发医药保健酒。

2010年毕业后，刘小平很快在仁和医药集团找到了一份薪水不错的工作，原因是愿意到小地方私企工作的本科大学生并不多，像刘小平这样把小地方私企作为应聘“第一志愿”的更是少之又少。现在，经刘小平牵线搭桥，那些毕业后在省城、沿海大城市奔波一年多没有找到工作的同学，也在樟树市解决了就业问题。

中文系的张春出身于贫困的农村家庭，他上大学的费用都是无劳动能力的父母卖血筹来的。张春不但学习刻苦，还赚钱补贴家里。从大一开始，他就利用寒暑假做家教，或利用课余时间到餐馆洗盘子。张春十分关注大学生的就业状况。他惊讶地发现：本校学生的就业率竟不如技校生，一些有一技之长如模具、电焊的技校生，不但还没毕业就被企业预定，其薪金也高达七八千元！于是张春寻思着选修一门实用的学科，来弥补所学专业的不足。在大学最后一个学期的实习期间，他自费到某技工学校学习电焊3个月，由于成绩优异，一学成毕业就被技工学校推荐到新加坡就业，月薪1万多元。

资料来源　肖保根．准毕业生的四个求职关键词［J］．青年心理，2011（3）：20-21.

【思考】

（1）看了这个案例，你有何想法？

____

____

（2）你对自己的职业生涯做好规划了吗？

____

____

阳光殿堂

一、职业生涯规划概述

（一）职业生涯规划的含义①

职业生涯规划简称生涯规划，又叫职业生涯设计，是指个人与组织相结合，在对个人职业生涯的主客观条件进行测定、分析、总结的基础上，对自己的兴趣、爱好、能力、特点进行综合分析与权衡，结合时代特点，根据自己的职业倾向，确定最佳的职业奋斗目标，并为这一目标作出行之有效的安排。

1.职业准备阶段

该阶段一般从14~15岁开始，延续到18~22岁，读研究生则延续到25~28岁。这是一个人就业前学习专业、职业知识和技能的时期，也是个人素质形成的主要时期。

2.职业选择阶段

该阶段一般集中在18~30岁。这一阶段是人生事业发展的起点，人们要根据社会需要和自己本身的素质及愿望，作出职业选择，走上工作岗位。这是人生生涯的关键一步，如果选择失误，将导致不顺利的职业生涯。

3.工作初期或职业适应阶段

该阶段一般在就业后1~2年，是个人与职业相互选择的过程。

4.工作中期或职业稳定阶段

该阶段一般从20~30岁开始，延续到45~50岁，这一时期是人的职业生涯的主体，会存在发展稳定、发展瓶颈、中年危机、阶段成功等不同情况。对于大部分人来说，这一阶段应致力于某一领域的深入稳定发展，求得升迁和专精。一个人除非有特别的才干和抱负，否则40岁应该是职业锚扎根的时期，不宜更换职业，只适合充电式短期培训和实践积累；即使真的处于职业生涯的瓶颈和转折点，需要重新调整职业

① 叶之红，罗汉书．概念解读：何为职业生涯规划［N］．中国教育报，2007-01-03.

和修订自己的目标，也应在45岁以前完成。

5.工作后期或职业素质衰退阶段

该阶段一般从45~50岁开始，延续到55~60岁。这一时期，人开始步入老年。一般来说，人在这一阶段上升的空间已经很小，一般是规划退休前后生活的阶段，但也有一些人在这个时期智力并没有减退，而知识、经验还呈现越来越多的现象（有学者称之为“晶态智力”）。这种晶态智力的发挥能够使他们的素质进一步提高，出现第二次创新高峰。这些人往往是所从事职业领域里的权威专家或专业方面的学术带头人。

6.职业结束阶段

该阶段是人们由于年老或其他原因结束职业生涯的短暂过渡时期。对于个人而言，职业稳定与适合是非常重要的。

在上述6个阶段中，“职业稳定阶段”最长，“职业选择阶段”最为关键，之前的“职业准备阶段”在一定程度上决定了选择方向和稳定性。

（二）职业生涯规划的内容①

既然职业生涯规划具有明显的个性化特征，不同的人在制定职业生涯规划时所考虑的要素就会不同。一项标准的职业生涯规划包括4个部分：

1.自我评估

通过自我分析，认识自己，了解自己；否则，无法对自己的职业方向作出正确的选择，无法对自己的职业生涯目标作出最佳抉择。

2.确定目标

一个人事业的成败在很大程度上取决于有无正确、适当的目标。抉择是以自己最佳才能、最优性格、最大兴趣、最有利的环境等条件为依据，并通过设立的短期目标、中期目标、长期目标来逐步实现职业生涯的最大发展。

3.制订行动计划

为达到目标，你要采取什么方式去行动等都要有具体明确的计划，这些计划都十分具体，便于操作和检查。

4.反省和修正目标

这要求做到对执行目标的行为监督和检查，对不适当的规划进行修订。修订的内容包括职业的重新选择、职业生涯路线的重新选择、实施计划的变更等。

（三）职业生涯规划的原则②

职业生涯规划意味着设计人生、选择命运，事关重大，因此要掌握制定个人职业生涯规划的重要原则：

1.长期性原则

规划一定要从长远考虑，着眼于大方向。

2.挑战性原则

为避免陷于平庸，应该注意考虑制定的目标或措施是否具有挑战性，目标选择能

① 中共湖南省委高等学校工作委员会宣传部，湖南省高校大学生心理健康教育研究会．大学生心理健康教育与指导［M］．长沙：湖南大学出版社，2006：183.

② 杜映梅，BESSIE．职业生涯规划［M］．北京：对外经济贸易大学出版社，2005：139.

否对自己起到内在的激励作用；如果计划完成，能否产生成就感。

3.清晰性原则

应该考虑目标、措施是否清晰、明确；实现目标的步骤是否直截了当。

4.可行性原则

应注意规划是否从实际出发，考虑到了个人、企业和社会环境的特点与需要，与企业需求是否协调；各阶段的路线划分与措施是否具体可行。

5.顺序原则

要考虑达到各种目标的行动安排、先后次序，是否作出了明确的时间限制或标准，时间表是否足以作为日后行动检查的依据。

6.适应性原则

应考虑目标或措施是否具有弹性或缓冲性，是否能随环境的变化而作调整。

7.持续性原则

人生的各个发展阶段应该是持续连贯、衔接发展的，因此，应该考虑人生发展的整个过程，注意主要目标与分目标是否统一、人生总规划与具体规划是否一致。

（四）职业生涯规划的意义①

1.有利于明确目标，提升成功的机会

凡事预则立，不预则废。职业生涯规划可以帮助我们明确未来职业发展的方向，合理地安排日常工作，分清事情的轻重缓急，抓住学习和工作的重点，增加成功的可能性。

2.有利于激发工作热情，提升应对竞争的能力

规划内容的逐步实现，不仅可以增强自己对目标的成就感，同时更能促进自己向新的目标前进。在这个过程中，自己的思想方式和工作方式又会不断地完善和发展，不断提升自己应对竞争的能力。

3.有助于评估目前的成绩

职业生涯规划的一个重要功能就是自我评估。我们可以根据规划的进展情况评价自己目前取得的成绩，对自己的当前状态进行分析，根据自身情况不断调整方法，完成相应的目标，最终实现自己的职业理想。

二、大学生的职业生涯规划

（一）大学生在进行职业生涯规划时要注意的问题②

1.根据社会需求进行职业生涯规划

选择职业作为一种社会活动必定会受到一定的社会因素制约，如果个人择业脱离社会需要，个人将很难被社会接纳。大学生择业一定要将社会需要与个人利益、社会需要与个人愿望有机结合，及时把握社会人才需要的动向，既要看到眼前的利益，又要考虑长远的发展；既要考虑个人的因素，也要自觉服从社会需求。

① 沈劼. 加强当代大学生职业生涯规划指导［M］//桑秀藩. 树理想信念之魂 立民族精神之根——上海立信会计学院思想政治教育研究论文集. 上海：立信会计出版社，2005：196-197.

② 沈劼. 加强当代大学生职业生涯规划指导［M］//桑秀藩. 树理想信念之魂 立民族精神之根——上海立信会计学院思想政治教育研究论文集. 上海：立信会计出版社，2005：196-197.

2.根据所学专业进行职业生涯规划

大学生的学习都是专业化学习，这是每个人的优势，也是大学生职业生涯规划的根本依据。用人单位对人才的需求，首先是大学生在某方面的专业特长。大学生迈入社会，自身价值主要靠所学的专业知识来实现。如果职业规划离开了所学专业，就会在无形中增加“积累”的任务量，个人价值实现的难度也随之增加了。

3.根据个人兴趣、能力和特长进行职业生涯规划

大学生要明白自己将来做什么，知道自己的兴趣所在。职业生涯规划要与自己的性格、气质、兴趣、能力和特长等方面相结合，充分发挥自己的优势，扬长避短，这样在职业发展的道路上才会事半功倍。不同职业对个人能力的需求也不同，能力、特长是求职、择业以及事业成功的重要保证。在此问题上，大学生应在对自己的能力、特长有一个正确的自我认知和评价的基础上，根据自己的能力、特长和专业进行职业生涯规划。

（二）大学生职业生涯规划的几个误区

1.世界是变化的，无人能预测将来

有些同学可能认为，世事多变，未来存在很多不确定因素，因此，没有必要作职业生涯规划。这样的看法是消极的。要知道机会是留给有准备的人的，准备是提前作出来的，若是在毕业前夕再去想这些问题，恐怕一切都来不及了。

2.目标一旦确定，就一定要实现

有些人认为，职业生涯规划是经过严谨的思考作出来的，必须严格按照规划来实现，达不到目标就表示无能，这个目标就没有任何意义。这样的想法过于教条，职业生涯规划具有灵活性和调整性，个人、社会和职业都是变化的，很多职业虽然名称不变，但内容和要求已经完全不同了。因此，我们要依据个人和客观世界的变化及时调整职业生涯规划，适当修订原有的规划。

3.服从社会需要，切勿自己设计

社会需要是职业生涯规划的要素，个人应当根据社会需要来决定自己的发展方向。我们在考虑职业发展目标时，一定要考虑社会需求；否则，我们制定的规划就是空中楼阁。但只以社会需要为考虑因素，完全根据劳动力市场的需求，无视个人的心理需要、兴趣、性格和价值观，被动地追求职场浪潮，可能会疲于奔命，最后只能落得竹篮打水一场空的下场，毫无成就感。

（三）大学生涯的阶段划分

大学是职业生涯发展的关键阶段。虽然在高考填报志愿时，很多同学也考虑了自己的兴趣和爱好，但是大部分同学对自己的专业其实并不真正了解，还有一部分同学完全处于对未来的茫然状态。为了帮同学们厘清职业生涯发展方向、建立目标，我们可以把大学生涯分为几个阶段，并确定不同的任务。

1.初期阶段

这个阶段主要是指大学一年级，也可延至大二上学期。其主要任务是：

①树立职业生涯规划意识，掌握职业生涯规划的方法；

②对自己的专业有初步了解，培养自己对专业的兴趣；

③多参加课外活动，在实践中了解自己的个性特点；

④了解本专业的就业前景；

⑤制订阶段性的培养计划，确立自己未来的发展目标；

⑥若不想从事本专业的相关职业，必须找出新的发展方向。

2.中期阶段

这个阶段是指大学二年级至大三阶段。其主要任务是：

①明确未来是考研还是就业；

②认真学习专业课程，提高自己的专业素质；

③认真参加学校组织的实训、实习，打好自己从事未来工作的技能基础；

④多参加社会实践活动，最好是和自己本专业有关的活动，尝试兼职，拓展职业生涯平台；

⑤根据自己的实际需要，通过有选择性地辅修其他专业的知识充实自己。

3.后期阶段

这个阶段是指大四阶段。其主要任务是：

①对于就业的同学，要注意搜集招聘信息，强化求职技巧，做好制作简历等各种准备；

②对于考研的同学，要调整好心态，准备最后的冲刺，必要时调整短期职业方向。

三、大学生常见的就业心理障碍①

经过几年的大学生活，无论在思想观念、知识储备还是能力发展方面，大学生们都有了质的提升和进步，人格也日渐成熟和完善。但由于校园生活的局限性，大学生对社会的了解和对职场的认识还不够多，也不够全面。他们在观察问题、分析问题和处理问题时，还习惯照搬书本，缺少理性的思维和成熟的观念，在就业过程中不同程度地表现出浮躁、焦虑和恐惧等心理障碍。

（一）自我认知障碍

1.期望失调

其诱因是就业期望值，主要表现在希望找到工资更高、待遇更好、工作更轻松的职位，在地域选择上多扎堆在人才资源丰富的中心城市，而不愿意去有大量需求的边远地区。过高的就业期望值使学生心目中的理想职业和现实情况产生较大的落差，在很大程度上导致了大学毕业生就业难，也对就业期内的大学生心理造成了负面影响。

2.自负心理

有的毕业生因为自己的专业紧俏或自身的条件比较优越就自命不凡，认为自己学有所成，很有才华，各方面条件都不错，应该有好的归宿，因而傲气十足。毕业生一旦产生自负心理，期待就很容易脱离实际，过高估计自己，以幻想代替现实，对用人单位吹毛求疵，不愿意脚踏实地做好眼前的工作，使自己的就业目标和现实产生很大反差。他们如果未能如愿，在心理上会产生强烈的失落感，情绪一落千丈，从而产生

① 王希永，金庆昕．大学生心理保健［M］．广州：中山大学出版社，2001：91-101.

孤独、失落、烦躁、抑郁等心理障碍。

3.自卑心理

与自负心理相反，有的毕业生因自己不是名牌学校毕业，专业不热门，长相平常，既没有权势关系可利用，又没有金钱可支持，总之别人具有的先天优势自己都没有，自卑感油然而生。其实，自卑是一种轻视自己或低估自己能力的心理倾向，常和消极、依赖、怯懦等心理交织在一起。产生这种心理障碍的学生大多自尊心较强，当看到别的同学纷纷找到满意的工作时，自尊心便受到刺激，认为社会不公平，继而更加自卑，怀疑自身的能力。在就业中，他们往往缺乏自信和勇气，看不到自己的优势，不敢竞争，过度自卑，产生了精神不振、沮丧、失望、孤寂等心理障碍。

4.攀比心理

有这种心理的大学生在求职过程中往往显得缺乏主见，极易受别人干扰。他们把注意力过多地集中到别人的就业取向上，即使有的单位非常适合自身发展，但因为某个方面比不上同学选择的就业单位，就放弃了。这种就业心理往往会延续到就业后，这样的毕业生常常带着失败者的心态进入社会。

（二）情绪困扰

1.焦虑心理

由于种种原因，有相当一部分毕业生临近毕业还没有落实就业单位，心理普遍会有焦虑感。特别是一些学习基础学科专业或学习成绩不佳、学历层次不高的大学生，尤其是女生，表现得更为焦虑。就业焦虑心理是在就业压力下所产生的一种不踏实感、失落感和迷惘感，表现为焦躁、忧虑、烦躁、困惑、恐慌、紧张、惴惴不安；为得失耿耿于怀，为尚未来临的困难担忧不已；既不想迷失自我，又缺乏大胆前行的勇气；对未知的就职单位感到莫名其妙的威胁，以至于在就业时顾虑重重。处于焦虑状态的大学生往往心神不宁，意志消沉，萎靡不振，从而严重影响正常的学习和生活。焦虑过度就会使毕业生失去应有的判断力和自制能力，严重影响就业。

2.嫉妒心理

嫉妒是指在求职过程中对他人的成就、特长或优越的地位既羡慕又敌视的心理，主要特征是把别人的优越之处视为对自己的威胁，感到心理不平衡，甚至恐惧和愤怒，于是借助贬低、诽谤甚至报复的手段来求得心理补偿或摆脱恐惧和愤怒的困扰。在就业问题上，嫉妒心理常见的表现有：看到别人某些方面求职条件好，或找到比较理想的工作而羡慕，继而痛苦、不甘心，甚至为了不让别人超过自己而采取背后拆台等不良手段；别人成功了就说风凉话、讽刺挖苦、造谣中伤以及发泄自己的愤怒。在就业时，嫉妒心会破坏个人的人际关系，嫉妒者本人也会痛苦烦恼，甚至影响求职的顺利进行。

3.沮丧心理

不少大学生在求职过程中一旦遭受挫折，就会出现沮丧心理，有的是因为多次应聘落选；有的是因为自己的取向和抱负不能为社会、亲友所理解和接受，从而产生了怀才不遇的感觉，感到苦闷、失望、无奈和悲观；还有的大学生认为自己找到的是条件较差的地区和单位，从而悲观失望、灰心丧气，产生了不满心理。令毕业生不满的对象可以是周围的任何事物和人群，如对所在学校、城市（包括就业管理政策、户籍限制等）不满，对家庭成员不满，对周围同学不满等。大学生在就业问题上遇到挫折，如果不认真反思，失去理智，盲目地一意孤行，就有可能形成人格障碍。

（三）人际交往障碍

1.依赖心理

有的大学生总习惯被“安排”，他们对很多事都抱着“靠”的态度。他们不能自主地选择就业单位，总想依赖社会关系，依赖学校和老师，甚至依赖父母和亲属为自己找工作。当要作出选择时自己又不能决断，他们把希望寄托在别人身上，从而失去了职业选择的机会。

2.羞怯心理

羞怯是指有的大学生在求职面试中常常面红耳赤、张口结舌、语无伦次，把面试前辛辛苦苦准备的腹稿忘得一干二净。有的大学生谨小慎微，生怕一句话说错、一个问题回答不好影响自己的形象，但实际应聘时恰恰适得其反，很难把握住机会。

3.问题行为

这是指违背社会规范的适应不良的行为，常见的有损坏东西、报复、迁怒于人、拒绝交往、过度消费、酗酒等。问题行为的产生往往是由于在求职就业中的某些需求未能得到满足或者遭受到较大的挫折，一般会在毕业前夕集中爆发。问题行为的存在，不仅会影响学业的顺利完成，严重的还可能导致违法乱纪行为的产生。

二、大学生就业心理障碍形成的原因[①]

（一）主观因素

由于大学生心理未完全发展成熟，所以他们还不善于认识问题和分析问题，不善于重建心理平衡，不善于调整应激，不善于进行自我调适，进而容易导致心理失衡和心理障碍。另外，大学生作为社会的一个特殊群体，主体意识较强，在探寻人生价值过程中崇尚“自我”，主张“自我选择”“自我成才”“自我发展”，突出强调个人价值，追求人格独立。在贡献和索取之间，在义与利的价值选择上，功利色彩日益浓厚。这表现在就业上就是一部分大学生追求个人价值的实现、才能的发挥和较高的物质待遇，寻找良好的工作环境等。他们把过去那种“到基层去，到边疆去，到祖国最需要的地方去”的“老三到”变为“到外资企业去，到国外去，到挣钱最多的地方去”的“新三到”。毕业生实现不了“新三到”就会心理失衡，心理障碍的发生就在所难免了。

（二）客观因素

1.社会价值导向

市场经济的等价交换和竞争，在唤起人们的热情和积极性的同时，也促使人们最大限度地追求个人的物质利益，实现人生的最大价值，如追逐高薪、优厚待遇等，在

① 宁金友．农牧科技与教育研究［M］．西宁：青海人民出版社，2005：337-339.

就业过程中出现个人主义和功利主义的倾向。

2.家庭因素

家庭因素如父母的价值观、家庭经济情况等。有的学生来自偏僻落后的农村，希望自己能够去一个远远好于自己生活环境的地方生存发展，而失业人员希望子女大学毕业后能到层次较高的单位，不希望子女碌碌无为，所以这些学生在就业时必然要考虑物质利益、社会地位、生活环境。

另外，目前我国高校教育体制还不能完全实现大学生从学校到社会的顺利过渡，无法让他们在心理上完全适应社会现实，这也是造成大学生就业心态不正常的原因之一。

三、大学生就业心理障碍的调适①

就业心理障碍是指改变或扩大原有的认知结构，以适应新的情况或新的历程，其作用在于帮助大学生在遇到挫折和冲击时，客观地分析自我与现实，有效地排除心理困扰，控制和排解自己的不良情绪，从而保持一种积极、稳定的心态，维护自己的身心健康。大学生在求职就业中，遇到困难、挫折和冲突是不可避免的，关键是要懂得如何调适自己的心态，以减轻或清除心理障碍，用健康的心态去求职和就业。大学生就业心理障碍的调适可从以下几方面入手：

（一）调整认知误差，构建合理的认知体系

1.学会客观地认识自我，全面地分析自己的实力

大学生应该全面恰当地认识自己的理想、价值观、素质、气质、性格、兴趣、爱好、能力、知识，甚至身高、外貌等，不要以己之长比他人之短而骄傲自大，也不能以己之短比他人之长而妄自菲薄，要实事求是地肯定自己的长处，改善自己的不足，通过努力逐步克服缺点，发挥优势。要以社会需要的标准来衡量自己，把个人客观性与社会客观性统一起来。认真分析用人单位的录用条件，审视自己具备的条件，不能把就业理想建立在不切实际的幻想之上。

2.经常对自己进行积极的自我暗示

那些存在自卑心理的毕业生应该经常对自己进行积极的自我暗示，如“我行”“我一定能做好”等。大学生有了阳光的心态，不仅对求职、就业有积极作用，而且对走好未来人生之路同样具有积极意义。

（二）调整自己的情绪，防止不良情绪的蔓延

情绪是需要满足与否的直接表现。如果需要得到满足，人就会出现满意、快乐、兴奋、热忱等积极情绪；如果需要得不到满足，就会出现内疚、焦虑、恐惧、悲伤、冷漠等不良情绪。毕业生在就业过程中要充分调动积极因素，合理调节消极情绪，在情绪的不断优化中实现人生目标。大学生调控情绪的方法主要有以下几种：

1.合理宣泄

大学生在就业中遇到不如意的事情要进行合理、适度的宣泄，不要把紧张、焦虑

① 王丽坤．大学生心理健康教育［M］．武汉：武汉理工大学出版社，2009：134-137.

和挫折感紧缩在心间。不少大学生在失意的时候常常强行压抑自己的情绪，这只会导致更加郁闷，不利于其冷静地面对现实、分析情况。就业中遇到挫折很正常，大学生应该适时地找到父母、老师、同学或朋友倾诉，甚至哭诉出来；当身边无人倾诉时，还可以将自己想说的话统统写下来，把自己的情感诉诸笔端，减轻内心的负担。适当的心理调节可以使自己摆脱不良情绪，排解苦闷心情。

2.科学转化

人有理性与非理性两种观念，在这两种观念的指引下，认知方式会左右个人的情绪。不良情绪根源于人的非理性观念，要消除人的不良情绪，就要设法将人的非理性观念转化为理性观念。有的大学生在就业中受到挫折会消沉，他们认为自己就业中的挫折是例外的，认为自己就应该顺利就业。这些念头又会加剧这些学生的不良情绪。只有改变和纠正他们的错误想法，方能从根本上消除不良情绪，走出消沉低迷的心境。大学生在运用转化理性情绪法时，应先分析自己有哪些消极情绪，从中分析、综合、抽象、概括出非理性观念，对非理性观念和理性观念进行质疑和辩论，对比在两种观念状况下个人的内心感受，从而促进非理性观念向理性观念的转化。

3.心理防御

在就业过程中，大学生或多或少地会运用心理防御机制。心理防御机制运用得当，可以减轻情绪上的痛苦，从而增强在就业中受挫的承受能力，为寻找战胜挫折的方法提供机会。防御机制有消极和积极之分，我们提倡运用积极的心理防御机制，如升华、认同、幽默等。

（三）运用心理调节的方法进行自我调适

1.自我反省法

自我反省法是指在面对矛盾和冲突时不要冲动，冷静、理智地反省思考。一方面，大学生要客观地分析就业环境，把面临的情况搞清楚；另一方面，思考自我，找准定位。在矛盾和冲突中，冲动是无济于事的，只能使大学生在忙乱中作出错误的判断。

2.自我转化法

自我转化法是指当不良情绪不易控制时，可以采取迂回的方式，把情感和精力转移到其他活动中去，如参加有趣的活动、学习一种新知识或技能、假日郊游等，减轻或消除不良情绪对自己的影响，以求得心理平衡。

3.松弛练习法

松弛练习法也叫放松练习法，是一种通过练习学会放松心理和躯体的方法。它可以帮助人们减轻和消除各种不良身心反应，如焦虑、紧张、恐惧、心理冲突、失眠、血压升高等症状。大学生在找工作时压力很大，往往想得很多，加重了心理负担，常常感觉焦虑、紧张。因此，毕业班的学生要注意参加课外体育锻炼，在有关人员的指导下进行放松练习。

4.专家咨询法

专家咨询法是指在进行就业时可以寻求心理专家的辅导，增强就业能力。当心理出现矛盾，特别是出现较大的心理负担，而自我调节又难以奏效时，毕业生应当主动地寻找专家帮助。他们的帮助可以使毕业生更加客观、正确地认识自我，进行心理训练，提高就业求职的技能和技巧，消除就业挫折带来的焦虑、烦恼、抑郁等不良心理。这种方法在高校发展迅速，深受大学生的欢迎，它担负着培养大学生良好心理素质、解决心理矛盾、预防心理疾病、提高心理健康水平、促进大学生人格完善的任务。

总之，在就业过程中，大学生应该提高自我调适的自觉性，努力使自己保持一种良好的心态。同时，社会、学校和家庭各方面也应该提供热忱的帮助和积极的引导，帮助大学生面对现实，排除心理困扰，缓解不必要的心理压力，促使他们尽快实现角色转换，顺利走上工作岗位。

问题汇总

人们常说，机会是留给有准备的人，因此，大学生做好自身的职业生涯规划势在必行，尤其是当大学生就业难已成为社会问题时，职业生涯规划更是大学生活中不可或缺的一部分。学生们在规划自身职业的过程中往往会遇到很多问题，这些问题会成为其人生发展中的障碍，甚至成为错误人生方向的开始。因此，大学生要善于总结这些问题，端正态度，树立解决问题的正确信念。大学生职业生涯规划常见的问题如下：

一、对自身认识不清楚

多数大学生对自身认识不够全面，过于片面，主要表现为：

①对自身的认识过于浮躁，仅凭自己掌握某些方面的技能，就认为自己能够胜任相关的工作；

②对自身的能力、兴趣、技能的认识过于肤浅，甚至从未认真总结和发现；

③对自身的认识过于悲观，一旦出现不如意的事件，就极易产生负面情绪，并进而否定自己。

【温馨小提示】

古人云："知己知彼，百战不殆。"可见，只有正确了解自己，方能战胜困难，适应环境。因此，大学生要寻找一条适合自己发展的道路，就要正确地认识自我。这要求大学生不仅要"君子一日三思"，而且要重视周围熟悉自己的人对自己的评价，如老师、同学的评价和建议，当然，父母、兄弟、姐妹、亲戚、朋友的评价也十分宝贵，都要虚心接纳，由此获得对自己比较客观的认识。因此，大学生多与周围熟悉自己的人沟通，充分、清晰地了解自己，并听取他们的建议，不断完善自我，是成功规划人生的第一步。

二、对专业认识不清楚

这一问题多数集中在较低年级，特别是大一新生刚入学时。其主要表现为：

①不清楚自己所学专业的核心所在，不知道应该在哪些学科上重点下功夫；

②不清楚自己专业的就业前景，盲目乐观或盲目悲观；

③不清楚在已有的专业知识背景下如何扩大自身的知识面和提升实践能力。

【温馨小提示】

大学是培养专业人才的基地和摇篮，在这里我们选择了适合自己的专业，学习专业知识和技能，为自己的人生发展储备能量。我们选择的专业直接决定我们未来从事的行业。因此，我们对自己所学专业及行业的就业状况的了解是十分重要的。这样才能根据行业发展的需求，术业有专攻，把自己培养成为适应社会发展需求的人才，提升自己在就业中的竞争力，适时地把握住属于自己的宝贵机会。

三、对社会需要认识不清楚

学生接触社会、参加实践的机会较少，导致学生对社会需要缺乏了解，因而更难合理地确定自己的能力及适合的岗位。多数学生还停留在道听途说和网络这两个最简单的渠道上，人云亦云，不能理性判断，难以按照社会需要去培养自己的能力，也不知道如何培养应有的能力。

【温馨小提示】

不能走出去，了解外面的世界，不论大学生付出多少努力和汗水都是徒劳的。在职业生涯规划的过程中，大学生要发扬敢于实践、探索的精神，不仅要了解自己，也要了解社会现实，这样方能有的放矢地规划未来。希望同学们能审时度势，为自己规划一幅美妙的人生蓝图。

四、缺乏个人志向

志向是事业成功的基本前提，没有志向，事业的成功也就无从谈起。立志是人生的起跑点，反映了一个人的理想、胸怀、情趣和价值观，影响一个人的奋斗目标及成就。所以，确立志向是制定职业生涯规划的关键，也是职业生涯规划最重要的一点。

【温馨小提示】

一个人没有志向仿佛一条船失去航向，失去航向的船只能在大海中漂浮摇曳，永远到达不了彼岸，直至有一天被海浪打翻，沉溺于大海便是它的归宿。大学生要成功规划自己的职业生涯，树立一个长期稳定的目标是关键，也就是要有自己的人生理想，然后为这个美好的理想努力奋斗，最终成就属于自己的幸福快乐的人生。

五、行动能力匮乏，不能坚持

有的大学生在读书期间已经确立了比较明确的目标，但是在具体实施方面存在动力不足的问题。大多数大学生对大学丰富多彩的生活应接不暇，忽略了理论知识的学习和实践能力的锻炼。

【温馨小提示】

当确立了目标、明确了人生发展方向后，大学生们就要付诸行动，努力实现目标。“只要功夫深，铁杵磨成针。”在实现人生梦想的道路上有很多荆棘和诱惑，但只要敢于探索、坚持不懈，大学生们就会发现自己离目标越来越近，就会体验到“坚持和毅力”带来的巨大收获和惊喜。

六、重考证，轻实践

大学期间多数学生特别强调拿英语四级和六级证书、日语二级证书、计算机等级证书、物流师证书、计算机软件工程师证书等，但是很少有学生会进行与职业相关的社会实践。

【温馨小提示】

在大学生就业过程中往往会出现这样一种现象，在学校学习成绩好、考取证书多的学生在就业中并不占有优势，但成绩中等、社会实践经验丰富、解决问题能力强的学生成为就业中的佼佼者。这一现象说明了当前社会对人才的需要更侧重实践能力。因此，为了迎合社会的需要，我们不仅要学好专业理论知识、掌握专业技能，而且要多参加社会实践，在实践中锻炼自己、发现不足，将自己培养成为符合社会需要的全面人才。

认识自己

霍兰德职业倾向测验量表

本测验将帮助你发现和确定自己的职业兴趣、能力和特长，从而更好地作出求职决策。如果你已经考虑好或选择好自己的职业，本测验将使你的这种考虑或选择具有理论基础，或向你展示其他合适的职业；如果你至今尚未确定职业方向，本测验将帮助你根据自己的情况选择一个恰当的职业目标。本测验共有7个部分，每部分都没有时间限制，但请你尽快按要求完成。

第一部分　你心目中的理想职业（专业）

对于未来的职业（或升学进修的专业），你得尽早考虑，它可能很抽象、很朦胧，也可能很具体、很清晰。不论是哪种情况，现在都请你把自己最想干的3种工作或最想读的3种专业，按顺序写下来，如：1.____________2.____________3.____________。

第二部分　你所感兴趣的活动

下面列举了若干活动，请根据这些活动判断你的好恶。喜欢的，请在“是”栏里打“√”；反之，在“否”栏里打“×”。请按顺序回答全部问题。

R：实际型活动	是	否
1.装配、修理电器或玩具	☐	☐
2.修理自行车	☐	☐
3.用木头做东西	☐	☐
4.驾驶汽车或摩托车	☐	☐
5.用机器做东西	☐	☐
6.参加木工技术学习班	☐	☐
7.参加制图和描图学习班	☐	☐

	是	否
8. 驾驶卡车或拖拉机	□	□
9. 参加机械和电气学习班	□	□
10. 装配、修理机器	□	□
统计“是”一栏得分计	(	)

A：艺术型活动	是	否
1. 素描、制图或绘画	□	□
2. 参加话剧或戏剧	□	□
3. 设计家具或布置室内	□	□
4. 练习乐器或加入乐队	□	□
5. 欣赏音乐或戏剧	□	□
6. 看小说或读剧本	□	□
7. 从事摄影创作	□	□
8. 写诗或吟诗	□	□
9. 参加艺术（美术或音乐）培训	□	□
10. 练习书法	□	□
统计“是”一栏得分计	(	)

I：调查型活动	是	否
1. 读科技图书和杂志	□	□
2. 在实验室工作	□	□
3. 改良水果品种，培育新的水果	□	□
4. 调查了解土和金属等物质的成分	□	□
5. 研究自己选择的特殊问题	□	□
6. 解数学题或玩数学游戏	□	□
7. 物理课	□	□
8. 化学课	□	□
9. 几何课	□	□
10. 生物课	□	□
统计“是”一栏得分计	(	)

S：社会型活动	是	否
1. 学校或单位组织的正式活动	□	□
2. 参加某个社会团体或俱乐部活动	□	□
3. 帮助别人解决困难	□	□
4. 照顾儿童	□	□
5. 出席晚会、联欢会、茶话会	□	□
6. 和大家一起出去郊游	□	□

	是	否
7.想获得关于心理方面的知识	□	□
8.参加讲座或辩论会	□	□
9.观看或参加体育比赛和运动会	□	□
10.结交新朋友	□	□
统计“是”一栏得分计	(	)

E：事业型活动	是	否
1.说服、动员他人	□	□
2.卖东西	□	□
3.谈论政治	□	□
4.制订计划，参加会议	□	□
5.以自己的意志影响别人的行为	□	□
6.在社会团体中担任职务	□	□
7.检查与评价别人的工作	□	□
8.结交名流	□	□
9.指导有某种目标的团体	□	□
10.参与政治活动	□	□
统计“是”一栏得分计	(	)

C：常规型（传统型）活动	是	否
1.整理好桌面和房间	□	□
2.抄写文件和信件	□	□
3.为领导写报告或公务信函	□	□
4.检查个人收支情况	□	□
5.参加打字培训班	□	□
6.参加珠算、文秘等实务培训	□	□
7.参加商业会计培训班	□	□
8.参加情报处理培训班	□	□
9.整理信件、报告、记录等	□	□
10.写商业贸易信	□	□
统计“是”一栏得分计	(	)

第三部分　你所擅长的活动

下面列举了若干活动，其中你能做或大概能做的事，请在“是”栏里打“√”；反之，在“否”栏里打“×”。请回答全部问题。

R：实际型活动	是	否
1.能使用电锯、电钻和锉刀等木工工具	□	□
2.知道万用表的使用方法	□	□

3. 能够修理自行车或其他机械	□	□
4. 能够使用电钻床、磨床或缝纫机	□	□
5. 能给家具和木制品刷漆	□	□
6. 能看建筑设计图	□	□
7. 能够修理简单的电器	□	□
8. 能修理家具	□	□
9. 能修理收录机	□	□
10. 能简单地修理水管	□	□
统计“是”一栏得分计	(	)

A：艺术型活动	是	否
1. 能演奏乐器	□	□
2. 能参加二部或四部合唱	□	□
3. 能独唱或独奏	□	□
4. 扮演剧中角色	□	□
5. 能创作简单乐曲	□	□
6. 会跳舞	□	□
7. 能绘画、素描或书法	□	□
8. 能雕刻、剪纸或泥塑	□	□
9. 能设计板报、服装或家具	□	□
10. 写得一手好文章	□	□
统计“是”一栏得分计	(	)

I：调查型活动	是	否
1. 懂得真空管或晶体管的作用	□	□
2. 能够列举含丰富蛋白质的3种食品	□	□
3. 理解铀的裂变	□	□
4. 会使用计算尺、计算器、对数表	□	□
5. 会使用显微镜	□	□
6. 能找到3个星座	□	□
7. 能独立进行调查研究	□	□
8. 能解释简单的化学现象	□	□
9. 理解人造卫星为什么不落地	□	□
10. 经常参加学术会议	□	□
统计“是”一栏得分计	(	)

S：社会型活动	是	否
1. 有向各种人解释说明的能力	□	□

	是	否
2.常参加社会福利活动	□	□
3.能和大家一起友好地工作	□	□
4.善于与年长者相处	□	□
5.会邀请人、招待人	□	□
6.能简单易懂地教育儿童	□	□
7.能安排会议等活动的顺序	□	□
8.善于体察人心和帮助他人	□	□
9.帮助护理病人和伤员	□	□
10.安排社团组织的各种事务	□	□
统计"是"一栏得分计	(	)

E：事业型活动	是	否
1.担任过学生干部并且干得不错	□	□
2.工作上能指导和监督他人	□	□
3.做事充满活力和热情	□	□
4.有效利用自身的做法调动他人	□	□
5.销售能力强	□	□
6.曾作为俱乐部或社团的负责人	□	□
7.向领导提出建议或反映意见	□	□
8.有开创事业的能力	□	□
9.知道怎样做能成为一个优秀的领导者	□	□
10.健谈善辩	□	□
统计"是"一栏得分计	(	)

C：常规型（传统型）活动	是	否
1.会熟练地打印中文	□	□
2.会用外文打字机或复印机	□	□
3.能快速记笔记和抄写文章	□	□
4.善于整理、保管文件和资料	□	□
5.善于从事事务性的工作	□	□
6.会用算盘	□	□
7.能在短时间内分类和处理大量文件	□	□
8.能使用计算机	□	□
9.能搜集数据	□	□
10.会为自己或集体作财务预算	□	□
统计"是"一栏得分计	(	)

第四部分 你所喜欢的职业

下面列举了多种职业，请逐个认真地看。如果是你感兴趣的工作，请在“是”栏里打“√”；如果是你不太喜欢、不关心的工作，请在“否”栏里打“×”。请回答全部问题。

R：实际型职业	是	否
1. 飞机机械师	□	□
2. 野生动物专家	□	□
3. 汽车维修工	□	□
4. 木匠	□	□
5. 测量工程师	□	□
6. 无线电报务员	□	□
7. 园艺师	□	□
8. 长途公共汽车司机	□	□
9. 电工	□	□
统计“是”一栏得分计	(	)

S：社会型职业	是	否
1. 街道、工会或妇联干部	□	□
2. 小学、中学教师	□	□
3. 精神病医生	□	□
4. 婚姻介绍所工作人员	□	□
5. 体育教练	□	□
6. 福利机构负责人	□	□
7. 心理咨询员	□	□
8. 共青团干部	□	□
9. 导游	□	□
10. 国家机关工作人员	□	□
统计“是”一栏得分计	(	)

I：调查型职业	是	否
1. 气象学或天文学者	□	□
2. 生物学者	□	□
3. 医学实验室的技术人员	□	□
4. 人类学者	□	□
5. 动物学者	□	□
6. 化学学者	□	□
7. 数学学者	□	□

8. 科学杂志的编辑或作家 □ □
9. 地质学者 □ □
10. 物理学者 □ □
统计“是”一栏得分计 ( )

E：事业型职业 是 否
1. 厂长 □ □
2. 电视片编制人 □ □
3. 公司经理 □ □
4. 销售员 □ □
5. 不动产推销员 □ □
6. 广告部长 □ □
7. 体育活动主办者 □ □
8. 销售部长 □ □
9. 个体工商业者 □ □
10. 企业管理咨询人员 □ □
统计“是”一栏得分计 ( )

A：艺术型职业 是 否
1. 乐队指挥 □ □
2. 演奏家 □ □
3. 作家 □ □
4. 摄影家 □ □
5. 记者 □ □
6. 画家、书法家 □ □
7. 歌唱家 □ □
8. 作曲家 □ □
9. 电影或电视演员 □ □
统计“是”一栏得分计 ( )

C：常规型（传统型）职业 是 否
1. 会计师 □ □
2. 银行出纳员 □ □
3. 税收管理员 □ □
4. 计算机操作员 □ □
5. 簿记人员 □ □
6. 成本核算员 □ □
7. 文书档管理员 □ □
8. 打字员 □ □
9. 法庭书记员 □ □
10. 人口普查登记员 □ □
统计“是”一栏得分计 ( )

注：霍兰德职业倾向测验对职业的预测标准从以下几个方面进行设定：个人性格分析、动手能力测试、心理承受能力测试、社会其他因素影响、个人兴趣爱好、日常行为规范、志向与理想。

霍兰德职业倾向测验目前在国际上比较著名和权威，在青少年成才、就业方面起到积极和有效的作用。

第五部分　你的能力类型简评

表4-1是你在6个职业能力方面的自我评定表。你可以先与同龄者比较出自己在每一方面的能力，然后经斟酌后对自己的能力作评估。总分为7分，分值越大，此方面的能力越强。注意，请勿写同样的数字，因为人的每项能力不可能完全一样。

表4-1　　　　职业能力自我评定表

R型	I型	A型	S型	E型	C型
机械操作能力	科学研究能力	艺术创作能力	解释表达能力	商业洽谈能力	事务执行能力
7	7	7	7	7	7
6	6	6	6	6	6
5	5	5	5	5	5
4	4	4	4	4	4
3	3	3	3	3	3
2	2	2	2	2	2
1	1	1	1	1	1
R型	I型	A型	S型	E型	C型
体育技能	数学技能	音乐技能	交际技能	领导技能	办公技能
7	7	7	7	7	7
6	6	6	6	6	6
5	5	5	5	5	5
4	4	4	4	4	4
3	3	3	3	3	3
2	2	2	2	2	2
1	1	1	1	1	1

第六部分　统计和确定你的职业倾向

请将第二部分至第五部分的全部测验分数按前面已统计好的6种职业倾向（R型、I型、A型、S型、E型和C型）得分填入表4-2，并作纵向累加。

表4-2　　　　职业倾向统计表

测　试	R型	I型	A型	S型	E型	C型
第二部分						
第三部分						
第四部分						
第五部分						
总　分						

请将表4-2中的6种职业倾向总分按高低顺序依次从左到右排列：

你的职业倾向得分排序为：___型、___型、___型、___型、___型、___型。

最高分：__________最低分：________

第七部分　你所看重的东西——职业价值观

这一部分测验列出了人们在选择工作时通常会考虑的9种因素（见所附工作价值标准）。现在请你在其中选出最重要以及最不重要的两项因素，并将序号填入下边相应的空格上。

附：工作价值标准——

（1）工资高、福利好。

（2）工作环境（物质方面）舒适。

（3）人际关系良好。

（4）工作稳定，有保障。

（5）能提供较好的受教育机会。

（6）有较高的社会地位。

（7）工作不太紧张，外部压力小。

（8）能充分发挥自己的能力、特长。

（9）社会需要与社会贡献大。

最重要的：____________　次重要的：____________

最不重要的：____________　次不重要的：____________

以上全部测验完毕。

【测评分析】现在，将你测验得分居第一位的职业类型找出来，对照职业索引，判断一下自己适合的职业类型。

职业索引

——职业兴趣代号与其相应的职业对照

R（实际型）：木匠、农民、工程师、飞机机械师、鱼类和野生动物专家、自动化技师、机械工（车工、钳工等）、电工、火车司机、长途公共汽车司机、机械制图员、维修技师、电器师。

I（调查型）：气象学者、生物学者、天文学家、药剂师、动物学者、化学家、科学报刊编辑、地质学者、植物学者、物理学者、数学家、实验员、科研人员、科技工作者。

A（艺术型）：室内装饰专家、图书管理专家、摄影师、音乐教师、作家、演员、记者、诗人、作曲家、编剧、雕刻家、漫画家。

S（社会型）：社会学者、导游、福利机构工作者、咨询人员、社会工作者、社会科学教师、学校领导、公共保健护士。

E（事业型）：推销员、采购员、商品批发员、旅馆经理、饭店经理、广告宣传员、调度员、律师、政治家、零售商。

C（常规型）：记账员、会计、银行出纳、法庭速记员、成本估算员、税务员、核算员、打字员、办公室职员、统计员、计算机操作员、秘书。

下面介绍与你的职业兴趣代号类型一致的职业。对照的方法如下：首先，根据你的职业兴趣代号，在下文中找出相应的职业。例如你的职业兴趣代号是RIA，那么牙科技术员、陶工等是适合你兴趣的职业。然后，寻找与你的职业兴趣代号相近的职业。如你的职业兴趣代号是RIA，那么其他由这3个字母组合成的编号（如IRA、IAR、ARI等）对应的职业，也较适合你的兴趣。

RIA：牙科技术员、陶工、建筑设计员、模型工、细木工、制作链条人员。

RIS：厨师、林务员、跳水运动员、潜水员、染色员、电器修理工、眼镜制作师、电工、纺织机器装配工、服务员、装玻璃工人、发电厂工人、焊接工。

RIE：建筑和桥梁工程技术人员、环境工程技术人员、航空工程技术人员、公路工程技术人员、电力工程技术人员、信号工程技术人员、电话工程技术人员、一般机械工程技术人员、自动工程技术人员、矿业工程技术人员、海洋工程技术人员、交通工程技术人员、制图员、计量员、农民、农场工人、农业机械操作工、清洁工、无线电修理工、汽车修理工、手表修理工、管工、线路装配工、工具仓库管理员。

RIC：船上工作人员、接待员、杂志保管员、牙医助手、制帽工、磨坊工、石匠、机器制造工、机车（火车头）制造工、农业机器装配工、汽车装配工、缝纫机装配工、钟表装配和检验工、电动器具装配工、鞋匠、锁匠、货物检验员、电梯机修工、托儿所所长、钢琴调音师、装配工、印刷工、建筑工、卡车司机。

RAI：手工雕刻工、玻璃雕刻工、制作模型人员、家具木工、皮革制作工、手工绣花工、手工钩针工、印刷工、图画雕刻工、装订工。

RSE：消防员、警察、门卫、理发师、房间清洁工、屠夫、锻工、开凿工、管道安装工、出租汽车司机、货物搬运工、送报员、勘探员、娱乐场所服务员、装卸机操作工、灭害虫者、电梯操作工、厨房助手。

RSI：纺织工、编织工、农业学校教师、某些职业课程教师（如艺术、商业、技术、工艺课程）、雨衣上胶工。

REC：抄水表员、保姆、实验室动物饲养员、动物管理员。

REI：轮船船长、航海领航员、大副、试管实验员。

RES：旅馆服务员、家畜饲养员、渔民、渔网修补工、船员、收割机操作工、搬运行李工、公园服务员、救生员、登山导游、火车工程技术员、建筑工、铺轨工。

RCI：测量员、勘测员、仪表操作员、农业工程技术人员、化学工程技师、民用工程技师、石油工程技师、资料室管理员、探矿工、煅烧工、烧窖工、矿工、保养工、磨床工、取样工、样品检验员、纺纱工、炮手、漂洗工、电焊工、锯木工、刨床工、制帽工、手工缝纫工、油漆工、染色工、按摩工、木匠、建筑工、电影放映员、勘测员助手。

RCS：公共汽车司机、一等水手、游泳池服务员、裁缝、建筑工、石匠、烟囱修建工、混凝土工、电话修理工、爆炸手、邮递员、矿工、裱糊工、纺纱工。

RCE：打井工、吊车司机、农场工人、邮件分类员、铲车司机、拖拉机司机。

IAS：普通经济学家、农业经济学家、财政经济学家、国际贸易经济学家、实验心理学家、工程心理学家、心理学家、哲学家、内科医生、数学家。

IAR：人类学家、天文学家、化学家、物理学家、病理学家、动物标本剥制者、化石修复者、艺术品管理者。

ISE：营养学家、饮食顾问、火灾检查员、邮政服务检查员。

ISC：侦察员、电视播音室修理员、电视修理服务员、验尸室人员、编目员、医学实验鉴定技师、调查研究员。

ISR：水生生物学者、昆虫学者、微生物学家、配镜师、矫正视力师、细菌学家、牙科医生、骨科医生。

ISA：实验心理学家、普通心理学家、发展心理学家、教育心理学家、社会心理学家、临床心理学家、目标学家、皮肤病学家、精神病学家、妇产科医师、眼科医生、五官科医生、医学实验室技术专家、民航医务人员、护士。

IES：细菌学家、生理学家、化学专家、地质学专家、地理学专家、纺织技术专家、医院药剂师、工业药剂师、药房营业员。

IEC：档案保管员、保险统计员。

ICR：质量检验技术员、地质学技师、工程师、法官、图书馆技术辅导员、计算机操作员、医院听诊员、家禽检查员。

IRA：地理学家、地质学家、声学物理学家、矿物学家、古生物学家、石油学家、地震学家、声学物理学家、原子和分子物理学家、电学和磁学物理学家、气象学家、设计审核员、人口统计学家、数学统计学家、外科医生、城市规划家、气象员。

IRS：流体物理学家、物理海洋学家、等离子体物理学家、农业科学家、动物学家、食品科学家、园艺学家、植物学家、细菌学家、解剖学家、动物病理学家、作物病理学家、药物学家、生物化学家、生物物理学家、细胞生物学家、临床化学家、遗传学家、分子生物学家、质量控制工程师、地理学家、兽医、放射性治疗技师。

IRE：化验员、化学工程师、纺织工程师、食品技师、渔业技术专家、材料和测试工程师、电气工程师、土木工程师、航空工程师、行政官员、冶金专家、原子核工程师、陶瓷工程师、地质工程师、电力工程师、口腔科医生、牙科医生。

IRC：飞机领航员、飞行员、物理实验室技师、文献检查员、农业技术专家、动植物技术专家、生物技师、油管检查员、工商业规划者、矿藏安全检查员、纺织品检验员、照相机修理者、工程技术员、计算机程序员、工具设计者、仪器维修工。

CRI：簿记员、会计、计时员、铸造机操作工、打字员、按键操作工、复印机操作工。

CRS：仓库保管员、档案管理员、缝纫工、讲述员、收款人。

CRE：标价员、实验室工作者、广告管理员、电动机装配工、缝纫机操作工。

CIS：记账员、顾客服务员、报刊发行员、土地测量员、保险公司职员、会计师、估价员、邮政检查员、外贸检查员。

CIE：打字员、统计员、支票记录员、订货员、校对员、办公室工作人员。

CIR：校对员、工程职员、检修计划员、发报员。

CSE：接待员、通信员、电话接线员、卖票员、旅馆服务员、私人职员、商学教师、旅游办事员。

CSR：运货代理商、铁路职员、交通检查员、办公室通信员、簿记员、出纳员、银行财务职员。

CSA：秘书、图书管理员、办公室办事员。

CER：邮递员、数据处理员、办公室办事员。

CEI：推销员、经济分析家。

CES：银行会计、记账员、法人秘书、速记员、法院报告人。

ECI：银行行长、审计员、信用管理员、地产管理员、商业管理员。

ECS：信用办事员、保险人员、采购员、海关服务经理、售货员、采购员、会计。

ERI：建筑物管理员、工业工程师、农场管理员、护士长、农业经营管理人员。

ERS：仓库管理员、房屋管理员、货栈监督管理员。

ERC：邮政局局长、渔船船长、机械操作领班、木工领班、瓦工领班、驾驶员领班。

EIR：科学、技术和有关周期出版物的管理员。

EIC：专利代理人、鉴定人、运输服务检查员、安全检查员、废品收购人员。

EIS：警官、侦察员、交通检验员、安全咨询员、合同管理者、商人。

EAS：法官、律师、公证人。

EAR：展览室管理员、舞台管理员、播音员、驯兽员。

ESC：理发师、裁判员、政府行政管理员、财政管理员、工程管理员、职业病防治员、售货员、商业经理、办公室主任、人事负责人、调度员。

ESR：家具售货员、书店售货员、公共汽车司机、日用品售货员、护士长、自然科学和工程的行政领导。

ESI：博物馆管理员、图书馆管理员、古迹管理员、饮食业经理、地区安全服务管理员、技术服务咨询者、超级市场管理员、零售商店店员、批发商、出租汽车服务站调度。

ESA：博物馆馆长、报刊管理员、音乐器材售货员、广告商、导游、(轮船或班机上的）事务长、飞机上的服务员、船员、法官、律师。

ASE：戏剧导演、舞蹈教师、广告撰稿人、报刊或专栏作者、记者、演员、英语翻译。

ASI：音乐教师、乐器教师、美术教师、管弦乐指挥、合唱队指挥、歌星、演奏家、哲学家、作家、广告经理、时装模特。

AER：新闻摄影师、电视摄影师、艺术指导、录音指导、丑角演员、魔术师、木偶戏演员、骑士、跳水运动员。

AEI：音乐指挥、舞台指导、电影导演。

AES：流行歌手、舞蹈演员、电影导演、广播节目主持人、舞蹈教师、口技表演者、喜剧演员、模特。

AIS：画家、剧作家、编辑、评论家、时装艺术大师、新闻摄影师、演员、文学作者。

AIE：花匠、皮衣设计师、工业产品设计师、剪影艺术家、复制雕刻品大师。

AIR：建筑师、画家、摄影师、绘图员、环境美化工、雕刻家、包装设计师、陶器设计师、绣花工、漫画工。

SEC：社会活动家、退伍军人服务官员、工商协会事务代表、教育咨询者、宿舍管理员、旅馆经理、饮食服务管理员。

SER：体育教练、游泳指导。

SEI：大学校长、学院院长、医院行政管理员、历史学家、家政经济学家、职业学校教师、资料员。

SEA：娱乐活动管理员、国外服务办事员、社会服务助理、一般咨询者、宗教教育工作者。

SCE：部长助理、福利机构职员、生产协调人、环境卫生管理人员、戏院经理、餐馆经理、售票员。

SRI：外科医师助手、医院服务员。

SRE：体育教师、职业病治疗者、体育教练、专业运动员、房管员、儿童家庭教师、警察、引座员、传达员、保姆。

SRC：护理员、护理助理、医院勤杂工、理发师、学校儿童服务人员。

SIA：社会学家、心理咨询者、学校心理学家、政治科学家、大学校长、学院院长、大学或学院的教育学教师、大学农业教师、大学工程和建筑课程的教师、大学法律教师、大学数学教师、大学医学教师、大学物理教师、大学社会科学教师、大学生命科学教师、研究生助教、成人教育教师。

SIE：营养学家、饮食学家、海关检查员、安全检查员、税务稽查员、校长。

SIC：描图员、兽医助手、诊所助理、体检检查员、监督缓刑犯的工作者、娱乐指导者、咨询人员、社会科学教师。

SIR：理疗员、救护队工作人员、手足病医生、职业病治疗助手。

阳光训练

训练 1

工作价值清单①

在表4-3中列有15个与工作有关的价值项目。请你排列这些工作价值项目在自己心中的先后地位，1表示最重视，15表示最不重视，填在表4-3中的第2列内。假设你有10万元（以生命为单位计算，代表一生中可以投注于工作的所有时间和精力的总和），对于各个工作价值项目，你愿意投资多少（也就是你愿意出价多少）？请将自己预估的金额填在表4-3中的第3列内，并在第4列内写明你的理由或想法。

表4-3 工作价值清单

工作价值项目	排序	出价	理由或想法（可填可不填）
1.为大众福利尽一份力			
2.追求美感与艺术气氛			
3.寻求创意，发展新事物			
4.独立思考，分析事理			
5.有成就感			
6.独立自主，依自己意愿进行			
7.受他人推崇和尊敬			
8.发挥督导或管理他人的能力			
9.丰厚的收入			
10.生活安定有保障			
11.良好舒适的工作环境			
12.与主管平等且相处融洽			
13.与志同道合的伙伴一起工作			
14.能选择自己喜爱的生活方式			
15.工作富于变化，不单调			

① 程小苹. 大学院校班级辅导活动手册［M］. 重庆：重庆大学出版社，2009：181.

注意：（1）填写时价格不必每项都写。（2）如果你想对某一项出价，那么金额必须是1 000元的整数倍。

【分享与讨论】以小组为单位进行分享与讨论，介绍自己的排序和出价，并介绍这样做的理由。分享这个活动对你的启发。

____

____

训练2

职业访谈

请你访谈2~3名本专业的学长或老师，访谈内容主要包括：

（1）所在专业的就业出路；

（2）近3年所在院系毕业生就业去向；

（3）薪金水平；

（4）岗位前景描述；

（5）结合本专业的学习，在大学期间“我”应该培养哪方面的能力。

【讨论】

（1）以小组为单位分享访谈结果。

____

____

（2）听了别人的调查结果，你得到了什么启发？

____

____

（3）通过这个活动你的收获是什么？对你职业生涯规划的确立有什么帮助？

____

____

（4）小组分享结束后，可以把所有的调查结果都贴在墙上，浏览其他小组的结果。

训练3

制定个人职业生涯规划①

根据本章的学习，相信你对自己的职业生涯规划已经有了一定的了解，可以初步确定自己的职业生涯目标，以及达到此目标需要具备的条件。重点分析个人现阶段的条件、情况，主要的难点在哪里，有哪些资源可以利用，有哪些注意点，具体时间如何分配。根据以上这些信息写一篇文章或者制作一张表（见表4-4）。

① 胡凯. 大学生心理健康概论［M］. 长沙：中南大学出版社，2004.

表4-4　　　　　　　　　　　　　　　　**职业生涯规划表**

<table>
<tr><td colspan="2">姓　名</td><td colspan="3"></td><td>性别</td><td colspan="2"></td><td>年龄</td><td colspan="2"></td></tr>
<tr><td colspan="2">学　校</td><td colspan="3"></td><td>专业</td><td colspan="2"></td><td>政治面貌</td><td colspan="2"></td></tr>
<tr><td colspan="2">职业生涯目标</td><td>就业</td><td colspan="2"></td><td>升学</td><td></td><td>出国</td><td></td><td>创业</td><td></td></tr>
<tr><td rowspan="2">自我认知</td><td>性格和能力</td><td colspan="9"></td></tr>
<tr><td>专业知识特长</td><td colspan="9"></td></tr>
<tr><td rowspan="2">环境认知</td><td>国家、社会、行业方面</td><td colspan="9"></td></tr>
<tr><td>学校学习、生活方面</td><td colspan="9"></td></tr>
<tr><td colspan="2">对要从事职业的认知</td><td colspan="9"></td></tr>
<tr><td colspan="2">今后要培养的能力</td><td colspan="9"></td></tr>
<tr><td colspan="2" rowspan="4">职业目标</td><td colspan="2">短期目标</td><td colspan="7"></td></tr>
<tr><td colspan="2">中期目标</td><td colspan="7"></td></tr>
<tr><td colspan="2">长期目标</td><td colspan="7"></td></tr>
<tr><td colspan="2">人生目标</td><td colspan="7"></td></tr>
<tr><td colspan="2">目前的难点</td><td colspan="9"></td></tr>
<tr><td colspan="2">目前可利用的资源</td><td colspan="9"></td></tr>
<tr><td colspan="2">要注意的问题</td><td colspan="9"></td></tr>
<tr><td colspan="2">时间的分配</td><td colspan="9"></td></tr>
</table>

幸福阳光

比尔·拉福的职业生涯规划

背景：一个美国小伙子立志做一名优秀的商人。

一个美国小伙子中学毕业后考入麻省理工学院，没有去读贸易专业，而是选择了工科中最普通、最基础的专业——机械制造专业。大学毕业后，这位小伙子没有马上投入商海，而是考入芝加哥大学，攻读为期3年的经济学硕士学位。出人意料的是，获得硕士学位后，他还是没有从事商业活动，而是考了公务员。在政府部门工作了5年后，他辞职去通用公司工作。又过了两年，他开办了自己的商贸公司。20年后，他的公司资产从最初的20万美元发展到2亿美元。

这个小伙子就是美国知名企业家比尔·拉福。他认为他的成功应感激他父亲的指导，他们共同制定了一个重要的职业生涯规划。最终这个职业生涯设计方案使他功成名就：工科学习—工学学士—经济学专业学习—经济学硕士—政府部门工作—锻炼处世能力及建立广泛的人际关系—大公司工作—熟悉商务环境—自创公司—事业成功。

下面我们具体对这几个阶段进行分析。

第一阶段：工科学习。

【选择】中学时代，拉福就立志经商。他的父亲是洛克菲勒集团的一名高级职员，他发现儿子有商业天赋，机敏果断，敢于创新，但经历的磨难太少，没有经验，更缺乏必要的知识。于是，父子俩进行了一次长谈，并描绘出一个职业生涯的蓝图。因此，升学时他没有像其他人一样直接去读贸易专业，而是选择了工科中最基础、最普通的机械制造专业。

【评析】做商贸生意必须具备一定的专业知识。在商品贸易中，工业品占绝大多数，不了解产品的性能、生产制造情况，就很难保证在贸易中得到收益。工科学习不仅是对知识技能的培养，而且能帮助拉福建立一套严谨求实的思维体系、清楚的推理分析能力、脚踏实地的工作态度，这些正是经商所需要的。

【收获】拉福在麻省理工学院的4年，除了本专业外，还广泛接触了其他课程，如化工、建筑、电子等，这些知识在他后来的商业活动中发挥了举足轻重的作用。

第二阶段：经济学专业学习。

【选择】大学毕业后，拉福没有立即进入商海，而是去芝加哥大学开始了为期3年的经济学硕士课程。

【评析】在市场经济下，一切经济活动都是通过商业活动来实现的，不了解经济规律，不学习经济学知识，就很难在商场立足。

【收获】拉福掌握了经济学专业知识，搞清了影响商业活动的众多因素，还认真学习了有关法律和微观经济活动的管理知识。几年下来，他对会计、财务管理也较为精通，在知识上已完全具备了经商的素质。

第三阶段：政府部门工作。

【选择】拉福拿到经济学硕士学位后考取了公务员，在政府部门工作了5年。

【评析】经商必须有很强的人际交往能力，要想在商业上获得成功，必须深知处世规则，善于与人交往，建立诚信合作关系。这种开拓人际关系的能力只有在社会工作中才能得到提高。

【收获】在环境的压迫下拉福养成了强烈的自我保护意识，由稚嫩的热血青年成长为一名老成、处变不惊的公务员，并结识了各界人士，建立起一套关系网络，为后来的发展提供大量的信息和便利条件。

第四阶段：大公司工作。

【选择】5年的政府工作结束之后，拉福完全具备了成功商人所需的各种素质，于是辞职去了通用公司工作。

【评析】通过各种学习获得足够的知识，但知识要通过实践的锻炼才能转化为技能。

【收获】在国际著名的通用公司进行锻炼，拉福不仅为实践所学的理论找到了一个强大平台，而且学习到了丰富的管理经验，完成了原始的资本积累。这也是大学生创业应该借鉴的地方，除了激情还应该考虑到更多的现实。

第五阶段：自创公司。

【选择】大展拳脚两年后，他已熟练掌握了商情与商务技巧，便婉言谢绝了通用公司的高薪挽留，开办了拉福商贸公司，开始了梦寐以求的商人生涯，实现多年前的计划。

【评析】时机成熟后，切忌浪费时间，应果断决策，抓住契机实现计划。

【收获】拉福的准备工作几乎考虑到了每个细节。拉福商贸公司的成长速度出奇地快，20年后，公司资产从最初的20万美元发展为2亿美元，而拉福本人也成为一个传奇。

拉福的职业生涯规划脉络清晰、步骤合理，充分考虑了个人兴趣、个人素质，并着重职业技能的培养，这种职业生涯规划在他坚持不懈的努力下，终于变为现实。

同学们，从他的成功之路中，你学到了什么？

资料来源　何民．策划你的一生——高考专业选择与未来职业设计［M］．北京：新华出版社，1996：184-187．

学思践悟

学生职业生涯规划教育的范式要改了

习近平总书记指出，今天高校学生的人生黄金期，同“两个一百年”奋斗目标的实现完全吻合。正确认识时代责任和历史使命，用中国梦激扬青春梦，为学生点亮理想的灯、照亮前行的路，激励学生自觉把个人的理想追求融入国家和民族的事业中，勇做走在时代前列的奋进者、开拓者。

高校要加强对大学生职业生涯规划的启蒙和教育，引导大学生树立正确的职业价值观，正确认识时代责任和历史使命，将个人的职业生涯规划和理想追求与国家和社会发展的需要结合起来，不断提升创新创业能力，在促进大学生高质量就业的同时，为推动经济和社会发展作出贡献，为实现中华民族伟大复兴的中国梦作出贡献。

一、高校职业生涯规划教育面临挑战

当前，各高校已日益重视大学生职业生涯规划教育，并普遍开设了职业生涯规划课程，对学生的职业规划和职业发展起到了很好的指导作用，但也还面临一些亟待解决的问题。

1.采取的形式比较单一

很多学校的职业生涯教育形式比较单一，主要包括向学生提供职业信息、培训面试技巧、联系实习单位等，侧重为学生提供就业方面的服务，侧重学生毕业后能否立即实现就业这个短期目标，更偏向一种就业指导，而不是针对学生个体特征设计和进行的职业生涯规划。这种职业生涯规划教育的范式忽视了对学生职业生涯规划的启蒙，忽视了对学生职业价值观的培育和职业素养的提升，既不利于学生职业生涯的可持续发展，也不利于学生创新创业能力的培养。

2.课程的质量有待提升

首先，很多高校职业生涯规划课程内容的设计理论化较强，实践性不足。在课堂教学中，老师主要进行职业发展相关理论和模型的讲解，缺乏学生对职业生涯规划问题的参与、互动与现实体验，因此教学效果不理想。

其次，目前很多高校提供的职业生涯教育课程内容几乎一样，缺乏学校间、学科间、专业间的区分度，无法满足不同学校层次、不同学科、不同专业学生的不同需求。

另外，课程的教师队伍不够专业化。很多高校从事职业生涯规划课程教学的老师是辅导员或专业课老师，他们没有职业生涯规划的相关专业背景，只是经过简单的培训，甚至没有经过培训就直接进行授课，这是导致课程质量下降的重要原因。

3.学生对职业的实践体验不够

对职业的了解和体验是大学生确定自己职业发展方向的重要依据，但这恰是许多高校开展职业生涯规划教育的短板。一些高校实习和见习的制度和机制不健全，没有给学生提供能够进行职业体验的实习岗位，造成学生对职业的认知比较模糊、职业认同度不高、专业归属感不强，缺乏专业学习的主动性。另外，还有很多能够提供实习机会的高校通常把实习放在大学三年级或临近毕业的大学四年级，学生职业体验的缺失不利于大学生职业兴趣的启蒙和培育。

二、完善大学生职业生涯规划教育的新思路

我国的高等教育已经进入普及化时代，大学生的就业压力持续存在。高校需持续推动改革创新，不断探索大学生职业生涯规划教育的新思路，以促进大学生就业质量的提升。

1.树立将职业生涯规划教育贯穿大学教育始终的理念

对大学生的职业生涯规划教育应该及早进行，从新生入学后的职业生涯启蒙开始，到培养过程中不断提升职业素养，再到毕业前掌握各种求职技能，是一个完整的过程。大学生职业生涯规划教育是一种综合能力的教育，既包括自我定位和评估、职业认知、职业体验、相关技能素质的培养和提升，也包括对就业政策的了解、就业信息的把握以及面试技巧的熟悉。职业生涯规划能力的提升不是一蹴而就的，需要一个持久的积累过程，所以对大学生职业生涯规划的教育必须贯穿大学教育的始终。

2.落实引导大学生树立正确职业价值观的要求

职业价值观是影响大学生职业选择和职业生涯目标最重要的因素之一，是使其获得职业成就感的内在驱动力。高校的职业生涯规划教育应重视对学生正确职业价值观的培养，引导学生的职业价值取向与国家社会发展主流价值观相一致。习近平总书记强调，要在坚定理想信念上下功夫，教育引导学生树立共产主义远大理想和中国特色社会主义共同理想，增强学生的中国特色社会主义道路自信、理论自信、制度自信和文化自信，立志肩负起民族复兴的时代重任。因此，高校一定要积极引导大学生紧紧围绕着实现中华民族伟大复兴的中国梦树立正确的职业理想和职业价值观。

3.探索提升职业生涯规划课堂教学质量的举措

首先是增强课程教学内容的实践性，除了课堂教学的必要理论知识外，多增加实践教学的内容，并采取性格测试、职业生涯咨询、职业体验、职业生涯访谈等多形式、多层次、多渠道的职业生涯教育方法。

其次，要注意学校、学科和专业的差异，设计符合不同类型学生需要的职业生涯教学内容和教学方式。

最后，要加强职业生涯规划相关师资的专业化建设，鼓励教师到企业、人才交流中心等相关部门和岗位挂职锻炼，不断增强专任教师的实践教学能力，改善实践教学效果。

资料来源　潘泰萍，李俊林．学生职业生涯规划教育的范式要改了［N］．光明日报，2020-12-15（14）．

第五章

底蕴的积淀

——学习能力训练

要循序渐进！我走过的道路，就是一条循序渐进的道路。

——华罗庚

不登高山，不知天之高也；不临深溪，不知地之厚也。

——《荀子》

阳光心态

1796年的一天，德国哥廷根大学，一个很有数学天赋的19岁青年在做导师布置的3道数学题。像往常一样，前两道题目在两个小时内顺利完成了。第3道题要求只用圆规和一把没有刻度的直尺做出正十七边形，青年被难住了。他尝试用一些超常规的思路去寻求答案。终于，当窗口露出一丝曙光时，青年终于做出了这道难题！

导师接过青年的作业，当即惊呆了。他用颤抖的声音对青年说："这真是你自己做出来的？"青年有些疑惑地看着激动不已的导师，内疚地回答道："当然，但是我很笨，竟然花了整整一个通宵才做出来。"导师请青年坐下，取出圆规和直尺，在书桌上铺开纸，叫青年当着他的面做一个正十七边形。青年很快就完成了。导师激动地对青年说："你知不知道，你解开了一道有两千多年历史的数学悬案！阿基米德没有解出来，牛顿也没有解出来，你竟然一个晚上就解出来了！你真是天才！"

多年以后，这个青年回忆起这一幕时，总是说："如果有人告诉我，这是一道有两千多年历史的数学难题，我不可能在一个晚上解决它。"这个青年就是数学王子高斯。

资料来源　张万祥. 新课标德育资料库［M］. 宁波：宁波出版社，2004：155-156.

【思考】这个故事给你哪些启发？

阳光殿堂

大学是人生的关键阶段。进入大学是你一生中第一次放下高考的重担，开始追逐自己的理想、兴趣；第一次离开家庭生活，独立参与团体和社会生活；第一次你不再单纯地学习书本上的理论知识，而是有机会在学习理论的同时亲身实践；第一次你不再由父母安排生活和学习中的一切，而是有足够的自由处置生活和学习中遇到的各类问题，支配所有属于自己的时间。这也是你一生中的许多"最后一次"：最后一次有机会系统性地接受教育；最后一次能够全心建立你的知识基础；最后一次可以将大段时间用于学习；最后一次可以拥有较高的可塑性及不断修正自我；最后一次能在相对宽容的理想环境中学习为人处世之道。因此，充分珍惜大学时光，抓紧时间为自己充电，做一个有准备的人，才会让自己的大学生活不留下遗憾！[①]

一、学习的概念[②]

什么是学习？

____

____

怎样培养自己的学习能力？

____

____

学习是人和动物普遍存在的一种现象。在心理学中，学习是一个含义极广的概念。迄今为止，人们对学习还没有一个公认的准确定义。我们可以从广义和狭义两个角度来理解学习的概念。

（一）广义的学习[③]

一般来说，广义的学习是指人和动物在生活中获得经验，并由经验引起行为上较持久的适应性变化。这个概念可以从以下4个方面来理解：

1.学习是人和动物所共有的现象

学习不仅是人类普遍具有的现象，动物也存在学习现象。尽管人的学习是非常复杂的，与动物学习有本质区别，但是不能否认动物也有学习。

2.学习不是本能行为，而是后天习得性行为

本能行为是通过遗传而获得的经验，是生来就有的、不学而会的，如鸭浮水、鸡下蛋等。习得性行为是人和动物在后天环境中获得的经验，如狮子滚绣球、人类游泳、驾车等。

3.任何水平的学习都能引起适应性的行为变化

这种变化不仅有外显行为的变化，也有内隐行为或内部过程的变化。

① 2005年2月李开复给中国大学生的第四封信——《大学四年应是这样度过》。
② 韩仁生，李传银. 教育心理学［M］. 济南：山东人民出版社，2008：70-73.
③ 韩进之. 教育心理学纲要［M］. 北京：人民教育出版社，1989：66.

4.不能把个体的所有变化都看作学习

例如，由药物、疲劳、生长、肌体损伤以及其他生理变化所引起的变化就不属于学习，只有通过实践活动所产生的变化才是学习。

（二）狭义的学习①

狭义的学习指人类的学习。人类的学习是在社会生活实践中，以语言为中介，通过思维活动而积累经验，进而产生行为、能力和心理倾向的相对持久变化的过程。

和动物相比，人类的学习有以下显著特点：

第一，从内容和形式上看，人类学习不仅学习个体的直接经验，还要学习几千年来积累下来的社会历史经验，即科学文化知识。

第二，从功能和动力上看，人类学习不仅要适应环境，还要改造环境；不仅要满足生理需要，还要满足心理和社会需要。

第三，从能动性上看，人类学习不是消极被动的适应过程，而是有目的的、自觉的、积极主动的过程。

学生的学习是人类的学习的一种特殊形式，其特点是：

第一，学生的学习是在教师指导下，有目的、有计划、有组织地进行的，是以掌握系统的科学知识为主要任务的，与其他学习方式不同。

第二，学生的学习是一种特殊的认知活动，是以掌握间接经验为主，它同科学家的发明创造不同。

第三，学生的学习是为将来的工作作准备的，是为将来进一步认识和改造世界打好基础的，并非当时直接需要。

第四，学生的学习不仅要掌握知识和技能，而且要发展智力，培养品德，促进人格的健全发展。

二、学习的过程②

学习是一个过程，对人类的学习来说，学习是一个很复杂的过程。许多人从不同角度、采用不同观点对其进行了探索。

我国古代的孔子把学习过程分为7个阶段：立志、博学、审问、慎思、明辨、时习、笃行。

19世纪，德国心理学家和教育学家赫尔巴特把学习划分为4个步骤：明了、联想、系统、方法。

我国教育心理学家在前人的基础上，认为学习可以划分为动机、感知、理解、巩固和应用5个阶段。

美国教育心理学家加涅提出的学习过程的8个阶段模式为研究者所普遍认可，这8个阶段包括：

1.动机阶段

动机反映了学习者要控制和掌握周围环境来达到既定目标的自然倾向。动机建立在对事物的期待的基础上，只有感兴趣才能真正产生学习的动力。

① 张承芬．教育心理学［M］．济南：山东教育出版社，2000：37.
② 韩仁生，李传银．教育心理学［M］．济南：山东人民出版社，2008：73-74.

2. 领会阶段

领会阶段包括学习者对刺激的注意和知觉。在产生学习动机后，学习者还应该把注意力集中在学习的对象上，集中精力，防止分心。

3. 获得阶段

获得阶段是指学习者对信息的加工处理过程，即对信息进行编码并将其存储在大脑中，把领会到的知识记住、理解。

4. 保持阶段

保持阶段强调对获得的知识进行巩固、增强和保持，防止遗忘、生疏。

5. 回忆阶段

在回忆阶段，把学习到的东西恢复出来，也就是检索的过程。

6. 概括阶段

在概括阶段，个体要将学习的知识迁移到新情境中去，能将所学知识加以运用。

7. 动作（作业）阶段

在动作（作业）阶段，学生把学到的知识组织起来，展开行动。

8. 反馈阶段

反馈阶段即强化阶段，是对学习结果进行判断和肯定等。

三、学习的分类①

学习是一个非常复杂的过程，不仅范围广，而且形式多种多样。研究者从不同角度对学习进行了分类。

我国心理学家冯忠良将学习划分为3种类型：

①知识的学习，主要是指科学文化知识的获得、理解、巩固和应用。

②技能的学习，包括动作技能和智力技能的学习。

③行为规范的学习。

加涅在1965年出版的《学习的条件》一书中，根据学习的情境、学习的水平，由简单到复杂把学习分为8种类型：

①信号学习，是指学习对某一符号作出某种反应，如巴甫洛夫的经典条件反射。

②刺激-反应学习，是指学习使一定的刺激和一定的反应相结合，学会以某种反应获得某种结果，如斯金纳的操作条件反射。

③连锁学习，是指学习形成两个或更多的刺激与反应联结，即形成一系列的刺激与反应联结。

④言语学习，是指形成一系列的连续的词语联结，同第三类学习一样，只不过它是语言单位的联结。

⑤辨别学习，是指学会对不同刺激作出不同反应。

⑥概念学习，是指学会对一类刺激作出相同的反应。

⑦原理（规则）学习，是指学习概念的联结，也就是形成两个以上的概念连锁。

⑧解决问题的学习，即学会用原理去解决问题。

① 韩仁生，李传银. 教育心理学［M］. 济南：山东人民出版社，2008：74-78.

四、学习的理论

心理学研究过很多人类的学习活动，但至今仍未形成一个完整而全面的理论。心理学诞生的一百多年来对学习先后形成了很多不同观点的流派，如行为主义、建构主义、认知主义、机能主义、格式塔心理学、精神分析、人本主义等。了解这些流派对于学习的主要观点，有助于我们更加全面地认识学习。

（一）行为主义的学习理论

行为主义心理学的先驱是美国的著名心理学家桑代克。桑代克通过对鱼、鸡等动物的“学习”行为进行大量的实验研究，得出了相应的学习理论。他认为，动物为了获得偶然的成功，不断地进行尝试，在这个过程中逐渐地排除了不成功的反应，将成功的动作巩固下来。因此，动物的学习就是在刺激与反应之间形成一定的联结。

桑代克提出了学习的三大定律：

1.准备律

准备律是指学习者在学习开始时的预备定式。

2.练习律

练习律是指学习者需要不断练习和重复，练习能够使得刺激和反应之间的联结得到巩固和强化。

3.效果律

效果律是指刺激与反应之间的联结可能因为它带来的满足的效果而得到加强，也可能因为它带来的不满足的效果而得到减弱。

行为主义心理学的另一位代表人物是美国的著名心理学家华生。他主张心理学应该研究人的行为，反对研究意识活动。他认为这样可以消除研究过程中的主观性，得到客观的结论。他认为研究行为的结果是可靠的，而且可以进行交流和验证。华生将有机体应对环境的一切活动统称为行为，将行为的基本成分的肌肉收缩和腺体分泌称为反应，将引发机体活动外部或内部的变化统称为刺激，由此提出了“刺激-反应”公式来解释行为主义的理论基础。

（二）建构主义的学习理论

建构主义的杰出代表人物是著名的瑞士心理学家皮亚杰和苏联心理学家维果斯基。

皮亚杰深入系统地研究人的认知发展规律。他所代表的认知学派对个体的学习活动和认知发展进行了系统的理论和实证研究。皮亚杰从有机体主动地适应外部环境出发，认为学习不是消极被动的过程，而是一个主动积极的建构过程。这个建构过程是在学习主体与环境的相互作用中产生和完成的。决定学习的因素既不是外部因素，也不是内部因素，而是两者之间的相互作用。

维果斯基从社会建构主义的角度去理解学习。维果斯基特别强调社会文化历史在人的发展过程中的作用，尤其强调活动和社会交往在人的高级心理机能发展中的突出作用。他认为，高级的心理机能来源于外部动作的内化，这种内化不仅通过教学，也通过日常生活、游戏和劳动来实现。同时，内在的智力动作外化为实际动作，使主观见之于客观。内化和外化的桥梁便是人的活动。另外，维果斯基在说明教学与发展的关系时，提出了著名的“最近发展区”理论。他认为教学必须考虑儿童已达到的水平并走在儿童发展的前面，为此就要确定儿童发展的水平。儿童发展的水平有两种：一是现有的发展水平；二是在有指导的情况下借助成人的帮助可以达到的解决问题的水平，或者是借助他人的启发帮助可以达到的较高的水平。两者之间的差距就是儿童的“最近发展区”。对于最近发展区的理解和应用是对儿童培养的一个重要手段。

20世纪90年代以来，尽管建构主义不同派别之间存在分歧，但是其形成了对学习的共同看法：

1.学习是认知结构改变的过程

认知结构的改变通过同化和顺应这两个途径实现。同化是学习者把外来的信息纳入自己已有的认知结构之中，丰富原来的思想和行为。顺应是指外界新的信息与个体原有的认知结构发生冲突，导致原有的认知结构发生调整和改变，形成新的认知结构。同化和顺应不断地交替进行，人的认知水平也随之不断地发展。

2.学习是构建心理结构的过程

学习是个体主动地构建自己内部心理结构的过程。学习不仅是单向地由教师向学生传递知识，也是学生自己理解知识、构建知识的过程。学习者不是被动地吸收信息，而是主动地去建构信息，对信息进行有意义的加工，这种过程不可能由他人替代完成。因此，学生的学习不是外部因素决定的被动的信息加工过程，而是个体对世界的创造性的理解过程，学生必须根据自己已有的知识结构和经验为新事物赋予新的意义。

3.学习是协作与对话的过程

学习既是个体的行为，也是一种社会性活动。个体以自己的经验和知识储备来建构知识，但是每一个事物都不是独立存在的个体，每个人都有自己理解事物某些特性的方式，学习活动是个体共同参与的社会性活动。协作与对话可以使个人了解到与自己不同的观点，丰富和加深对知识不同层面的了解。合作学习是建构主义非常重视的一种学习方式。

4.真实的情境对学习有重要的意义

建构主义认为，学习一定离不开特定的情境，只有把学习者置身于真实的情境之中，才有利于激发学习者的主动性。一方面，学习者理解和建构知识的时候受到特定情境的影响，能更好地加工和理解知识的含义。另一方面，知识在不同情况下的应用要针对具体的情境进行特殊的创造。不能教条地掌握所学习的知识，要不断地深化理解，把握知识在不同情境中的复杂变化，学会应用知识。

（三）认知主义的学习理论

认知主义的学习理论与行为主义的学习理论相对立。认知学派认为，学习就是面对当前的问题情境，在内心经过积极地组织，从而形成和发展认知结构的过程。认知学派重视人在学习活动中主体的价值，充分肯定了学习者的主观能动性，强调认知、意义理解、独立思考等意识活动在学习中的重要地位和作用。认知学派认为一个人的学习效果不仅取决于外部刺激和个体的主观努力，还取决于一个人已有的知识水平、认知结构等因素。

1.发现式学习理论

布鲁纳提出了以训练和发展学生智力为目标的“发现式学习”。发现式学习就是让学习者像科学家那样用自己的头脑去探究知识，从而达到对知识的理解和掌握。学生的学习和探究同科学家的科学探究一样，都是一种有意义的知识建构。发现式学习是一种情境式的探索，它是学生运用自己的头脑发现自己想法的过程，这样能使知识成为学生自己的知识；学习的最有效动力是学生对所学知识的兴趣，而不应该是学习中的奖励或惩罚等外在的刺激。学生在发现中能够自我激励，好奇心、胜任感、自我认同等内在的自我激励方式才能唤起学生主动建构知识的热情。在发现式学习中，学生不再只是静坐恭听，而是积极参与各种活动，教师和学生处于相互合作的地位，在合作中主动地建构知识。

2.认知同化学习理论

奥苏贝尔提出了认知同化学习理论，认为学生学习过程中存在接受学习和发现学习、机械学习和有意义学习的不同类型。他深入研究了有意义学习的特点和规律，认为有意义学习取决于学生是否有意愿将新的学习内容与自己已有的知识建立联系，学生已有的认知结构是否与新的知识内容存在内在的联系。学生在建构新知识时，首先要有将新旧知识建立内在联系的意愿，其次要有建构新知识的“先行组织者”。所谓先行组织者是指那些与新学的知识内容有关的包容性、概括性、稳定性都强的引导性材料，先行组织者能对新知识起到固定作用，为新知识提供支架，避免学生机械地学习。①

五、大学学习的特点②

（一）自主性

中小学生的学习是在教师指导下进行的，具有强制性。大学生的学习虽然也有一定的强制性，但较中小学生要少得多。

首先，大多数大学生所学的专业是自愿选择的，是他们所感兴趣的。

其次，大学生除了要学习基础知识外，还要掌握各种专门知识，成为某学科的专门人才。这就要求大学生善于自觉、主动地学习。大学生根据自己的兴趣和爱好，选择某些选修课，独立地阅读各种书籍，制订学习计划，采用适合自己的有效的学习方法，也体现出较大的自主性。因而，大学教师应给学生充分自主的机会和条件，成为大学生学习的合作者。有的学生虽进入大学，但仍然采用中学的学习方法，任何知识都希望教师来“喂”，不善于自主学习，这显然不能适应大学学习生活，甚至影响学习效果。

（二）专业性

大学学习的专业性十分明显。大学生的学习实际上是专业学习，从入学开始就有了职业定向。再经过几年的学习，大学生逐步成为基础知识扎实、专业知识结构合

① ［1］林崇德．教育心理学［M］．北京：人民教育出版社，2000.［2］陈琦，刘儒德．当代教育心理学［M］．2版．北京：北京师范大学出版社，2007.

② ［1］文贤彬．大学生思想修养与人生哲理［M］．长沙：湖南教育出版社，1989：2-4.［2］冯国斌，刘玉玲．大学生心理咨询［M］．北京：中国社会出版社，1998：77-78.

理、能力强、创造性强、品行高尚的德、智、体全面发展的高级专门人才。大学生的知识结构、智能结构和各种素质结构，都被深深地打上了专业的烙印。

（三）多样性

大学生的学习形式多种多样。在中学时期，课堂教学几乎是唯一途径，而在大学，大学生可以依靠多种渠道来获得知识。大学生与中学生相比，自主学习时间较多，往往有一半或更多的时间用于个人支配。同时，大学的实践性教学活动占有很大的比重。因而，这就要求大学生不仅要认真听课，而且要通过自学、讨论、听学术讲座、参加第二课堂等活动来获取知识，加强实验、实习、社会实践和科研实践的环节，这些都是大学生增长知识和才干的重要途径。

（四）探索性

大学生的学习和中学生的学习相比具有明显的探索和研究的性质。大学的教学内容由确定结论的论述逐步转向介绍各派理论观点和最新学术发展动向方面的知识。人文学科的内容变化更大，知识更新更快。这要求大学生的学习观念从正确再现教学内容向汇集百家之长、形成个人见解的方向转变。大学生在教师指导下完成作业、独立完成毕业论文（或毕业设计）等，都带有明显的探索的性质。我国的社会主义建设也需要培养出大批富有探索和创新精神的高级专门人才。

六、大学生的学习策略①

大学的学习不同于中小学的学习，也不同于一般的自学。大学阶段学习的特点决定了大学生在学习上要有一种宏观思考和规律性的认识，即大学生要能建立适合自己的学习策略，学会学习。

（一）处理好广博与专深的关系

学习中博与专的统一是学习的一条重要规律。

大学教育是一种职业化教育，它的一切教育和教学活动都是直接或间接为培养一定的专门人才服务的。各高等院校的专业设置不同，课程设置也不同，具体的培养目标也就有所不同，每个专业的培养目标都体现着本专业的特点和将来从事职业活动的需要，这种需要就决定了大学学习的专业性。因此，一方面，大学生要切实抓好各门基础课、专业课的学习，因为专业课是大学生毕业后从事职业活动和专业研究的资本，只博不专，那会失去高等院校培养高级专门人才的意义，这就是所谓专深的问题。另一方面，大学生要利用在大学学习的有利时机，根据自己的专业特点、学习目标、原有知识结构的缺陷等因素，有选择、有目的地扩充或加深相关学科的知识学习，学一点新学科、新领域的知识，这就是所谓博学的问题。博学要有选择、有目的，正如海洋中畅游的鱼和天空中翱翔的鸟，要有自己的目标、方向，这样才能捕捉到自己想要的猎物。要专而不死、博而不滥，二者有机结合，相互促进和发展。每一个大学生在思考学习战略时必须深刻领会和明确这一原则。

① 郑日昌，陈永胜. 学校心理咨询［M］. 北京：人民教育出版社，1997：283-286.

（二）处理好自学与求师的关系

自学在大学生的学习中占有重要地位，也是大学生学习自主性的一个重要体现。自学不仅是学生消化和吸收知识的重要渠道，而且是培养学生的创造性和独立性的主要途径。在当今知识爆炸的情况下，人们十分关注大学生自学能力的培养；但强调自学并不等于忽略教师的作用，更不等于无师自通。

现在的许多大学生在大学期间除了上课时间与教师接触外，其他学习时间都是自己在学习，与教师的交流极少。其实在高等教育的条件下，大学生的周围云集着一大批造诣精深、各有专攻的专家、学者，大学生实在不应该对这样一个优越的求师条件熟视无睹，或者弃之不用。俗话说："名师出高徒。"我国唐代韩愈在《师说》一文中，开篇便称"古之学者必有师"，这说明了在学习中求师的重要性。当然，大学生在学习过程中所遇到的任课教师修养各异，学术水平高低有别，教学方法也优劣不一，但不管遇到的教师是何种情况，他们的阅历、知识、经验必定要比学生丰富得多，一定有值得学生学习的方面。因此，大学生在学习时必须具有谦虚谨慎、勤学好问的精神，遇到问题及时向老师主动求教，这对大学生的成长十分重要。那些忙于自学考试的同学在学习一门全新的课程时若能向有关的老师求教，则必定能获得一些有益的帮助和指导，而不至于学习不得要领，事倍功半。总之，只有把自学与求师密切结合起来，在大力发展自学能力的同时，积极主动地去求师、问师，才能做到有惑即解，变无知为有知，变知之不多为知之较多，这样才能为自己的成才创造必要的条件。

（三）处理好理论与应用的关系

这也是大学生学习策略中不可忽视的一个问题。正确认识理论性知识与应用性知识之间的关系非常重要。理论性知识是基础，是前提，大学生在校期间必须扎扎实实地学好书本知识，学好理论知识。但书本上的理论性知识毕竟是有限的，而大学生未来的工作首先是一种实践活动，它需要大学生把所学的理论性知识与应用性知识结合起来。这就要求大学生在学习理论的同时，必须考虑到它的实际应用。

要从应用的目的去研究理论、吸收理论，并以应用的观点审视理论的适用性和局限性，以便争取通过实际应用使理论得到检验和发展。理论性知识和应用性知识二者都不可偏废。大学生在正确处理理论性知识与应用性知识之间的关系时，还应正确地认识理论性学科与应用性学科之间的关系。有一部分大学生轻理论、重应用。

很多人认为学理论性学科没有多大前途，不如应用性学科来得实用。其实理论性学科犹如大厦的根基，而应用性学科好比大厦的楼层。根基不牢势必影响楼层的稳固和发展。因此，大学生对各自所学的专业要有全面的认识，不能因其是理论性学科就妄加轻视，弃而不学。不论是什么样的学科，掌握必要的理论与应用知识都是极其重要的。

七、大学学习的方法

（一）制订科学的学习计划

大学的学习时间比较自由，如果不制订好学习计划，就会很迷茫，有的时候不知道该干什么。只有掌握了学习规律，相应地制订出学习计划，才能更好地利用时间有计划地完成学习目标。学习计划的制订首先要根据学校的教学大纲，从个人的实际出发，根据总目标的要求制订出基本规划。当然要有侧重点，要分清自己的优势和劣势，以便于制订相应的学习计划。正式上课前先制订好本学期的整体计划（根据课程表），再把整体计划分割成阶段性具体计划，如一个学期、一个月或一周的安排。这种计划主要是根据开学后自己的学习情况、适应程度来制订。它主要包括学习的重点、学习时间的分配、学习方法的调整、选择和使用什么教材和参考书等。这种计划的制订要遵照符合实际、切实可行、不断总结、适当调整的原则。

（二）充分利用时间

大学生要做时间的主人，充分利用好时间。大学期间，除了上课、睡觉和集体活动之外，其余的时间机动性很大，科学地安排好时间对成就学业是很重要的。吴晗在《学习集》中说：“掌握所有空闲的时间加以妥善利用，一天即使学习1个小时，一年就积累365小时，积零为整，时间就被征服了。”想成就事业，必须珍惜时间。

首先，要安排好每日的作息时间表，安排时要根据自己的身体和用脑习惯，计划好在头脑最清醒时干什么，在头脑疲惫时干什么，做到既调整头脑休息，又能搞一些其他的诸如文体活动等。一旦安排好作息时间表，就要严格执行，切忌拖拉和随意改变，养成今日事今日做的习惯，千万不要等明日。我生待明日，万事成蹉跎。

其次，要珍惜零星时间，大学生活越丰富多彩，时间切割得就越细，零星时间就越多。华罗庚曾说：“时间是由分秒积成的，善于利用零星时间的人，才会做出更大的成绩来。”英国数学家科尔在1903年因攻克一道200年无人解决的数学难题而轰动世界，而他是用了近3年的“星期天”来完成的。

（三）认真听课

大学生要认真听课，利用好课堂时间。大学上课，听课很重要，有效地听课可以节省很多时间。大学生只要认真听课，跟着老师的思路走，作业基本就不是问题，而且课后不用花很多时间就可以回忆起老师讲的内容。听课实在没什么技巧，就是不要走神，做好笔记，留意老师说的话（特别是书上没有的）。上课要赶快进入状态，刚上课的时候老师会把上节课讲过的重点带着大家一起顺一遍，课堂的最后几分钟老师会把本节课的内容进行总结，这些会让你更好地掌握学过的东西，对以后的复习有很大的帮助。

（四）保证自己学习时的精神状态

首先，要调整好自己的生物钟，保证睡眠状况，保证自己精力充沛；

其次，要加强锻炼，增强体质。

（五）掌握好的学习方法，学会学习

1.做好准备，提前预习

这样在课堂上能够比较顺利地跟上老师的节奏，取得更好的听课效果。

2.认真听讲，做好记录

随堂记录笔记有助于集中注意力听课，并且在期末备考的时候，可以有所侧重，减少盲目性。

3.定期复习，注意交流

要避免因时间过久而遗忘所造成的重复性工作，掌握好复习的间隔。

4.要掌握好的学习方法

如联想法，把知识系统地联系起来，建立完整的知识结构，使知识被记得更加扎实。

（六）要讲究读书的方法和艺术

大学学习不光是完成课堂教学的任务，更重要的是如何发挥自学的能力，在有限的时间里去充实自己，选择与学业及自己的兴趣有关的书籍来读是最好的办法。莎士比亚说："书籍是全世界的营养品。"培根也说："书籍是在时代的波涛中航行的思想之船，它小心翼翼地把珍贵的货物送给一代又一代。"学会在浩如烟海的书籍中选取自己的必读之书，就需要掌握读书的艺术。

首先，确定读什么书。

其次，对确定要读的书进行分类。一般来讲，书可分为三类：浏览、通读、精读。正如培根所说："有些书可供一赏，有些书可以吞下，不多的几部书应当咀嚼消化。"浏览可粗，通读要快，精读要细。这样就能在较短的时间里读很多书，既广泛地了解最新的科学文化信息，又能深入研究重要理论知识，是一种比较好的读书方法。

读书时还要做到如下两点：

一是读思结合。读书要深入思考，不能浮光掠影，不求甚解。

二是读书不唯书。不读死书，这样才能学到真知。

（七）广泛涉猎，注重兴趣，专业定向

大学生要广泛涉猎更多的课外知识（主要是指与专业有关的），但是要有所侧重，知道自己的兴趣，经常关注自己感兴趣的专业的最新成果，这对于自己考研甚至以后的发展都很重要。

问题汇总

大学生常见的学习问题如下：

一、盲目报考专业

盲目报考专业算是高考的遗留问题。很多学生不明白自己的专业到底学习什么，以后向着什么方向发展，不是根据自己的爱好和对未来的规划来报考，而是听从家长和老师的指导，很多时候是看当今社会什么专业未来有发展、就业好来报考的。有的学生是被迫的，因为自己的成绩不得已读了自己根本不了解的专业，接触之后没有兴趣，只是为了毕业而学习，在专业素质上没有学到过硬的本领，也没能找到自己合适

的定位，荒废了大学4年的学习生活。

【温馨小提示】

既然已经作出了选择，就没有后悔和回头的余地，就应该完成好自己的学业。每个专业无所谓未来是否有发展，只要在这个专业领域学习到了扎实的专业技能，就会有发挥的空间。此外，大学不仅仅是授予专业知识的场所，在大学的学习与生活中，更重要的是培养自己的能力。也许一个学生在自己的专业上不是最出色的，但是如果在大学中多参加社会实践活动，在不耽误自己课业的前提下多学习课外的知识，当走向社会时就会有很好的表现。

二、学习动机不当

学习动机不当包括学习动机不足和学习动机过强，这二者都会影响大学生的学业效能感。学习动机不足的主要表现为无明确的学习目标，为学习而学习，甚至厌倦学习和逃避学习；学习动机过强的主要表现为成就动机过强，奖励动机过强，学习强度过大。

学习动机不足主要是由于学习动机不正确，社会责任感不强，价值观念不强，学习态度不端正，学习毅力不强，对专业不感兴趣，对自我的学业期望不足，学业自我效能感低。学习动机过强的原因是个体学业期望过高，自尊心强，对自己的学习能力缺乏恰当的估计，因而造成学业自我效能感下降，心理压力大；渴望学业成功又担心学业失败，受表面的学业动机的驱使，渴望外在的奖励与肯定，特别是由于学业优秀带来的心理满足使学生更看重自己的学业优势，故而造成学习强度过大，引起心理疲劳。

【温馨小提示】

大学生活是学生以后走向社会的重要准备阶段，在大学里学习的不仅是课本上的知识，更多的是人际交往、处世能力、思维、心态等很多人生技能，带着这些技能踏入社会才是真正地做足了准备，不会面对新环境束手无策。

1.学习动机不足的自我调节

一是正确认识学习的价值与大学的目标，重新规划学业与人生；

二是调整心态，以积极的心态对待学习，特别是学习中遇到的挫折与困难，用自身的意志战胜惰性；

三是改进学习方法，提高学习效率与学业自我效能感，提升自我价值。

2.学习动机过强的自我调节

一是正确认识自己的潜质，制定恰当的学业目标与学业期望，调整成就动机；与此同时，脚踏实地，循序渐进，不好高骛远；

二是转换表面学习动机为深层学习动机，淡化外在奖励特别是学业成就的诱因，正确对待荣誉与学业成绩；

三是端正学习态度，树立远大理想，保持旺盛的学习热情，坚持不懈，便会取得预期效果。

三、学习方法不当

有些学生进入大学校门后仍采用中学时期的学习方法，虽然花了相当多的时间和精力，但事倍功半，成绩下滑，从而产生自卑感，有的甚至因此对学习产生恐惧感和厌恶感。在大学里，学生除了要有刻苦钻研、坚韧不拔的治学精神外，还需掌握科学的学习方法。

【温馨小提示】

1.大学生应该具有主动参与的意识

大学生要主动参与到教学活动中去，而不是过多地依赖教师的帮助。提倡大学生对教师的授课进行质询与分析。

2.要学会记笔记

记笔记不是盲目地抄写老师的课件，而是记录教材上没有的知识点和老师额外延伸的知识点，在课后针对这些知识点查阅相关的资料，补充理解，这样才能学好、学精。

3.阅读和思考

大学生需要更多地阅读和思考，求理解，重运用，不去死记硬背。一个记忆力强的人，最多只能称之为“活字典”，不能被称为科学家或哲学家。

4.辩证思维

大学生看问题的方法，应当是“从个别想到一般，从特殊想到抽象”。抽象思维是运用概念、判断、推理反映现实的过程。抽象思维撇开事物的具体形象，抽取事物的本质属性。大学生要学会运用抽象思维。此外，形象思维也是大学生在学习生活中不可或缺的思维方式。形象思维是将形象作为思维的运动形式，将感情作为思维运动的动力，并带有想象、联想和幻想的思维活动。概念、定理本来是严肃、抽象、呆板的，而对于学得活的人，这些在他们的心中都是活泼、具体、生动和有感情的。大学生们在学习中万万不可被这些概念、定理抽象的外表所蒙蔽，要努力发掘它们内在的、活生生的本质，要从感情上去理解它们。

5.时间管理

大学生踏进高校的校门后面临新的环境和对学习、工作（或生产）、家务的选择，可能感到困惑，此时要处理好上述关系，做好时间分配和管理。

四、缺乏自控能力

大学的课程不会全天排满，会给学生留有很多的空闲时间。很多学生缺乏自控能力，不能很好地安排自己的时间来学习，而是随波逐流地打游戏、上网、看小说，浪费掉了宝贵的时间。

【温馨小提示】

很多学生会有这样的感觉，一学期过去了，时间过得很快，但是觉得自己好像什么都没做。同样的，大学4年的时间也是转瞬即逝的。如果缺乏自控能力，没有好好地规划自己的时间，大学生活很快就在平淡中过去了。大学的课余时间虽然很多，但是这些课余时间正是提升自己、培养自己各方面能力的最好机会。大学生要很好地利用自己的课余时间来提升自己，让自己充分地利用好大学里可利用的一切资源，为自己以后的职业发展奠定基础。

五、学习焦虑

有的学生进入大学后会产生学习焦虑的情况。没有了规定的知识点和考点，大学的知识零散而繁复，需要耐心梳理和吸收。为此，有的学生突然觉得学习没有了重点，不知道该学什么好，产生了学习焦虑。

【温馨小提示】

大学的教学方式和学习方式需要时间去适应和磨合，大学生开始会有措手不及、抓不住重点的感觉，但也因此培养了独立自主学习、思考的好习惯。大学的知识虽然看似零散，但还是有它的整体知识框架和需要重点学习的地方，只要不急躁、不气馁，慢慢地适应这样的学习节奏，跟上老师讲课的节奏，课后多查阅资料补充知识，注意一些细节的知识点，就能很快地找到一套适合自己的学习方法。

认识自己

你的学习积极性怎么样？请仔细阅读每一题，根据你的实际情况，在赞同的句子前面画上“√”。

（　　）1.一读书就觉得疲劳与厌烦，极少主动学习。

（　　）2.除了老师指定的作业外，不想再多看书。

（　　）3.如果别人不督促的话，极少主动学习。

（　　）4.看书时，需要很长时间才能进入状态。

（　　）5.在学习中遇到不懂的地方，根本不想设法弄懂它。

（　　）6.心里常想：自己不用花太多的时间，成绩也会超过别人。

（　　）7.迫切希望在短时间内大幅度提高自己的学习成绩。

（　　）8.为了及时完成某项作业，宁愿废寝忘食、通宵达旦。

（　　）9.为了学好功课，放弃了许多感兴趣的活动，如体育锻炼、看电影与郊游。

（　　）10.常为短时间内成绩没能提高而烦恼不已。

（　　）11.课本上的基础知识没啥好学的，只有看高深的理论、读大部头作品才带劲。

（　　）12.花在课外读物上的时间比花在教科书上的时间要多得多。

（　　）13.把自己的时间平均分配在各科上。

（　　）14.觉得读书没意思，想去找份工作做。

（　　）15.平时只在喜欢的科目上下狠功夫，对不喜欢的科目则放任自流。

（　　）16.给自己定下的学习目标，多数因做不到而不得不放弃。

（　　）17.总是为同时实现好几个学习目标而忙得焦头烂额。

（　　）18.几乎毫不费力就实现了自己的学习目标。

（　　）19.为了实现一个大目标，不再给自己制定循序渐进的小目标。

（　　）20.为了应付每天的学习任务，已经感受到力不从心了。

【测评分析】画“√”得1分，未画“√”不得分，将各题得分相加得出总分。

（1）如果你的总分在14分以上，说明你存在学习动力严重不足的问题，需要调整。

（2）如果你的总分在6~10分，说明你的学习动机存在一定的问题，必要时需要调整。

上述20道题可分成4组，分别测试学习的4个方面的困扰：

（1）1~5题测试你的学习动机是不是太弱；

（2）6~10题测试你的学习动机是不是太强；

（3）11~15题测试你是否缺乏学习兴趣；

（4）16~20题测试你在学习目标上是否存在困扰。

如果你对某组中3道以上的题回答“√”，则说明你在相应的学习方面存在一定程度的困扰。

资料来源　郑日昌. 中学生心理咨询［M］. 济南：山东教育出版社，1994：254-255.

阳光训练

训练1

时间馅饼①

【目的】了解自己在时间管理方面的实际状况，发现自己在时间的运用和安排上可能存在的问题。

【时间】30分钟。

【准备】纸、彩笔。

【操作】

（1）在一张空白纸上画一个大圆圈代表一天24小时。

（2）请同学们将自己一天的学习生活时间，主要包括学习时间、工作时间（参与社会工作，如班干部、学生会或社团里的工作等）、休闲时间（睡眠、吃饭及体育活动等）、家庭时间（与家人沟通）以及个人时间（做自己感兴趣的事）等，根据实际投入时间的多少分配在一个圈中。

（3）小组同学互相分享一下自己的饼图，看看别人和自己的安排有什么不同，特别是你平常一直很敬佩的那位同学的“时间馅饼”。

（4）对比之后，请每位同学根据一天24小时重新规划自己最佳的“时间馅饼”，小组中选出谁的“时间馅饼”最合理。

【思考】自己在时间安排上存在哪些问题？

____

____

【小结】提醒学生在制订计划时，要今日事今日毕，给自己留点休息时间，不要让时间控制自己，要做自己时间的主人。

训练2

学习策略体验活动

一、组块的力量②

人类离不开记忆。心理学家根据信息保持时间的长短把记忆分为感觉记忆、短时

① 梁志燊. 现代学前教育［M］. 北京：教育科学出版社，1993：306-307.

② 欧阳辉，闫华，林征. 大学生心理健康应用教程［M］. 沈阳：辽宁教育出版社，2010：145-146.

记忆和长时记忆。短时记忆信息保持时间大约为0.08秒～2分钟，它是感觉记忆（0.25秒～2秒）向长时记忆（1分钟以上）过渡的一个阶段。短时记忆中的信息要想被长久地保持在大脑里，往往要经过编码，在编码过程中，将几种水平的代码归并成一个高水平的单一代码的编码过程叫组块。举例如下：

请你以最快的时间看一遍下面10个词，然后重复出来，看你能记住多少？

（1）家具、绿洲、英语、肤浅、情绪、电脑、成功、电梯、天空、人物。

（2）北京、电视机、伤心、上海、天津、电冰箱、重庆、电烤箱、愤怒、欣喜。

很显然，第2组词语记得多，甚至我们可以全部重复出来，这是因为在识记第2组词语时，我们可能会不自觉地把这一段词语分成3类：地名、家用电器、表现情绪的词语。而对这些词语进行归类加工的过程，就是我们的大脑对这些信息进行编码、形成组块的过程。第2组词语被分成3个类型，实际上就是形成了3个组块。可见，组块可以帮助我们记忆更多的信息，扩充短时记忆的容量。所以，大家在学习时不妨试试组块的力量吧！

二、报数活动

下面再通过一个报数活动来体验一下“一心向学，状态投入”的重要性。

大家一起来报数，看看全班同学能不能很快地进入数字学习的状态。要求是，按顺序报出自然数，但是3的倍数和含3的数字不能报，只能拍一下桌子，表示过，如6和13等。

老师先报一个数，依次往下报；出错者，起立做一个深蹲起动作。

通过这个活动大家会发现，进入状态，就会有利于我们思考，认真考虑数字的规律，就不容易出错；相反，心里面老想着“别出错，别出错”，反而容易出错。

【思考】以上两个活动给你的启示是什么？

【小结】只有进入最佳学习状态，才会让我们的学习真正做到事半功倍。

训练3

学会自主学习[①]

关于自主学习的定义，国内外的学者给出的定义很多，但基本上是相似的，我们把它概括为：建立在自我意识发展基础上的“能学”；建立在学生具有内在学习动机基础上的“想学”；建立在学生掌握了一定的学习策略基础上的“会学”；建立在意志努力基础上的“坚持学”。[②]总结中外学者的研究结果，我们发现，自主学习者具有以下基本特征：

（1）能有目的地学习，是指目标明确、学习态度端正、对学习的价值观认识恰当，能主动地规划和安排自己的学习。

（2）能有选择地学习，是指能准确地选择学习内容，在信息的海洋中畅游，对

① 钟志贤．远程教育导论——学与教的原理和方法［M］．北京：高等教育出版社，2001：218-219.

② 庞维国．论学生的自主学习［M］．华东师范大学学报（教育科学版），2001（2）：78-83.

信息有敏锐的感受力、捕捉力和理解力，能有效地发现、搜集、获取、处理和创造信息。

（3）能独创性地学习，是指不满足于现成的答案或结果，对学习内容能进行独立思考；进行多向思维，能从多种角度去认识同一事物，并且善于把它们综合起来，创造新事物，或者创造性地运用所学去适应新的情况、探索新的问题，不断地拓展自己的视野。

（4）能在学习上进行自我调控，是指对自己的学习动机、兴趣、策略、结果等具有自我认识和调控能力，能敏锐地发现学习中即将出现的或已出现的问题，及时并有针对性地采取措施。

（5）对自己今后的学习前途和人生道路有美好的憧憬和丰富的想象力，并有实现理想的愿望和责任感。

（6）能主动适应团体的生活，知道并自觉遵守其规则，能为团体所接纳。

（7）具有人际交往的意愿和能力，能和群体成员相互协作、互相尊重，根据个体的需要自觉承担和转换自己的角色，能在群体活动中主动学习。

（8）善于构建实体学习小组或在线学习小组，参与构建和维护学习者共同体。

【思考】

（1）如果你是善于自主学习的学生，则你觉得你的哪些经验可以分享给你的同学？

（2）如果你认为自己不善于自主学习，那么你觉得周围优秀的同学有哪些你没有的优点？

（3）你打算如何增强自主学习能力？

幸福阳光

7种常见学习策略的训练[①]

学习策略不仅能够改善学习的效果和质量，减轻学生学习负担，而且符合现代社会倡导的终身学习思想，使学生能在步入社会后真正实现自主的终身学习，更可以和教学策略相互促进，提高学习效率。研究结果还表明，不太成功的学习者可以借鉴高效学习者的学习策略。策略是可以培养和训练出来的，也是可以在教学中传授和渗透的。下面介绍几种常见的学习策略。

一、画线

画线是最常用的学习策略，有助于快速找到和复习课文中重要的信息。如果学生

① 陈琦. 教育心理学：原理与应用［M］. 合肥：安徽教育出版社，2004：189-192，196-197.

能够画出课文中重要的和相关的信息，就能从课文中学到更多的东西。但问题在于大多数学生不能决定什么材料是最关键的，只是一味地画，这将减少对重要材料的回忆。因此，在画线过程中要注意分析段落中的主题句，谨慎地画线，能用自己的话解释这些画线部分。

此外，还可以用一些圈点批注的方法，与画线策略一起使用。

（1）圈出不知道的词。

（2）标明定义。

（3）标明例子。

（4）列出观点原因或事件序号。

（5）在重要的段落前面加上星号。

（6）在混乱的章节前画上问号。

（7）给自己作注释，如检查上文中的定义。

（8）标出可能的测验项目。

（9）画箭头表明关系。

（10）注上评论，记下不同点和相似点。比如，看到“通过力量的平衡来防止战争……”，你可能联想并标注下：“恐怖主义是否也可以用力量的平衡来加以防止呢？”

（11）标出总结性的陈述。

二、记笔记

在阅读和听讲中，用得比较普遍的学习策略是记笔记。从表面上看来，笔记仅仅是信息的一种外部存储，其实，记笔记的意义远不止于此，它要求学习者对材料的中心思想进行心理加工，然后决定记什么，因而能促进对新信息的精细加工和整合。

笔记的种类将影响整合和组织信息的方法。逐字逐句地记笔记是对材料文字的编码；记总结性笔记是对材料的再组织和整合。有些笔记要求学习者进行高度的心理加工，因而比纯粹笔录阅读材料要有效得多。例如，用自己的话组织和总结演讲中的要点、为了准备教别人而记笔记以及为了找出复杂理论性材料的思想大意而记笔记等。

记笔记时，笔记本上不要写得密密麻麻的，不妨在笔记本的右边留出3~6厘米的空白，随时记下老师讲的关键词、例子、证据以及自己的疑问和感想。这种方法不仅有利于在课外查阅参考书时对知识作进一步地补充和完善，更重要的是有利于复习知识点和发挥创造性。复习时，笔记本上老师讲过的某个生动的例子、实验、术语都会加深对正文的理解和回忆。在我们的人生经验中，有时某个人为了说明某个道理而讲了一个生动故事；时隔多年以后，抽象的道理可能记不全了，那个生动的故事我们却牢记在心，俨然已融入自己的知识结构中。复习时，看着笔记本上当时的疑问和联想可能会引导我们思考和创造性地解决问题。

虽然记笔记有助于编码加工，但是最有效的运用还应该包括复习。有些学生并未意识到这一点，只是记笔记而未加以复习，仅仅这样并不是一种有效的学习策略。复习笔记的益处在于对材料的进一步精细加工和整合。因此，学生不仅要反复地看笔记，还要积极地思考笔记中的观点，并与其他所学的知识进行联系。

三、提问

提问有助于学生更好地理解所学的知识。学生要不时地停下来评估自己对知识点的理解程度。例如，有的学习者会这样思考新信息：这一新信息意味着什么？与课本中的其他信息以及以前所学的信息有什么联系？他可以用例子来说明这种新知识。比如，在编码“瑞士在国际关系中是一个政治中立的国家”这一信息时，优秀的学习者把这一信息和瑞士几个世纪以来从未卷入战争的历史联系起来，并且可能由中立关系推论出瑞士作为“世界银行”的角色。

四、写提要

写提要就是简要陈述所读信息的中心思想。这种策略的效果取决于学习者是如何使用它的。一个有效的方法是让学生每读完一段后用一句话作概括；另外一种方法是让学生准备一个提要来帮助别人学习材料，其部分原因是这种活动使得学习者不得不认真考虑什么重要、什么不重要。

五、生成性学习

生成性学习（generative learning）最初是由美国心理学家维特罗克（M. C. Wittrock）提出的，是一种强调积极整合新信息于已有图式的理论。建构主义的一个主要假设是所有的学习都是“探索”，即使我们告诉学生某件事，其也要对这些信息进行心理操作，使之变成自己的东西。生成性学习策略是要教学生一些具体的心理加工新信息的方法。例如，可以成功地教学生对所学材料提问题、作总结和类比，教学生讲解他所听到的。这些生成性活动都有利于学生的学习和记忆。

我们在逐字逐句学习课文中的材料时，并没有真正理解正在学习的东西。例如，为了应付考试中的名词解释而死记硬背某个定义，但考试时稍微把题型一变，还能答出这个题目吗？如果不是逐字逐句地学习课文中的信息，而是用自己的话解释这个定义，并且举出一些例子，那么是不是有可能更好地回答这个问题呢？

六、图式-故事语法

图式是从过去经验中抽象出来的或者从教学中获得的认知结构，它能给新信息以意义，减少所要注意的事件的数量，从而使学习变得相对容易些。具体地说：

第一，图式提供了一个新信息能适合的组织结构，金字塔式知识结构就很好地表现了这一点。

第二，图式促使信息进入长时记忆，因为它能把新信息精细加工成一个有意义的结构。其结果是，图式能使人期望从新信息中获得什么。例如，我们知道，一个故事一般至少有一个主人公、一个冲突、一个开始、一个高潮和一个结果。

七、先行组织者

先行组织者这个概念是由奥苏贝尔提出来的，是指对所学的材料提供框架和组织的引导性信息。先行组织者在学习新课之前呈现信息，使得新课内容更有意义和更易于理解。其把学生引向他们即将学习的材料，并且帮助他们回想那些能用来促进他们整合新信息的相关信息。

学思践悟

学习能力，能拉开你和他人的差距

人生是场马拉松，需要厚积薄发，需要不断学习。学习能力，就是你的核心竞争力，它能拉开你和他人的差距。别总说自己不擅长学习，其实可能只是你的方法不对。成果具象化、明确目标、学以致用等9个方法教你学会学习愿每一个在奋斗的你，都能更高效地努力。

（1）找到动力。可以从你感兴趣的事，或你认为有意义的内容开始学习。

（2）成果具象化。比如弹钢琴时，先学习弹出一段完整乐曲，能大大增加满足感。

（3）明确目标。明确的目标能让你更集中精力，让学习效果事半功倍。

（4）学以致用。学到的知识应找机会运用，不仅能巩固记忆，更能达到实践目的。

（5）量力而行。一开始可以放低对结果的要求，去享受获取新知识的过程，循序渐进地努力。

（6）关联新旧知识。将学到的新知识与已经掌握的知识关联起来，能帮你更好理解和记忆。

（7）自我反馈。学完一段内容，给自己一个奖励，它能带给你收获感和愉悦感。

（8）合理休息。学累了后效率会大大降低，合理地休息是为了更好学习。

（9）及时复习。及时复习总结、经常练习和使用，才能让你真正记得住。

资料来源　人民日报．学习能力，能拉开你和他人的差距［EB/OL］．（2021-02-21）［2022-10-11］．https://weibo.com/n/%E4%BA%BA%E6%B0%91%E6%97%A5%E6%8A%A5?tabtype=feed.

第六章

我的情绪我做主

——情绪管理能力的培养

每一个不曾起舞的日子，都是对生命的辜负。

——尼采

烦躁、愤怒和忧伤都是催人衰老的暗器。

——文怀沙

阳光心态

三个人在工地上砌砖，一个人问他们在干什么。

第一个人没好气地回答：“在干苦力呗！”

第二个人平淡地说：“在砌砖。”

第三个人神气地说：“我在建一幢摩天大楼！”

几年以后，这个人又去工地，发现“干苦力”的人还在砌砖，“砌砖”的人在当监工，而“建摩天大楼”的人成了建筑集团的高管。

美国联合保险公司的创建者克里蒙·斯通曾说：“人与人的差别只是一点点，但这小小的差别有极大的不同。小小的差别是思维方式，极大的不同是这种思维方式究竟是积极的还是消极的。”一个人在生活中难免会遇到不如意的事，积极者往往采用积极的思考、乐观的心态来调控自己的人生，而消极者总是寻找生活中消极的方面，从而缺乏自信和努力向上的动力，结果也会大相径庭。

资料来源　杨佩昌．成大事者心理解密［M］．北京：朝华出版社，2011.

【思考】

（1）用几组词语来形容一下你现在的生活状态。

____

____

（2）你能举例说明在你遇到不如意的事情时你的心情是什么样的吗？

____

阳光殿堂

一、情绪的定义

情绪是人以个体的需求为出发点，对客观事物产生自我体验并诱发相应的外部行为反应的一种心理活动。通过对情绪定义的理解，我们可以得出这样的结论：情绪从个体的需求出发，因此是个体认知判断的结果，那么认知判断改变，情绪也会随之改变，情绪具有个体差异性，由刺激引发。

二、情绪的构成成分①

研究者们认为情绪的构成包括三个层面：认知层面上的主观体验、生理层面上的生理唤醒、表达层面上的外部行为。三个层面的共同活动构成一个完整的情绪体验过程。

1.主观体验

情绪的主观体验是人的大脑对个体状态的一种自我觉察。只有自己能感受到在对待不同事物时会产生不同的感受。例如，怕黑的人晚上会意识到“我害怕”等。

2.生理唤醒

情绪的产生伴随着一定的生理变化。例如，很多同学在考试开始的时候通常会心跳加快，手心冒汗；有的人在见到陌生人的时候会满脸通红；脉搏、肌肉、血压等生理指数经常随着情绪的变化而变化。

3.外部行为

情绪产生的时候，除了生理指数的变化，还有明显的身体姿态和面部表情等外部行为的变化。我们通常通过他人的外部行为来判断他人的情绪。例如，开怀大笑的人，我们会认为他很开心。但是随着社会意识的增强，人们会隐藏自己的真实情绪，使得外部行为表现与真实的情绪不一致。例如，失意的时候，心里明明很伤心，但是为了不让家人担心，有的人会做出洒脱的样子。

三、情绪的表达②

1.面部表达

面部表达是指通过眼部肌肉、面部肌肉和口部肌肉的变化来表现各种情绪状态，如高兴时喜笑颜开、不开心时眉头紧锁等。

2.动作表达

动作表达是指通过身体姿态、四肢活动等方面来表现各种情绪状态，如高兴时手舞足蹈、生气时暴跳如雷、伤心时抱头大哭等。

3.言语表达

言语表达是指通过言语的音调、节奏、音域、速度等方面的变化、转折以及口误

---

① 张厚粲. 心理学［M］. 天津：南开大学出版社，2002：175-176.
② 王振龙，刘志选. 心理与健康［M］. 北京：科学出版社，2009.

等所表现的情绪、情感。例如，课堂提问时，一个人如果感到紧张，会感觉到自己的声音跟平时不同，而且会出现口误；在伤心的时候，声音会不自觉地变低。

四、情绪的类型[①]

（一）七情说

依据情绪的表现，将其分为喜、怒、哀、惧、爱、恶、欲7种。

（二）基本情绪和社会情绪

依据情绪的发展，将其分为基本情绪和社会情绪。

1.基本情绪

基本情绪有快乐、恐惧、愤怒等，它是一种内心体验，与人的生理需要相联系。基本情绪有遗传的因素，通常在幼年时已经形成。

2.社会情绪

社会情绪有责任感、羞耻感、道德感等，它是一种以基本情绪为基础的情绪，与人的社会需要相联系。社会情绪不是在人的某个阶段形成的，而是随着人的成长而逐渐发展的。

（三）心境、激情和应激

依据情绪发生的强度、持续性和紧张度，将其分为心境、激情和应激。[②]

1.心境

心境的特点是微弱、持久、弥散。有的时候，我们并不能察觉心境的发生，但是心境的持续时间通常很长，而且心境的弥散性会对我们的生活产生很大的影响。例如，当亲人去世的时候，家人会沉浸在悲伤的气氛中，影响了个人的学习和生活。

2.激情

激情是由对个体有重大意义的事件或原因引起的。激情的特点是猛烈、短暂。激情的产生具有爆发性，通常是在事件发生的当场发作且持续较短的时间，如范进中举时的表现。

3.应激

应激是个体在突发事件发生时的情绪状态。例如，在地震发生时，人们会高度紧张。

五、有关情绪的理论

（一）情绪的早期理论

1.詹姆斯-兰格情绪理论

受达尔文进化论和生物科学发展的影响，美国心理学家詹姆斯和丹麦生理学家

---

① 李玉杰，李景春．心理学概论［M］．北京：人民日报出版社，2006：112-113.
② 彭聃龄．普通心理学［M］．4版．北京：北京师范大学出版社，2012.

兰格分别于1884年和1885年提出了相同的情绪理论，后人称之为詹姆斯-兰格情绪理论。

詹姆斯认为，由外部事件引起的身体上的变化是情绪产生的直接原因，即情绪是对身体变化的感觉。他指出："情绪，只是一种身体状态的感觉；它的原因纯粹是身体的……人们的常识认为，先产生某种情绪，之后才有机体的变化和行为的产生，但我的主张是先有机体的生理变化，而后才有情绪。"刺激作用于我们的感官时，会立刻引起身体的变化，激发神经冲动，传到中枢神经系统并因此而产生了情绪。因此，我们因为哭而愁，因为动手而生气，因为发抖而怕。

兰格认为，情绪是由内脏的活动引起的。他强调了情绪与血管变化的关系："血管运动的混乱、血管宽度的改变以及各个器官中血液量的变化，乃是激情产生的最初原因。"

虽然詹姆斯与兰格对情绪产生的具体描述不同，但基本观点是相同的，即情绪引起身体的生理反应，而生理反应进一步导致情绪体验的产生。詹姆斯-兰格理论首次提出情绪与机体变化有关，它所涉及的理论线索刺激了大量关于情绪发生机制的生理学研究，因而被看作第一个真正的情绪理论。

2.坎农-巴德情绪学说

美国生理学家坎农认为詹姆斯-兰格情绪理论存在很多缺陷：

①生理变化在各种情绪状态下并没有很大的差别，这就造成了我们很难单纯依据生理的变化来区分不同的情绪；

②情绪变化很快，而生理变化因为受植物神经系统的支配而缓慢；

③很多生理变化可以由药物引起，这种由药物所引起的生理状态的变化，并没有伴随情绪。

坎农的"丘脑学说"是在实验的基础上提出来的。实验发现被切掉大脑皮层的猫仍然能够表现出愤怒的情绪，说明大脑皮层的切除对动物表现情绪没有影响。因此，坎农得出结论，丘脑才是情绪的中心。外界刺激引起感觉器官的神经冲动，通过内导神经，传至丘脑；再由丘脑同时向上、向下发出神经冲动，向上传至大脑，产生情绪的主观体验，向下传至交感神经，引起机体的生理变化，如血压升高、心跳加快、瞳孔放大、内分泌增多和肌肉紧张等，使个体生理上进入应激准备状态。①

坎农的情绪学说得到巴德的支持和发展，所以称坎农的情绪学说为坎农-巴德情绪学说。

（二）情绪的认知理论

1.评定-兴奋情绪理论

20世纪50年代，美国心理学家阿诺德提出了评定-兴奋情绪理论。该理论认为大脑皮层对刺激情境的评估产生了情绪。

阿诺德认为，大脑皮层和皮下组织的协同活动产生了情绪，而大脑皮层的兴奋是情绪行为产生最重要的条件。他提出了情绪产生的理论模式：大脑皮层产生对事件的评估，只要事件被评估为对个体有重要的意义，大脑皮层兴奋，下行激活丘脑系统，

① 彭聃龄．普通心理学［M］．4版．北京：北京师范大学出版社，2012.

丘脑系统改变自主神经系统的活动而激起身体器官和运动系统的变化。此后，自主神经系统的活动上行再次通过丘脑而达到大脑皮层，并与大脑皮层的最初评价相结合，纯粹的意识经验即转化为情绪体验。

2.两因素情绪理论

20世纪60年代，美国心理学家沙赫特和辛格提出了特定情绪产生的两因素理论，两因素分别是指高度的生理唤醒和对生理变化的认知唤醒。在实验结论的基础上，该理论提出了情绪唤醒模型。这个情绪唤醒模型的工作系统包括3个亚系统：

①对来自环境的输入信息的知觉分析；

②在长期生活经验中建立起来的对外部影响的内部模式，包括过去、现在和将来的期望；

③现实情景的知觉分析与基于过去经验的认知加工间的比较系统，被称为认知比较器，它带有庞大的生化系统和神经系统的激活机构，并与效应器官相联系。

3.动机-分化情绪理论

伊扎德的动机-分化情绪理论在人格的基础上，围绕情绪，系统地阐述了情绪的功能和性质。

每个人的生存和发展都离不开情绪。情绪就像身体的预警机制，当有重要的事情发生时，特定的情绪就会产生，以便于个体对事件作出反应。当然，情绪的种类有很多，每种情绪的功能与性质也不尽相同，在不同的方向上，不同的情绪发挥着各自的作用。情绪对事件的敏感性体现了情绪的驱动作用。伊扎德认为情绪分为神经生理、神经肌肉的表情行为、情感体验3个子系统，只有它们之间相互作用，人类的生存能力才能得到提高，个体才能获得进一步的发展。

4.情绪ABC理论

20世纪50年代，美国心理学家艾利斯提出了情绪ABC理论。艾利斯借用古希腊哲学家埃皮克迪斯特的一句名言来阐述自己的观点："人不是被事件本身所困扰，而是被其对事情的看法所困扰。"

在情绪ABC理论中，A代表诱发事件（activating event）；B代表个体对这一事件的看法、解释及评价，即信念（belief）；C代表继诱发事件后，个体的情绪反应和行为结果（consequence）。一般人都会认为是不同的事件引发了个体不同的情绪，但是艾利斯认为事件并不是情绪产生的直接原因，因为在事件发生以后，个体首先会产生某种自我解释，而个体对事件的解释和评价才是情绪产生的关键原因。不同的个体对事件的解释和评价不同，如果个体对事件的解释和评价是合理的，那么所表现出的情绪和外部行为反应也是合理的；反过来，如果个体对事件的解释和评价是不合理的，就会导致情绪和外部行为也脱离了适当的水平。

情绪ABC理论强调的是信念在情绪产生中的作用。如果要调节情绪，就要从改变信念开始。什么样的信念才需要改变？通过归纳，发现不合理的信念有3个主要特征：

①绝对化要求，是个体预期某件事一定会或者一定不会发生，而预期的依据就是其个人的意愿。

②过分概括化，是一种以偏概全的不合理的思维方式。

③糟糕至极，是一种对事物的可能后果作出的非常害怕、非常糟糕甚至是一种灾

难性的预期。

六、大学生情绪的特点①

在大学阶段，个体的生理和心理都得到了快速的发展，大学生表现出思想活跃、兴趣广泛等特点，但由于经验的缺乏和尚未成熟的理智，大学生的情绪表现出自己独有的特点。

1.情绪的丰富性与复杂性

大学对很多人来讲，是一个真正成长的阶段。大学生们离开父母的照顾，开始独立地处理自己的问题，选择自己喜欢的知识深入研究，计划出时间来完成自己的梦想，对爱情的期待也悄悄放进心里。这种丰富多彩的生活也带来了丰富的情绪，如集体荣誉感、为真理献身的热忱等。但是，我们还是会有很多不成熟的表现，如因为和同学一点小小的矛盾而大打出手等。作为不同个体的人，大学生的情绪也有个体的差异性。

2.情绪的不稳定性与心境化

大学生虽然已经具有一定的控制情绪的能力，但是由于人生观、价值观等还没有定型，情绪不够稳定，会呈现出多变性的特点。此外，大学生的情绪还呈现出心境化的趋势，情绪不会随着刺激的消失而消失，而且持续的时间较长，对生活和学习也会产生一定的影响。比如，一次成功的体验会让自己觉得事事顺心。

3.情绪的外显性与内隐性

由于社会意识的缺乏，大学生不会掩饰自己的真实感受，情绪呈现出外显性的特点，高兴的时候会开怀大笑，悲伤的时候会痛哭流涕，骄傲的时候会盛气凌人。但这也不是绝对的，随着经验的积累，大学生还是会表现出与自己的内心感受不同甚至完全相反的情绪变化。例如，对于不同的人或事，大学生会根据具体的情境决定是否表现出自己的真实情绪。

4.情绪的两极性

某个大学生前一刻因为考试成绩突出而高兴甚至自满，下一刻就因为在班级的竞选中选票不理想而对自己产生了怀疑，觉得自己的人缘不好，甚至开始抱怨别人。大学生的情绪很容易从一个极端直接到达另一个极端。

5.社会性情绪占主导地位

处在青年阶段的大学生，情绪不会轻易受到生理需要的左右，社会性情绪开始占主导地位，如道德感、民族荣誉感等。比如，在奥运会上，每当国歌奏响、国旗升起时，我们总会不自觉地热泪盈眶，为运动健儿欢呼鼓掌。

6.情绪的动机性较强

大学生的行为结果是否达到了预期目标是情绪产生的重要原因。当事情的发展朝着既定的目标前进时，大学生的情绪是积极、愉悦的；当事情的发展与预期目标产生很大偏离时，大学生的情绪是消极、苦恼的。

---

① [1] 卢家楣. 现代青年心理探索［M］. 上海：同济大学出版社，1989：75-77.［2］杨芷英，王希永. 思想政治教育心理学［M］. 北京：首都师范大学出版社，1999：136-138.［3］马剑侠，陈录生，汪庆华，等. 大学生心理健康教育［M］. 开封：河南大学出版社，1999：78-79.

七、健康情绪及其功能

（一）健康情绪的标准

健康情绪指的是情绪具有合理的表达方式和度。专家认为评价标准主要包括以下3个方面：

第一，情绪反应的原因适当、目的明确、表达方式恰当；

第二，情绪反应适时、适度；

第三，积极情绪多于消极情绪。[①]

美国心理学家马斯洛阐述自我实现者的情绪特点时，曾指出健康情绪的6个特征：

①平和、稳定、愉悦和接纳自己；

②清醒的理智；

③适度的欲望；

④对人类有深刻、诚挚的感情；

⑤富于哲理、善意的幽默感；

⑥丰富、深刻的自我情感体验。

（二）大学生情绪的影响因素[②]

1.个体因素

①生理方面，如身体是否健康或者是否存在缺陷等。

②心理方面，如认知方式、气质类型等。

2.环境因素

①家庭，如家庭结构、父母关系、教养方式等。

②学校，如教育方式、学习压力、人际关系等。

③社会，如社会风气、社会政治背景、社会经济背景、社会文化背景等。

（三）健康情绪对大学生的影响

1.学业方面

大学生的情绪具有心境化的趋势，当情绪积极乐观时，学业会有很大的进步；当情绪消极悲观时，学业水平会下降，有的人甚至一蹶不振。大学生要学会并且有意识地调节自己的情绪，使自己处在积极、乐观的正面情绪中。

2.身体健康方面

中医经常告诫人们“怒伤肝，思伤肺”，可见负面情绪不仅影响大学生的学业进步，而且危害我们的身体健康。每个人不可能一帆风顺，当事情没有按照我们预期的想法发展时，我们应调节好自身的情绪，分析事情的成因，找出解决问题的方法，对生活充满希望，让自我的身心得到健康发展。

---

① 辽宁省教委思想政治教育处，整体构建学校德育体系的研究与实验课题组．大学生心理健康导论［M］．大连：大连理工大学出版社，1998：115.

② ［1］廖克玲，杨桂芬．高职院校心理教育教程［M］．广州：广东科技出版社，2007：78-79.［2］王心华，陆毅．大学生心理健康教育［M］．北京：现代教育出版社，2013：188.

3.人际关系方面

当一个人眉头紧锁或者大发脾气的时候，我们一般选择避而远之。同样道理，当我们总是带着不良情绪生活、学习的时候，周围的人也会对我们避而远之。因此，想要与别人健康地交往，我们首先要调整好自己的情绪状态。

八、情绪调节

（一）情绪调节的内涵①

情绪调节就是要使我们的情绪保持合理的表达方式和度，即达到健康情绪的标准。

1.情绪构成成分的调节

情绪的构成成分分为主观体验、生理唤醒和外部行为。情绪调节主要是使这3个方面有适度的变化。

2.正性情绪和负性情绪的调节

情绪分为正性情绪和负性情绪。很多人认为情绪的调节是把负性情绪变为正性情绪，这是错误的。有时正性情绪也需要得到调整。乐极生悲就是一个很好的说明。这也告诉我们情绪没有好坏之分，关键是要在一个适度的范围内。

3.唤醒水平的调节

对情绪唤醒水平的调节，还是需要将其控制在一个适度的范围内。过高或者过低强度的情绪都是需要调节的。与乐极生悲的高唤醒水平相对的是对什么都索然无味、提不起兴趣，这也是需要调节的。

（二）情绪调节的种类

1.内部调节和外部调节②

根据情绪调节是来自个体的内部还是外部，其被分为内部调节和外部调节。内部调节主要是调节个体的生理、心理和行为；外部调节主要是调整个体以外的环境，如人际的、社会的、文化的以及自然的等方面。

2.维持调节、减弱调节和增强调节③

对正性情绪的调节被称为维持调节，就是要使正性情绪维持在一个合理范围内。对负性情绪的调整被称为减弱调节。使某种情绪增强的调节被叫作增强调节。

3.原因调节和反应调节④

原因调节调整的是认知评价。反应调节调整的是情绪成分本身。

（三）情绪调节过程模型⑤

Gross认为情绪调节是一个动态的过程，是在情绪发生的过程中产生的。据此，

① 吴汉荣. 医学心理学［M］. 武汉：华中科技大学出版社，2009：47-48.
② 彭聃龄. 普通心理学［M］. 4版. 北京：北京师范大学出版社，2012.
③ 孟昭兰. 情绪心理学［M］. 北京：北京大学出版社，2005：204-218.
④ 黄敏儿，郭德俊. 原因调节与反应调节的情绪变化过程［J］. 心理学报，2002（4）：371-380.
⑤ 王振宏，郭德俊. Gross情绪调节过程与策略研究述评［J］. 心理科学进展，2003，11（6）：629-634.

他提出了情景选择、情景修正、注意力分配、认知改变、反应调整5个阶段的情绪调节过程模型。

1.情景选择

情景选择是指个体对即将遭遇的人、事或者场合选择逃避或者接近，这对可能产生的情绪有一定的控制作用。

2.情景修正

情景修正是指通过改变引发情绪的情景来改变情绪。在聚会的时候，如果气氛沉闷，则人们会努力通过活动来打破这种沉闷的气氛。

3.注意力分配

注意力分配分为两种：一种是将注意力集中到情绪的某一方面；另一种是将注意力集中到与情绪无关的方面或者离开目前的情景。例如，当大家讨论的话题令你产生不愉快的情绪时，你可以将注意力转移到其他事物上。

4.认知改变

当引发情绪的事件发生时，对事件意义的解释不同，产生的情绪也是不同的。契诃夫说过，当火柴在你的口袋里烧起来的时候，你应该高兴，因为幸亏着火的是你的口袋，而不是火药库。

5.反应调整

当情绪已经被激发的时候，情绪调节就是增强或者减弱情绪的行为表达。例如，生气的时候，你努力平复自己的情绪；参加运动会的时候，你让自己保持高昂的情绪。

（四）情绪调节的方法①

情绪对我们的生活和学习有很大的影响，因此，我们要学会调节自己的情绪，下面介绍了几种具体的调节情绪的方法。

1.合理宣泄

健康的情绪并不是让我们做一个不悲、不喜、不怒的人。当情绪产生以后，我们不能一味地去压抑自己的情绪，而是要找到一个适合自己的方式去发泄出来。对大学生来说，你可以跟你信任的好朋友倾诉，可以进行自己喜欢的户外运动，还可以自己一个人放声大哭。

2.正确地认识自己

我们在做一件事情时肯定会有成功和失败两种结果，成功的时候不要过高地评价自己；失败的时候也不要过低地评价自己。事情的成败不仅有个人自身的原因，还有外在因素的原因。我们要根据事情发生时的内在和外在条件来改变自己的期望。

3.自我暗示

心理学家马尔兹说过，人的神经系统是很“蠢”的，当你习惯想快乐的事情时，你的神经系统会习惯性地令你处在一个快乐的情绪中。所以，不管是在学习还是生活中，我们都要选择一个适合自己的方法积极地进行自我暗示。

① 陈安福．心理教育［M］．成都：四川教育出版社，1994：157，161-164.

4. 注意力分配

当引发情绪的情景无法选择和修正时，我们要学会转移自己的注意力。如果我们一直处在某种情绪当中，不但对事情的进展没有帮助，该种情绪还会弥散到其他事情上。

5. 学习幽默

人们为什么会喜欢听相声，因为在听相声的时间里得到了放松、快乐。但是我们不可能每天都在听相声的时间中度过，这就需要我们自己做自己和他人的“相声演员”——学会幽默。当然，幽默不是你想要就可以马上得到的，这需要我们自己积累生活、学习中的乐趣，保持积极乐观的情绪，给自己和他人带来快乐。

6. 放松训练

我们可以通过一些日常的训练来让自己学会放松。例如，抽出一段时间，选择一个安静、舒适的环境，放松自己身体的每一个部位。心情平静了，身体放松了，情绪自然会回到一个适度的水平。

问题汇总

一、关于情绪的几个误解

1. 只有正性情绪才是好的

很多人都误以为我们应该全面否定负性情绪，这种想法是错误的。每一种情绪的存在都是有它的原因的，引发情绪的事件的性质不同，情绪当然也就不同。你不能去勉强一个考试第一名的人露出沮丧的表情，你更不能让一个刚刚失去至亲的人保持愉悦的情绪。不管是什么样的情绪，我们都要学会积极面对，然后根据具体的情况去调节自己的情绪。

2. 压抑情绪

很多人认为，自己成年了，就应该让自己看起来“稳重”，而“稳重”的表现就是不管是高兴还是悲伤，都不让别人察觉出来，这是错误的。长期压抑自己的情绪不仅会给心理还会给身体机能造成不良影响。

3. 情绪无关紧要

前文已讲情绪对大学生的学业、身体、人际关系等都有很大的影响。我们要关注自己的情绪，正视自己的情绪，并找出表达自己情绪最合理的方法。

二、大学生常见的情绪困扰[①]

（一）抑郁

抑郁是大学生情绪困扰中比较常见的一种。有抑郁情绪的人通常表现出心情低落，兴趣或快感消失。当今社会的大学生，由于社会现实、就业压力等原因，而成了抑郁情绪的高发人群。很多同学无力应对这一系列的压力，严重的甚至会产生轻生的

① 郭玲玲，郭希涛. 大学生心理健康教育教程［M］. 西安：第四军医大学出版社，2010：6-7.

念头。

【温馨小提示】

人在每一个成长阶段都有自己的压力，如果不能很好地应对，导致抑郁情绪的产生，那么我们的身心会受到很大的影响。抑郁情绪的人会变得对什么事情都提不起兴趣、行为懒散，这样会让生活变得更加糟糕，负性情绪也会加重，长此以往，只会造成恶性循环。为了改善抑郁情绪，首先就要改变自己懒散的生活状态。给自己的生活制订一份计划，并不断鼓励自己，让生活变得规律、健康，人的情绪自然也会变好。有抑郁情绪的人不喜欢参加集体活动，我们就要鼓励甚至强迫他们去参加；适应一段时间以后，良好的人际关系、个人的兴趣发展等都会让情绪得到很大的改善。

（二）焦虑

焦虑是对即将发生的事情有不良预期时所产生的一种紧张不安的情绪。对大学生而言，最常见的就是考试焦虑。在接近考场的时候，很多同学会出现心跳加快、手心冒汗、尿频等生理现象，严重的甚至不能参加考试。其实人在面对对自己有重要意义的事件时，焦虑是正常的。很多时候，你会发现适当的焦虑让你有紧迫感，大脑思路灵活，会获得意想不到的好结果。因此，我们要做的是将自己的焦虑保持在一个正常的水平。

【温馨小提示】

焦虑的定义指出，焦虑的产生是因为我们对未来的结果在主观上给予了一个否定的预期。那么，要想改变焦虑的情绪，就要相信自己。在面对使我们不安的突发事件时，我们可以暂时转移自己的注意力，使自己放松。前面我们已经介绍了放松的方法。

（三）易怒

易怒是指当客观事物不能满足人的主观需要时人强烈的情绪反应。易怒的人不能很好地控制自己的情绪，有时在他人看来无关紧要的小事也会让其大发雷霆。愤怒对人的身心有百害而无一利。身体上，易怒的人通常伴有高血压、心脏病等身体疾病；心理上，没有人愿意去接近一个易怒的人，人际关系的缺失会使其产生低落的情绪。此外，大学生的情绪还存在不稳定性和两极性，遇事容易冲动，情绪大起大落。而外在的不良教育等也是大学生产生易怒情绪的重要原因。

【温馨小提示】

自我说服和学会合理地表达是改善易怒情绪比较有效的方法。自我说服，是指改变认知，使自己意识到现实不可能总是按照自己所预期的方向发展。当愤怒情绪开始产生时，要暗示自己愤怒对自己和解决事情没有任何的好处。学会合理表达，是指你可以发泄你的情绪，但是要掌握发泄的场合、对象和分寸等。

（四）嫉妒

嫉妒是个体在人际交往中发现自己不如别人时所产生的不良情绪。进入大学后，大学生会发现，在班级里有很多比自己优秀的人，原来的优越感没有了，取而代之的是焦虑、不舒服等情绪。这种情绪的影响使嫉妒者不是想着通过自己的努力不断地进取，而是通过打击、报复等手段来发泄自己的情绪。嫉妒情绪对人际关系有很大的破坏作用。

【温馨小提示】

培根说过，每个埋头自身事业的人，都是没有时间去嫉妒别人的。人与人之间，肯定各有长短。如果你只是一味地去打击别人，则并不会带来你自身的进步。因此，在我们发现自己的短处时，我们要将嫉妒情绪转化为自己不断进步的动力。当然，有些事情不是你努力就会达成的，你可以静下来，找找自己的长处，让心理状态不会失衡。

（五）自卑

当一个人总是处于自我否定的状态时，他很容易产生自卑的情绪。自卑的人在自己的身上看到的总是缺点。为了避免被人拒绝，自卑的人大多采取逃避的行为。大学生自卑心理产生的原因主要有生理原因、家庭经济原因、个性原因等。

【温馨小提示】

调整自卑情绪，就是要在自己身上找长处，用自己的长处来“补偿”造成自己自卑的短处，学会肯定自己。在“补偿”的过程中，不可避免地会遇到失败，你要学会坦然面对。对有自卑情绪的人来说，一个积极乐观的朋友会成为你的好帮手，受他（她）的影响，你会慢慢面对自己以前不敢面对的事情，对自己和未来也会充满希望。

认识自己

艾森克情绪稳定性测评量表[①]

艾森克情绪稳定性测评量表可以被用于诊断是否存在自卑感、抑郁性、焦虑感、强迫症、依赖性、疑心病症和负罪感。

下面给出210道题，请你逐一在答案纸上回答。你可以在“是（Y）”“否（N）”“不好说（?）”3个答案中选择一个，用铅笔圈出你的选择。你尽量选择“是”和“否”。不要过多地思考每个题目的细微意义，最好根据自己的第一感受来回答。

1.你认为你能像大多数人那样行事吗？

2.你似乎总碰到倒霉事？

3.你比大多数人更容易脸红吗？

4.有一个思想总在你头脑中反复出现，你想打消它，但是办不到？

5.你有想戒而戒不掉的嗜好（如吸烟）吗？

6.你是否总是感觉良好并精力充沛？

7.你常常为负罪感而烦恼吗？

8.你是否觉得有点儿骄傲？

9.早上醒来时，你是否经常感到心情郁闷？

10.即使发愁的时候，你也极少失眠吗？

① 谢小庆，张治灿，杨立谦，等．洞察人生——心理测量学［M］．济南：山东教育出版社，1992：176-193.

11. 你时常感到时钟的嘀嗒声十分刺耳、难以忍受吗？
12. 对于那种看上去你很在行的游戏，你想学会并享受其中的乐趣吗？
13. 你是否食欲不佳？
14. 在你实际上没有错的时候，你是否常常寻找自己的不是？
15. 你常常觉得自己是一个失败者吗？
16. 总的来说，你是否满足于你的生活？
17. 你通常是平静、不容易被烦扰吗？
18. 在阅读的时候，如果标点有错误，那么你是否觉得很难弄清句子的意思？
19. 你是否通过锻炼或限制饮食来有计划地控制体形？
20. 你的皮肤非常敏感和怕痛吗？
21. 你是否有时觉得你所过的生活令你的父母失望？
22. 你为你的自卑感到苦恼吗？
23. 在生活中，你是否能发现许多愉快的事？
24. 你是否觉得你有很多无法克服的困难？
25. 你是否有时强迫自己洗手，尽管你明明知道自己的手很干净？
26. 你是否相信你的性格已由童年的经历所决定，所以无法改变？
27. 你是否时常感到头脑发晕？
28. 你是否觉得你犯了不可饶恕的罪过？
29. 总的来说，你是否很自信？
30. 有时你不在乎将来怎样？
31. 你是否总感到生活十分紧张？
32. 你有时会为一些小事而烦恼吗？
33. 不管别人怎么说，你总按自己的决定行事吗？
34. 你比多数人更容易感到头痛吗？
35. 你常有对自己的所作所为进行忏悔的强烈意愿吗？
36. 你是否常常希望自己是另外一个人？
37. 平时你感到精力充沛吗？
38. 你小时候害怕黑暗吗？
39. 你是否热衷于某种迷信仪式，如避免走路发出的“噼啪”声等诸如此类的不吉利的事？
40. 你觉得控制体重困难吗？
41. 你是否有时感到面部、头部、肩部抽搐？
42. 你是否常觉得别人为难你？
43. 当众讲话是否使你感到很不自在？
44. 你是否曾经无缘无故地觉得自己很悲惨？
45. 你是否常常忙忙碌碌似乎有所求，但实际上不知所求？
46. 你常担心抽屉、窗户、门、箱子等东西是否锁好吗？
47. 你是否相信命运等超自然的力量控制着你的生老病死？
48. 你很担心自己得病吗？

49. 你是否相信此时此刻所得的幸福，最终不得不偿还？
50. 如果可能的话，你将在许多方面改变自己吗？
51. 你觉得自己前途乐观吗？
52. 面对艰难的任务，你是否会发抖、出汗？
53. 上床睡觉之前，你常按程序检查所有的电灯、用具和水龙头关好没有吗？
54. 如果事情出了差错，则你是否常把它们归结为运气不佳，而不是方法不当？
55. 即使你认为自己仅仅是着凉了，你也一定要去看病吗？
56. 你很关心自己是否比周围大多数人都生活得更好吗？
57. 在一般情况下，你是否觉得自己颇受大家欢迎？
58. 你是否有过自己不如死了好的想法？
59. 即使知道对你不会有伤害，你也对一些人或事担惊受怕吗？
60. 你是否小心翼翼地在家里储存了一些食品或粮食，以防粮食短缺？
61. 你是否曾感到有一种坏念头支配着你？
62. 你是否常感到精疲力竭？
63. 你是否做过一些使你终生遗憾的事？
64. 对于你的决定，你是否总是充满信心？
65. 你常感到沮丧吗？
66. 你比其他人更不容易焦虑吗？
67. 你特别害怕和厌恶脏东西吗？
68. 你是否常感到自己是某种无法控制的外力的受害者？
69. 你被认为是一个体弱多病的人吗？
70. 你常常无缘无故地受到责备和惩罚吗？
71. 你是否觉得自己很有见地？
72. 对你来说，事情总是没有希望吗？
73. 你常常无缘无故地为一些不现实的东西担心吗？
74. 在外面如果遇到火灾，你是否先计划怎样逃脱？
75. 做事前，你是否总是设计一个明确的计划而不是碰运气？
76. 你家里有一个小药箱来保存你以前看病剩余的各种药物吗？
77. 如果有人训斥你，你往心里去吗？
78. 你是否常常为一些你做过的事情感到惭愧？
79. 你和多数人一样爱笑吗？
80. 多数时间里你都为某些人或事感到忧心忡忡吗？
81. 你是否会因为东西放错了地方而烦躁难受？
82. 你曾经用扔硬币或类似完全凭概率的方法来作决策吗？
83. 你非常担心你的健康吗？
84. 如果你发生了意外事故，则你是否觉得这是对你的报应？
85. 当你注视自己的照片时，你是否感到窘迫，并抱怨人们总不能公平地对待你？
86. 你常常毫无原因地感到无精打采和疲倦吗？

87. 如果你在社交场合出了丑，你能很容易地忘却它吗？
88. 对于你所有的花销，你都详细地记载吗？
89. 你的所作所为是否常与习俗和父母的希望相悖？
90. 强烈的痛苦感和疼痛感使你不可能把注意力集中在你的工作上吗？
91. 你是否为你过早的性行为而后悔？
92. 你家里是否有些成员使你感到自己不够好？
93. 你常受到噪声的干扰吗？
94. 坐着或躺下时，你很容易放松吗？
95. 你是否很担心在公共场所传染上病菌？
96. 当你感到孤独时，你是否努力去友善待人？
97. 你是否经常为难以忍受的瘙痒而烦恼？
98. 你是否有些不可饶恕的坏习惯？
99. 如果有人批评你，你是否感到非常不愉快？
100. 你是否觉得自己受到生活的不公平待遇？
101. 你很容易为一些意想不到的人的出现而吃惊吗？
102. 你总是很细心地归还借物吗？哪怕钱少得微不足道？
103. 你是否感到你不能左右你周围发生的事情？
104. 你的身体健康吗？
105. 你常受到良心的谴责吗？
106. 人们是否把你作为他们利用的对象？
107. 你是否认为人们并不关心你？
108. 安静地坐着待一会儿，对你来说很困难吗？
109. 你是否常常事必躬亲，而不相信别人也能把它做好？
110. 你很容易被人说服吗？
111. 你的家人是否多有肠胃不适的毛病？
112. 你是否觉得荒废了自己的青春？
113. 你是否喜欢提一些关于你自己作为一个人的价值的问题？
114. 你常常感到孤独吗？
115. 你过分地担心钱的问题吗？
116. 你宁愿从马路旁的栏杆下钻过去，也不愿意绕道而行吗？
117. 你感到生活难以应付吗？
118. 当你不舒服时，别人是否表示同情？
119. 你是否觉得自己不配得到别人的信任和友情？
120. 当人们说起你的优点时，你是否觉得他们在恭维你？
121. 你是否认为自己对世界有所贡献并过着有意义的生活？
122. 你是否很容易入睡？
123. 你不拘小节吗？
124. 你所做的多数事情都能使他人愉快吗？
125. 你长期便秘吗？

126.你是否总是考虑过去发生的事情，并惋惜自己没能做得更好？
127.你是否有时因害怕别人的嘲笑或批评而隐瞒自己的意见？
128.你觉得世界上没有一个爱你的人吗？
129.在社交场合中，你很容易感到窘迫吗？
130.你是否把废旧的物品留着，以便将来派上用场？
131.你相信你的未来掌握在你的手中吗？
132.你曾经神经衰弱吗？
133.你内心是否隐藏着某种内疚，而担心总有一天必定被人知道？
134.在社交场合你是否感到害羞，并且自己意识到这种害羞？
135.你认为把一个孩子带到世界上来是一件很难的事吗？
136.如果事情没有按照预定的计划进行，则你是否会感到手足无措？
137.房间里很乱时，你是否感到不舒服？
138.你是否和别人一样有意志？
139.你常感到心悸吗？
140.你相信恶有恶报吗？
141.与你遇到的人相比，你是否感到自卑，尽管客观上你并不比他差？
142.一般来讲，你是否成功实现了你的生活目标？
143.你常为噩梦惊醒并吓出一身大汗吗？
144.若别人的狗舔了你的脸，你感到恶心吗？
145.由于总受一些事情干扰，你不得不改变计划，因此，你觉得制订计划是浪费时间吗？
146.你总担心家里人会生病吗？
147.如果你做了某些受到谴责的事，你是否能很快地忘掉，并放眼未来？
148.通常你觉得你能实现你想要达到的目标吗？
149.你很容易伤感吗？
150.当你和别人谈话，并想给人留下深刻的印象时，你的声音是否会变得颤抖？
151.你是不是那种万事不求人的人？
152.你更喜欢那种由他人决策，并告诉你该怎么做的工作吗？
153.甚至在天气暖和时你也时常手脚冰凉吗？
154.你常通过祈祷来请求得到宽恕吗？
155.你对你的相貌感到满意吗？
156.你是否觉得别人老是碰到好运气？
157.在紧急情况下你能保持镇静吗？
158.你是否把所有的约会和同一天所必须做的事都记在本上？
159.你是否感到在生活中变换环境是徒劳的？
160.你常感到呼吸困难吗？
161.听到不入流的故事，你感到窘迫吗？
162.对于你不喜欢的人，你是否保持缄默？
163.你感到有很长时间你无法驾驭你周围的环境吗？

164. 当你想到自己所面临的困难时，你是否觉得紧张和不知所措？
165. 拜访别人时，进门之前，你是否总要整理一下头发和衣服？
166. 你是否常常觉得难以控制你的生活方向？
167. 你是否认为因轻微的不舒服，如咳嗽、感冒去看病是浪费时间？
168. 你是否时常感到好像做错了什么事情，尽管这种感觉没有确切的依据？
169. 你是否觉得为了赢得别人的关注和称赞而做事非常困难？
170. 回首往事，你是否觉得受到了欺骗？
171. 受到羞辱会使你难受很长时间吗？
172. 和别人说话时，你是否总是试图纠正别人的语法错误，尽管礼貌上可能不允许这样做？
173. 你是否觉得现在的事情如此变化莫测，以至于简直找不到规律？
174. 如果你得了感冒，你是否马上上床休息？
175. 你是否由于你的老师没有充分备课而对他感到失望？
176. 你是否常常把自己设想得比实际好？
177. 你和别人一样生活得快乐吗？
178. 你能够通过描述自己来认识别人吗？
179. 你是否把自己描述成一个完美的人？
180. 你总是有明确的生活目标吗？
181. 早上你是否常常看看你舌头的颜色？
182. 你是否常在回忆过去时，觉得自己以前对待别人太不好？
183. 你是否觉得你从来没有做过任何好事？
184. 你是否觉得自己是生活中多余的人？
185. 你是否为可能发生的事而操不必要的心？
186. 当烦恼的事情使你无法入睡时，你是否按照习惯离开睡床？
187. 你时常觉得别人在利用你吗？
188. 你每天都称体重吗？
189. 你是否期望自己的罪过被惩罚？
190. 你是否常常怀疑你的性能力？
191. 你的睡眠通常是不规则的吗？
192. 你是否常常无缘无故变得非常激动？
193. 保持整洁有序对你来说是至关重要的吗？
194. 你是否有时受广告的影响而买一些实际上并不想要的东西？
195. 你是否常常为噪声而烦恼？
196. 如果在人际交往中遇到挫折，你总是责备自己吗？
197. 你有起码的自尊心吗？
198. 即使你和其他人在一起时，你也常常感到孤独吗？
199. 你曾经觉得你需要使用一些镇静剂吗？
200. 如果你的生活日程被一些预料之外的事情所打乱，你感到非常不快吗？
201. 你是否通过占卜算卦来预测自己的未来？

202. 你是否觉得有块东西堵在喉咙里？
203. 你是否有时对你自己的性欲望和性幻想感到厌恶？
204. 你认为你的个性对异性有吸引力吗？
205. 在多数时间里，你内心感到宁静和满足吗？
206. 你是一个神经质的人吗？
207. 你是否常常花大量的时间来整理书籍，这样你可以在需要的时候知道它们在哪儿？
208. 你是否总是由别人来决定你看什么电影或电视节目？
209. 你有过忽冷忽热的感觉吗？
210. 你能很容易地忘记你所做过的错事吗？

【测评分析】上面210道题中包含7个分量表，每30道题一个量表，分别从自卑感、抑郁性、焦虑感、强迫状态、自主性、疑心病症和负罪感7个方面评价一个人的心理健康状态。

根据表6-1给出的7个分量表记录分值。表中的数字是问卷中的题目号，题号后的"+"号表示该问题的回答为"是"，"-"号表示该问题的回答为"否"。回答一致的，得1分；回答不一致的，得0分；回答"不确定"的，得0.5分。将各题得分加起来，就是你在该分量表上的得分。

表6-1　　量表汇总表

（1）自卑感					
1+	43-	85-	127-	169-	高分者：对自己及自己的能力充满自信，认为自己是有价值的、有用的人，并相信自己是受人欢迎的。这种人非常自爱，自高自大 低分者：自我评价低，自认为自己不被人喜欢
8-	50-	92-	134-	176-	
15-	57+	99-	141-	183-	
22-	60+	106+	148+	190-	
29+	71+	113-	155+	197+	
36-	78-	120-	162-	204+	
（2）抑郁性					
2-	44-	86-	138+	170-	高分者：欢快乐观，情绪状态良好，对自己感到满意，对生活感到满足，与世无争 低分者：悲观厌世，易灰心，心情抑郁，对自己的生活感到失望，与环境格格不人，感到自己在这个世界上是多余的
9-	51+	93-	135-	177+	
16+	58-	100-	142+	184-	
23+	65-	107-	149-	191-	
30+	72-	114-	156-	198-	
（3）焦虑感					
3+	45+	87-	129+	171+	高分者：容易为一些小事而烦恼焦虑，对一些可能发生的不幸事件存在毫无必要的担忧，杞人忧天 低分者：平静、安详，并且对不合理的恐惧、焦虑有抵抗能力
10-	52+	94-	136+	178+	
17-	59+	101+	143+	185+	
24+	66-	108+	150+	192+	
31+	76+	115+	157-	119+	

(4) 强迫状态					高分者：谨小慎微，认真仔细，追求细节的完美，规章严明，沉着稳重，容易因脏污不净、凌乱无序而烦恼不安 低分者：不拘礼仪，随遇而安，不讲究规则、常规、形式、程序
4+	46+	88+	130+	172+	
11+	53+	95+	177+	179+	
18+	60+	102+	144+	186+	
25+	67+	109+	151+	193+	
32+	74+	116-	158+	200+	
(5) 自主性					高分者：自主性强，尽情享受自由自在的乐趣，很少依赖别人，凡事自己做主，把自己视为命运的主人，以现实主义的态度去解决自己的问题 低分者：常缺乏自信心，自认为是命运的牺牲品，易被周围其他人或事件所摆布，趋附权威
5-	47-	89+	131+	173-	
12+	54-	96+	138+	180+	
19+	61-	103-	145-	187-	
26-	68-	110-	152-	194-	
33+	75+	117-	159-	201-	
40-	82-	124-	166-	208-	
(6) 疑心病症					高分者：常常抱怨躯体各个部分的不适感，过分关心自己的健康状况，经常要求医生、家人及朋友对自己予以同情 低分者：很少生病，也不为自己的健康状况而担心
6-	48+	90+	132+	174+	
13+	55+	97+	139+	181+	
20+	62+	104-	146+	188+	
27+	69+	111+	153+	195+	
34+	76+	118+	160+	202+	
41+	83+	125+	167-	209+	
(7) 负罪感					高分者：自责、自卑，常为良心的折磨所烦恼，不考虑自己的行为是否真正应受到道德的谴责 低分者：很少有惩罚自己或追悔过去行为的倾向
7+	49+	91+	133+	175+	
14+	56+	98+	140+	182+	
21+	63+	105+	149-	189+	
28+	70-	112+	154+	196+	
35+	77+	119+	161+	203+	
42+	84+	126+	168+	210-	

计算完每个分量表的得分后，可以参照表6-1中的文字说明来解释分数的含义。同时，你通过表6-2可以看出自己的个性特点。

表6-2　**个性特点分析表**

个性特点	情绪不稳定性	情绪适应性	个性特点
自卑感	6~21	22~30	自尊感
抑郁性	7~22	23~30	愉快
焦虑感	30~16	15~1	安详
强迫状态	25~10	9~1	随意性
依赖性	5~20	21~29	自主性
疑心病症	21~6	5~1	健康感
负罪感	23~8	7~1	无负罪感

阳光训练

训练1

培养幽默感[①]

情绪有正性与负性之分。有些正性情绪，如乐观、幽默可以激发人的创造力，而许多负性情绪，如痛苦、焦虑、恐惧则会阻碍人创造力的发挥。我们每个人都可能有因成功或失败而导致情绪波动的经历。下面这个游戏可以让你体验情绪在问题解决中的强大作用，更可以训练你的幽默和乐观的情绪。

这个游戏要求你和一些同学一起做，而且要求你偏离你一贯的社会行为。游戏的内容是要你学动物园里动物的叫声。

下面决定你要学的动物是什么，每个人姓氏汉语拼音的第一字母与之对应的动物名称分别是：

（1）A~F——狮子；

（2）G~L——海豹；

（3）M~R——猩猩；

（4）S~Z——热带鸟。

现在你选择一个伙伴（最好在这些同学中挑一位不太熟悉的人作为伙伴），彼此盯着看，目光不能转移，同时用嘴大声学动物叫，至少10秒钟。

【思考】

（1）在这个简单的游戏中，你的感觉如何？

____

____

（2）你是否感到既幽默有趣又有些尴尬？

____

____

【小结】这个游戏尽管开始时大家会感到不自在，但结束时教室会充满笑声。不管你模仿的动物是什么，你看起来都是傻乎乎的。你是否注意到好玩和幽默的情绪有助于你在这个游戏中创造性地发挥，使你灵机一动，模仿出种种出人意料的叫声，获得满堂喝彩，或者逗得大家捧腹大笑？在游戏中，感到尴尬的心理使你羞于开口吗？假如你有幽默感，学动物叫就更容易开口。正性、乐观的情绪是创造力的催化剂。因此，在最困难的时候，我们不要忘记幽默可以使自己保持乐观。

训练2

情绪和压力管理团体辅导方案

情绪是人心理活动的基本内容之一。大学生处于人格发展的完善阶段，身心发展和生活环境有其独特性，自我控制和自我调节能力还有待提高，社会期望值高，竞争压力大，这就使他们易受紧张情绪的困扰，表现出自卑、焦虑、嫉妒、抑郁、挫折等

① 覃卓颖，张鑫．心理自疗［M］．长春：吉林人民出版社，2002：424-425.

不良情绪状态。这些负性情绪如果强度过大、次数过多、持续时间过长，会直接影响到身体健康和心理行为的变化。学习合理、科学的情绪及压力应对方式，将有助于保持大学生的良好情绪，以积极方式应对不良情绪，维护身心健康发展。

一、辅导目标

（1）学生能认识情绪的意义并觉察自己的情绪。

（2）学生能接纳自己的正、负性情绪及了解自己惯有的宣泄方式。

（3）学生能以适当的方式表达情绪。

（4）学生能了解信念与情绪的关系，并使用合理信念来管理情绪。

二、辅导简案

（1）暖身活动：介绍团体的主题与目的。

（2）情绪ABC：可将理性情绪疗法简介材料复印发给大家阅读，然后作简单讨论。

（3）我要怎么说出口：情绪假不了——放松心情，活跃气氛，体会不能自然流露自己情绪的难过心情；情绪高手——学习遭遇情绪的处理方式；信念签——学习分辨合理及不合理的想法。

（4）做健康快乐的人：互相勉励，建立联系，团体解散。

三、具体活动举例

1.心情故事

教师叙述一个假设情境，两个人结伴打球，对于打球的输赢有不同的看法，因而也导致了不同的情绪。问同学如果他是主角之一，他在输球和赢球的情景下，各会有什么样的情绪。学生分享完后，教师以这个故事为例，说明何者为事件、想法、结果（情绪），并告诉学生不同的想法，可能会有不同的情绪。教师拿出准备好的事件、想法、结果流程的海报纸，再告诉学生这三者的顺序。

2.喜怒有因

拿出10个生活上的例子（如下），让学生按照刚刚所学的概念，说出何者为事件、想法、结果（情绪）。对学生的答案，教师给予引导，并回馈，教师再作整理。例子如下：

（1）真是难过啊！

（2）早上出门却下起雨来。

（3）我一定是太笨了！

（4）我必须把每一科都考好。

（5）我觉得很高兴。

（6）书包丢了。

（7）我是一个不受欢迎的人。

（8）真是沮丧。

（9）和好朋友吵架了。

（10）每一个人都觉得数学很难。

3.情绪假不了

让同学们每个人准备一个笑话。首先，询问所有学生笑话准备的情况，确定后说明活动进行的方式，将学生分为两组，每组轮流派出代表说笑话；说的时候，另一组学生必须皱眉聆听，不可有任何发笑的姿态，同组其他学生可担任纠察员，观察对方是否始终保持皱眉，结束后两组交换进行。最后，请学生分享活动进行过程中的感受。

4.情绪高手

情绪是很难假装的，让学生思考自己遭遇情绪的处理方式。提供给学生一些具体的情境事例，让学生分小组以角色扮演的方式练习情绪的表达。教师总结所讨论到的情绪宣泄方式，说明应注意的事项及表达时机。

5.信念签

要求学生把想法写下来，做成签，然后放到一起。教师抽一个签，请学生分辨其为合理的想法还是不合理的想法，如果认为是合理的想法，不必举手；如果认为是不合理的想法，请举手，并说明哪里不合理。

资料来源　孔燕．微笑成长：大学生心理健康教育案例［M］．合肥：安徽人民出版社，2003：113-116.

训练3

唤起你的愉快情绪

活动一：镜子活动

【目标】让学生明白假装有某种情绪会真的产生某种情绪，掌握镜子技术。

【准备】学生分成两人一组，相对而坐。

【操作】

（1）学生两人一组，甲学生做出各种愉快的表情，乙学生作为镜子模仿甲的各种表情。时间为2分钟左右。

（2）双方互换角色。

（3）学生围绕刚才的活动讨论分享。

①看到“镜子”的表情，你有什么感受？

②情绪可传染吗？

③在努力做各种愉快表情时，你的情绪有变化吗？

（4）学生发言，教师小结。心理学研究表明，我们假装持有某种心情，并模仿某种心情会有的行为，往往能帮助我们真的获得这种心情。因此，每天早上起床后我们对着镜子笑一笑，告诉自己“今天会有个好心情”，往往会为我们带来一天的好心情。即使没有镜子，也可利用镜子技巧，使自己脸上露出很开心的笑容来，挺起胸膛，深吸一口气，然后唱一段歌曲，或吹一小段口哨，或哼哼歌，记住自己快乐的表情。

活动二：发现快乐

【目标】让学生明白只要我们善于发现，生活中就到处充满快乐。

【准备】准备3份小礼品。

【操作】

（1）请学生回想最近两周令自己开心的事件，在笔记本上列出自己的“快乐清单”，每人至少列出10项。

（2）请部分学生读出自己的快乐清单。

（3）请学生快速阅读“幸福阳光”中的《美国年轻人眼里的开心时刻》，对照自己的“快乐清单”。

（4）小组脑力激荡法：在同学的“快乐清单”及短文的启发下，大家开动脑筋再尽可能多地寻找快乐，每个小组请一位同学作记录，完成小组的快乐清单。

（5）以小组为单位读出小组的快乐清单，给想得最多的3个小组发礼品。

（6）教师小结：生活中不缺少快乐，只是缺少发现。

（7）教师出示一份如下的“情绪宣言”模板，让学生参考写一份符合自己实际情绪的宣言，每天早上（特别是心情不爽时）大声读出。

教师的情绪宣言模板：

今天我要学会控制情绪！弱者任思绪控制行为，强者让行为控制思绪。

每天醒来，当我被悲伤、失败的情绪包围时，我就这样与之抗争：

沮丧时，我引吭高歌；

悲伤时，我开怀大笑；

病痛时，我继续工作；

恐惧时，我勇往直前；

不安时，我提高嗓音；

力不从心时，我回想过去的成功；

自轻自负时，我想想自己的目标。

资料来源　广东省教学教材研究室. 高中生心理健康教育教师用书［M］. 2版. 广州：广东教育出版社，2004：92-94.

幸福阳光

美国年轻人眼里的开心时刻

1. 异性一个特别的眼神。

2. 在一条漂亮的路上开车。

3. 听收音机里播放自己最喜欢的歌曲。

4. 躺在床上静静地聆听窗外的雨声。

5. 发现自己想买的衣服正在降价出售。

6. 被邀请去参加舞会。

7. 在浴缸的泡沫里舒舒服服地洗个澡。

8. 傻笑。

9. 一次愉快的谈话。

10. 有人体贴地为你盖上被子。

11. 在沙滩上晒太阳。

12.在去年冬天穿过的衣服里发现20美元。

13.午夜时和心上人煲电话粥。

14.在细雨中奔跑。

15.没有任何理由地开怀大笑。

16.开了一个绝妙幽默的玩笑。

17.有很多好朋友。

18.无意中听到别人正在称赞你。

19.醒来时发现还有几个小时可以睡觉。

20.自己是团队的一分子。

21.交新朋友或和老朋友在一起。

22.与室友彻夜长谈。

23.甜美的梦。

24.见到心上人时有“心头撞鹿”的感觉。

25.赢得一场精彩的棒球或篮球比赛。

26.朋友送来家里自制的甜饼和苹果派。

27.看到朋友的微笑，听到他们的笑声。

28.第一次登台表演，既紧张又快乐的感觉。

29.偶尔遇见多年不曾谋面的老友，发现彼此都没有改变。

30.送给朋友一件他一直想要得到的礼物，看着他打开包装时的惊喜表情。

仔细琢磨一下，快乐真的就这么简单。只要你用心活着，用心去感受，很多时刻都是你的开心时刻。

资料来源　许海妹．美国年轻人眼里的开心时刻［J］．黄金时代，2001（2）：41-43.

学思践悟

你的情绪我疏导

党的二十大报告提出：“完善社会治理体系。健全共建共治共享的社会治理制度，提升社会治理效能。”习近平总书记指出：“各级党委和政府要把加强和创新社会治理摆到更加突出的位置。”“加快形成社会治理人人参与、人人尽责的良好局面。”因此，我国各地政府需要运用先进的理念、科学的态度、专业的方法、精细的标准来开发和提升社会治理效能的新做法、新实践。

一、采集情绪，四种标准分类

银川市智慧城市管理指挥中心12345便民服务中心（以下简称“便民服务中心”），是市民向政府部门反映情况并提出投诉建议的主要渠道之一。考虑到热线电话往往是民意的“集中区”，自2017年5月1日起，便民服务中心开展市民诉求情绪分析，在接听市民电话、解决问题的同时，把市民拨打电话时的情绪状况也采集录入系统，试图通过对市民诉求情绪进行大数据分析，用新技术手段来推动和改进公共服务、公共管理，让社会治理工作向着精细化和科学化的方向发展。

经过专业培训的接线员将投诉人的情绪分为“平和、低落、激动、失控”四档：

对态度较好、使用礼貌用语的视为“平和”；表现出不满，但是声调、语速没有过大起伏，没有恶语相向的，算作“低落”；语气强烈不满，表现出急躁、焦虑等，可视为“激动”；还有少数人，扬言要做出某些过激行为，这就属于“失控”了。工作人员采集情绪后作出数据分析，为政府决策提供依据。

二、分析情绪，直指民生热点

便民服务中心对电话号码查询、综合业务、失物招领、客运管理、供水问题、噪声扰民等六类热点问题诉求，进行了市民诉求情绪统计。平台界面显示，市民对电话号码查询服务的态度最为平和，满意度也较高；对交通管理、学生就学、住房保障以及物业管理等综合业务的低落情绪最多，也容易出现激动、失控的情绪。

对于故意、反复宣泄情绪的来电，如果之前有过多次投诉，则会根据相关部门反馈的投诉结果，进一步解释说明。如果市民没有投诉，单纯进行情绪宣泄的，则会尽量安抚，引导市民不要占用公共热线资源。接线员作为政府疏导市民情绪的第一道窗口，遇到问题后首先态度上和风细雨，同时要尽力解决问题、快速联系相关部门。绝大多数市民经过疏导降温，都是讲道理的。

三、运用数据，改进公共服务

一家名为“永宁县蓝山置业有限公司”的单位集中了众多投诉，其中市民表现出“低落”“激动”情绪的比例较高。据平台运行以来的数据显示，目前与这家公司相关的投诉共684例，主要反映水、电、天然气、供热、电梯质量、房屋质量、垃圾清理等问题。

永宁县多个小区都是蓝山置业有限公司所开发，由于开发商资金链断裂造成小区无法完工，电梯、消防、监控等基础设施均未完善，物业管理不到位，给居民入住造成了极大困难。

“市民就同一事项集中投诉，且人员众多，不良情绪多，经分析，中心认为应该引起各部门重视。我们也就此事专门给永宁县政府提交了报告。”王芊表示，“在采集市民诉求时的情绪后，研究人员会对情绪数据进行大数据分析，指挥中心将重点处理容易引起极端情绪的诉求，从而对堵点进行专门的调研和疏导。”

“在掌握引起市民不良情绪的规律后，还可以根据大数据显示的问题，有针对性地提高职能部门服务管理水平。”王芊说，情绪采集的数据样本量足够大后，将作为政府的决策参考依据之一。一些诉求集中的单位，在归因和区分责任后，将影响其年度考核。

四、完善提升，更要协同发力

市民诉求情绪大数据收集是一项有益的实践创新，在此基础上可进一步探索，推动提升社会治理效能。

政府部门应当从诉求者的情绪反应中反省公共服务、公共管理存在的不足和缺陷，并努力改进服务管理工作，这是进行情绪数据分析的根本目的。

对于情绪数据也要以科学精神进行具体分析。诉求情绪与诉求的问题有直接关系，但情绪只是反映了一种心理，毕竟与理性认识是有区别的，所以情绪与现状也不是简单的正相关关系，不能把情绪当作观念和认识，对情绪的分析也不能完全代替其他方式的调查研究。

加强跨部门协同至关重要。市民热线的数据需要更好地同其他数据相关联，利用大数据去辅助管理决策。比如，可将市民热线数据同辖区或街区情况、投诉人信息、相关部门资料等结合起来，为更加全面地“导航”社会治理提供全方位支持。

资料来源　刘峰．你的情绪我疏导［N］．人民日报，2018-04-04（4）．

拓展阅读6-1　　拓展阅读6-2

第七章

善于交际是成功的基石
——人际交往能力的培养

如果你是对的，就要试着温和而巧妙地让对方同意你；如果你错了，就要迅速而勇敢地承认，这远比自我辩护更加有效。

——卡耐基

对众人一视同仁，对少数人推心置腹，对任何人不要亏负。

——莎士比亚

阳光心态

社会交往剥夺实验①

长期与社会隔离，即所谓的"关系剥夺"或"社会交往剥夺"，会使人丧失很多能力。

美国心理学家沙赫特（S. Schachter）曾作过一个"人际剥夺"的实验：他以每小时15美元的高薪招募应聘者到他设计的一个小房间里去居住，房间内有一桌、一椅、一床、一凳，此外别无他物。一日三餐由其他人通过门底部的小洞口递入。一个人住进这个房间后即与外界完全隔绝，没有网络、报纸、电话，不准写信，听不到外界的声音，当然更找不到人聊天。每天只供应饮食、水等必需的生活用品。先后有5个人应聘参加了这个实验。应聘者居住的时间越长，得到的报酬越多。

实验的结果是：1个应聘者在小房间里待了2小时，3个应聘者待了2天，只有1个应聘者待了8天。这个待了8天的人出来以后说："如果再让我在里面多待1分钟，我就疯了。"

也有心理学家曾作过一个"交往剥夺"的实验，实验的内容是把参加实验的应聘者放在百米深的洞穴里独自生活。结果发现应聘者在洞穴中单独生活了156天以后，精神面临崩溃状态，神情呆滞，冷漠无情，举止失常。实验证明，没有一个人愿意与其他人隔绝，人们都害怕孤独，可见交往对人是十分重要的。

---

① [1] 辛立洲. 大学生社会学 [M]. 南宁：广西科学技术出版社，1988：225. [2] 傅立强，刘跃发. 冲出苦恼的旋涡——写给青年朋友的136封信 [M]. 沈阳：辽宁大学出版社，1988：96.

【思考】这个故事给你哪些启发？

阳光殿堂

具有社会性的人离不开与别人的交往。就像吃饭、睡觉一样，人际交往也是人的一种需要，良好的人际关系是人生存和发挥才能的基础和条件。进入大学之后，大学生们面临着新的环境、新的群体，重新整合各种关系、处理好与交往对象的关系便成为他们新的生活内容的一部分。良好的人际关系不仅是大学生心理健康水平、社会适应能力的重要指标，也是其今后事业发展与人生幸福的基石。①

一、人际交往的含义和特点

社会学里把人际交往称为社会互动，人际关系就是互动关系。自从齐美尔（G. Simmel）在1908年出版的《社会学》中最早提出"社会互动"后，许多社会学家和社会心理学家都对互动进行了广泛、深入的研究。国内学者郑杭生认为：社会互动是指社会上的人与人、群体与群体之间通过信息的传播而发生的相互依赖的社会交往活动。国外最主要的理论观点有以米德（G. H. Mead）为代表的符号互动论和以霍曼斯（G. Homans）、布劳（P. M. Blau）为代表的社会交换论。现代学者们认为人际交往是人与人之间通过某种方式相互沟通的行为。

人际交往是人与人之间最基本的交往。人们运用语言、动作进行联系，通过互相接触、互通信息、互相交流，达到彼此表达思想、交换意见、沟通情感、满足需要等目的，从而增进相互了解，增进友谊，和谐合作，促进事业成功。

大学生人际交往是指大学生之间以及大学生与其他人之间沟通信息、交流思想、表达感情、协调行为的互动过程。大学生的人际关系表现为大学生在学习、生活、兼职工作等过程中发生的与他人之间的心理关系，对其日常学习生活、身心健康、全面发展有着重要的影响，还直接影响其能否适应现代社会、取得事业的成功。

大学生是人类社会的一个特定的群体。从成长过程来说，他们正处于从学校走向社会的过渡时期；从心理发展来说，他们处于走向成熟却未真正成熟的阶段，处于心理断乳的关键期；从生活环境来说，校园相对单纯的内部环境和社会相对复杂的外部环境交织在一起，构成了大学生所处的特殊环境。此外，现在的大学生大多数是独生子女，考虑问题常常以自我为中心。这些使得大学生人际交往具有其自身的特点。

当代大学生的人际交往表现出以下特点：

①从交往心理上看，属于主动追求开放式交往，交往意识增强；

②从交往方式上看，以寝室为中心，社会工作交往和网络交往占主导，新兴交往方式在其生活中很普遍；

③从交往范围和内容上看，在校内，无论是班级、年级，还是专业、性别等，都

① 武文军，肖欢，万唯佳．大学新生人际交往研究综述［J］．广西青年干部学院学报，2007（2）：28-29.

不会成为大学生交往的障碍，而且大学生正在努力地把自己的交往领域扩大到校外；

④从人际交往的目的看，大学生的情感型交往和功利型交往并重；

⑤从交往效果看，大学生对自己社交能力和人际关系环境的评价不高，虽然从心理上积极主动地去与他人交往，并且很注意学习人际交往知识和技巧，但实际效果并不理想。①

二、大学生人际交往的作用

（一）有助于大学生的身心健康

人际关系紧张的人，不但事业受阻，而且心情不好，容易陷入极大的痛苦中。大部分人的心理危机状况往往与缺乏正常的人际交往有关。能否形成良好的人际关系，对大学生的身心健康和个人发展有着重要的影响，能否建立和拥有和谐的人际关系是当代大学生人际交往能力的重要标志。如果大学生在学校里能与同学、老师和朋友保持良好关系，他们便会感到被人接纳、理解、尊重。这不仅有助于其提升自我价值感，而且能使其保持积极、良好、愉快的情绪，促进兴趣的发展、思维的活跃，由此更加积极地投入到学习当中。如果人际关系失调，则大学生会产生负性情绪，挫折感加剧，心情抑郁、沮丧，产生心理疾病，由此影响身体健康和学业发展。

（二）有助于大学生学习知识和完善人格

随着我国信息化技术的进步，大学生在交往的过程中会不断地接受来自各方的信息，合理地吸收这些信息对其学习也会起到积极的作用。书本上的知识往往是有限的，通过人际交往可以获取书本上没有的知识。在人际关系融洽的环境里生活，人们往往拥有积极的心态，注重学习与成就，乐于与人交往、帮助他人。良好的人际交往有助于大学生弄清“我是谁”“在别人心中我是谁”，找准自己在人际交往中的角色，通过交往对象帮助自己建立和强化自我认识，从而促进人格的完善。

（三）有助于大学生走向社会

进行人际交往是每个人的必经之路，也是帮助人们走向社会的有效途径。当代大学生只有在人际交往的过程中不断提升自己的社会知识和技能，从中获取社会生活的资格，并且通过个体之间的合作，才有可能实现自己的人生梦想。大学生在人际交往中只有学会平等相处，学会自立于社会，得到社会的认可，才可能成为一个出色的社会化的人。

三、人际关系的类型②

根据不同的分类标准和方法，如根据人际交往的内容、交往主体的情况、人们对人际交往的需求等，人际关系可以被划分为不同的类型。

根据人际关系联结的纽带来划分的人际关系的基本类型是：

---

① 桑伟林. 大学生人际交往能力培养研究——以山东大学为例［D］. 济南：山东大学，2010.

② ［1］李全民. 大学生思想品德修养学［M］. 北京：航空工业出版社，1987：228-229. ［2］中国百科大辞典编委会. 中国百科大辞典［M］. 北京：华夏出版社，1990：272.

①血缘关系，指因血缘联系和婚姻联系而形成的人际关系。

②地缘关系，指以地理位置为联结纽带，由于在一定的地理范围内共同生活、活动和交往而产生的人际关系。

③趣缘关系，指人们在社会生活中出于情趣相投而交往并建立的人际关系。

④业缘关系，指以职业、行业、专业或事业为纽带而结成的人际关系，其中影响最大的是上下级关系、师生关系、同事关系、同学关系等。

四、人际交往的阶段[①]

尽管人际关系的建立在形式上是多种多样的，有的是自幼为邻，有的是十年同窗，有的是志趣相投，有的是同甘共苦……但是，从互不相识到形成友谊，一般要经历以下3个逐渐深化的过程：

（一）觉察阶段

觉察是人际关系发展的前提，谁也不会生下来就有朋友，总是从互相以对方作为知觉和交往对象开始的。在茫茫人海之中，有的人对面相逢，有的人擦肩而过，由于没有交往的动机，没有特别注意，所以在彼此的脑海中没能留下深刻的印象。只有一方已觉察到另一方的存在，并有了较为深入的知觉和判断，才说明有了结交的表示，才能有面对面的交往。

（二）表面接触阶段

这是人与人之间最为普遍的关系。例如，一般同学、同事和邻居，虽然经常见面，经常打交道，但仅此而已，来则聚之，去则散之，只是角色性接触，而无进一步感情上的融合。

（三）亲密互惠阶段

经过一个阶段的交往，人们彼此从了解到熟悉，从熟悉到主动热情地关心和帮助对方，形成亲密互惠的关系。这种关系可分为3种水平：

1.合作水平

如科研团体的成员、业余兴趣小组的成员、同班同学、同一教研组的老师等，这种以共同行为联结起来的人际关系，感情的依赖性不是很强，分开后可能就彼此淡漠了，只是在共同活动过程中能够融洽相处。

2.亲密水平

双方情感的依赖性较强，但内心沟通不足。双方不仅共同活动，平时也常在一起相处，不分彼此，在一起生活、学习和工作感到很愉快；分开时，彼此惦念，久不见面会十分想念。

3.知交水平

彼此在对方心目中占有极高的地位，无话不谈，引为知音，心心相印。双方不仅有着强烈的情感依恋，而且在对事物的观点、态度、志向、目标上都趋向一致，外力

① 王承璐．人际心理学［M］．上海：上海人民出版社，1987：120-122.

很难拆散。

《孟子·万章下》里说："人之相识，贵在相知；人之相知，贵在知心。"这是人际关系的最高境界。

五、人际交往的原则与技巧

（一）人际交往的原则①

1. 平等的原则

人际交往首先要坚持平等的原则。无论是公务还是私交，都没有高低贵贱之分，要以朋友的身份进行交往，才能深交。平等是达到最佳交往效果的桥梁。阿伦森（E. Aronson）的研究表明，人际关系的基础是人与人之间的相互重视、相互支持，对于真心接纳我们、喜欢我们的人，我们也更愿意接纳对方，愿意同他们交往并建立和维持关系。一个人无论有多大的成就，他在人格上与任何人都是平等的。只有尊重自己、尊重他人的人，才能得到别人的尊重，从而真正拥有自我的尊严。

2. 真诚的原则

真诚一般指的就是真实、诚恳，没有虚假。它是人际交往中的良好心态之一。待人接物要以诚为本，能否以诚待人是衡量朋友质量的一个主要标准。大学生要认识到，许诺是非常郑重的行为，对不应办或办不到的事情，不能轻易许诺，不要碍于面子答应，之后又无法兑现承诺。只有以诚相待才可以使自己在人际交往中随时获得别人的信任，并把那些具有同样优秀品质的人吸引到自己身边，建立无须伪装自己的轻松、愉快的社交圈。

3. 互助的原则

互助是指交往双方互相满足需要。人际交往是一种双向行为，故有"来而不往，非礼也"之说，只有单方获得好处的人际交往是不能长久的。只有当各自的需求与对方所具备的条件正好成为互补关系时，双方才会产生强烈的吸引力。首先，互助要出于真诚，这是一种崇高的道德力量，是纯洁友谊的内容；其次，互助要注重双向性、互利性。

4. 信用的原则

交往离不开信用。信用是指一个人诚实、不欺、信守诺言。古人云"一言既出，驷马难追"，现在有以诚实为本的原则，不要轻易许诺；一旦许诺，要设法实现，以免失信于人。朋友之间，言必信，行必果，不卑不亢，端庄而不过于矜持，谦虚而不矫饰伪行，不讨好位尊者，不藐视位卑者。

5. 宽容的原则

这一原则表现在对非原则性问题不斤斤计较，能够以德报怨、宽容大度。人际交往中往往会产生误解和矛盾。大学生大都个性较强，接触又密切，不可避免地会产生矛盾。这就要求大家在交往中谦让大度、克制忍让，不过分计较对方的态度和言辞，并勇于承担自己的行为责任，做到"宰相肚里能撑船"。只要我们胸怀宽广、容纳他人，发火的一方就会自觉无趣。宽容、克制并不是软弱、怯懦的表现；相反，其是一个人有度量的表现，是建立良好人际关系的润滑剂，能"化干戈为玉帛"，赢得更多

① 孙非. 大学生心理导论［D］. 北京：中国经济出版社，1992：327-329.

的朋友。

（二）人际交往的技巧

1.主动打招呼，平易近人

记住别人的姓名，主动与人打招呼，称呼要得当，让别人觉得礼貌相待、备受重视，给人平易近人的印象。

2.大方得体，表情恰当[①]

举止大方、坦然自若，使别人感到轻松、自在，激发交往动机。注意使用合适的表情语言。人的表情有两种：

（1）封闭式表情

这表现为脸部肌肉和器官的松弛状态，眉毛下垂，眼光无神，嘴角往下，是没有活力或生气的表情。封闭式表情的语言是拒绝，就是我不爱理你、我不想看见你、我不想和你打招呼、别打扰我。如果你用这种表情待人，别人接收到的信息是虽然你没说话，但你已经在拒绝了。

（2）开放式表情

这表现为扬起眉毛，使眼部周围的肌肉自然地伸展开，眼睛自然地睁大，炯炯有神，双颊肌肉上移，嘴角上扬，是一种生动活泼、愉快自信、愿意敞开心胸与人交往的表情。开放式表情给人青春朝气、包容随和、善良亲切的感觉。我们应培养开朗、活泼的个性，让与你相处的人觉得和你在一起是愉快的。

3.幽默风趣，谦虚和气

培养幽默风趣的言行，幽默而不失分寸，风趣而不显轻浮，给人以美的享受。与人交往要谦虚，待人要和气，尊重他人；否则，事与愿违。

4.果断自信

处事果断、富有主见、精神饱满、充满自信的人容易激发别人的交往动机，博得别人的信任，产生使人愿意交往的魅力。

5.保持合适的距离

人与人之间存在心理距离，任何人都有不可随意涉入的心理敏感区，正确的人际交往应该恰当地保持距离，积极有度。

6.学会倾听[②]

做一个好的听众，往往更能博得别人的喜欢。心理学家认为，在人际交往中，倾听起着很重要的作用：

（1）净化

说话者可能会因为对方聆听的态度而感到心情舒畅，为进一步的沟通打好基础。倾听是一种赞美，可以满足对方的自尊心。

（2）加深自己对他人情绪行为的理解

人们在倾听的过程中应对对方话语所传达的信息进行加工整理，这样才能抓住对方说话的确切含义。

---

① 仇春霖．大学美育［M］．北京：高等教育出版社，1997：314.

② 王化桥．EQ训练教程——情感技巧与成功素质［M］．成都：西南交通大学出版社，1997：77-78.

(3) 增进彼此的理解与信赖

坦诚地表露内心的想法，可以消除两人之间的误会、隔阂、不信任与敌对，使两人之间的关系更为密切。

(4) 改善周围环境的气氛

改善周围环境的气氛，有利于身心健康与获得成功。心理学家指出，善于倾听的人容易克制冲动，控制愤怒，拥有一个平和的人际环境。

六、影响人际交往的因素[①]

影响大学生人际交往的因素主要有主观和客观两个方面。主观因素主要包括认知因素、情感因素和人格因素等。客观因素主要包括社会、家庭和学校等方面的因素。下面我们介绍影响人际交往的一些心理学效应，供大家学习和参考。

1. 首因效应

首因效应是指第一次形成的印象对人际交往的影响。第一印象不管正确与否，总是最鲜明、最牢固的，往往左右着对对方的评价，影响着以后的交往。一个同学对另一个同学的第一印象好，他们就会愿意交往下去，建立友谊；相反，如果对其一开始产生反感，就不乐意交往下去，即使因为学习或生活不得不与其接触，态度也会比较冷淡。首因效应会对他人认知造成偏差。所以要审慎对待"第一印象"，不能因为第一印象好而忽略对其进行全面的认识，也不能因为第一印象坏而拒绝交往。

2. 近因效应

在人际交往过程中新获得的信息往往起优势作用。士兵最近给军官留下的印象，容易使军官改变对士兵的看法，如军官因士兵最近的一次失误而否定了其前面的成绩。这种偏差的产生，客观上是由于最近获得的信息刺激强，给人留下的印象清晰，冲淡了过去所获得的有关印象。所以在对他人进行认知时，我们不能只看一时一事，而要历史地、全面地看，这样才能消除近因效应产生的认知偏差。

近因效应与首因效应是一个问题的两个方面。一般说来，在与陌生人交往时，首因效应比较明显；在与熟悉的人进行交往时，近因效应更为明显。

3. 晕轮效应

晕轮效应又称光环效应，是指人们常从对方所具有的某个或某些特征而泛化到其他各个方面。其常表现为一个人对另一个人（或事物）的最初印象决定了对其的总体看法，因此看不准对方的真实品质，形成一种好的或坏的"成见"。

美国心理学家凯利（H. H. Kelley）分别对麻省理工学院的两个班级的学生作了一个实验。上课之前，实验者向学生宣布，临时请一位研究生来代课。接着告知学生有关这位研究生的一些情况。其中，向第一个班的学生介绍这位研究生具有热情、勤奋、务实、果断等品质，向第二个班的学生介绍的信息除了将"热情"换成了"冷漠"之外，其余各项都相同。两种介绍后的差别是：下课之后，第一个班的学生与研究生如一见如故的朋友，亲密攀谈；第二个班的学生对他却敬而远之，冷淡回避。可见，仅介绍中的一词之别，竟会影响到整体的印象。因学生们戴着这种"有色眼镜"去观察代课者，所以这位研究生就被罩上了不同色彩的晕轮。

① 袁俊昌. 社会心理学纲要［M］. 海口：三环出版社，1990：89-96.

狄恩设计了一个实验：让被试者看一些照片，照片上的人有的很有魅力，有的一般，有的很差；然后，让被试者用与魅力无关的词语评价这些人。结果发现，有魅力者在各方面得到的评分都高，无魅力者各项评分都很低。

可见，晕轮效应是一种以偏概全的判断方式，容易出现认知上的偏差。我们要正确地把握晕轮效应，发挥其积极方面，防止其负面作用。这一点不论是在恋爱还是在处理多种关系时，都是必要的。了解和掌握这个效应，有助于我们克服社会知觉中产生的偏见。

4.刻板效应

刻板效应是指人们对某人或某一类人产生的一种比较固定的印象。比如，中国北方人性格比较豪爽，南方人相对精细；英国人相对保守，美国人相对热情等。人们在认知某人时，会先将他的一些特别的特征归属为某类成员，再把属于这类成员所具有的典型特征归属到他的身上。

苏联社会心理学家包达列夫作过这样的实验，将一个人的照片分别给两组被试者看，照片中人的特征是眼睛深凹、下巴外翘。实验者向两组被试者分别介绍情况：向甲组介绍情况时说“此人是个罪犯”；向乙组介绍情况时说“此人是位著名学者”。然后，请两组被试者分别对此人的面部特征进行评价。

评价的结果是，甲组被试者认为“此人眼睛深凹表明他凶狠、狡猾，下巴外翘表明其具有顽固不化的性格”；乙组被试者认为“此人眼睛深凹表明他具有深邃的思想，下巴外翘表明他具有探索真理的顽强精神”。

为什么两组被试者对同一照片的面部特征所作出的评价竟有如此大的差异呢？这就是刻板效应在起作用。当人们把他看成罪犯时，自然就把其眼睛、下巴的特征归类为凶狠、狡猾和顽固不化，而把他当学者来看时，便把相同的特征归为思想的深邃性和意志的坚忍性。

刻板效应的产生，一是来自直接交往印象，二是通过别人介绍或传播媒介的宣传而产生的印象。

刻板效应既有积极作用，也有消极作用。由于刻板印象建立在对某类成员个性品质抽象概括认识的基础上，反映了这类成员的共性，有一定的合理性和可信度，所以它可以简化人们的认知过程，有助于对人迅速作出判断，帮助人们迅速有效地适应环境，但它也容易使人认识僵化、保守。人们一旦形成不正确的刻板印象，用这种定式去衡量一切，就会造成认知上的偏差，如同戴上有色眼镜去看人。要纠正刻板效应的消极作用，关键是要努力学习新知识，不断扩大视野，开阔思路，更新观念，培养良好的思维方式。

5.投射效应

投射效应是指以己度人，认为自己具有某种特性，他人也一定会有与自己相同的特性，把自己的感情、意志、特征投射到他人身上并强加于人的一种认知障碍。投射效应往往会影响我们对他人的感情、意向作出错误的评价。比如，自己喜欢的人，以为别人也喜欢；经常算计别人的人就会觉得别人也在算计他；父母喜欢按自己的喜好为子女设计前途、选择学校和职业等。

心理学家罗斯作过这样的实验来研究投射效应：在80名参加实验的大学生中征求意见，问他们是否愿意背着一块大牌子在校园里走动。结果，48名大学生同意背牌子在校园内走动，并且认为大部分学生都会愿意背；拒绝背牌子的学生则普遍认为，只有少数学生愿意背。可见，这些学生将自己的态度投射到其他学生身上。

“以小人之心度君子之腹”就是一种典型的投射效应。当别人的行为与我们不同时，我们习惯用自己的标准去衡量别人的行为，认为别人的行为违反常规。例如，喜欢嫉妒的人常常将别人行为的动机归纳为嫉妒，如果别人对他稍不恭敬，他便觉得别人在嫉妒自己。投射效应是一种严重的认知心理偏差，辩证地去对待别人和对待自己，是克服投射效应的良方。

七、人际冲突①

每个人都希望生活能充满阳光，友谊能天长地久，人情温暖，人性美好，但生活总是现实的，人与人之间的冲突是在所难免的，我们会发现，有些曾经那么亲密的朋友、那么幸福的伴侣最终却分道扬镳、形同陌路。如何才能避免人际冲突的发生及人际关系的破裂，是困扰每一个大学生的现实问题。

（一）人际冲突的含义

冲突是一种对立的状态，表现为两个或两个以上的相互关联的主体之间的紧张、不和谐、敌视甚至争斗关系。冲突发生的原因多种多样，可能是各方的需要、利益不同，可能是对问题的认识、看法不同，可能是价值观、宗教信仰不同，也可能是行为方式、做事的风格不同等。总之，当相互关联的两个个体或者多个个体之间的态度、动机、价值观、期望或实际行动不兼容，并且这些个体也意识到他们之间的矛盾时，个体间的冲突就产生了。

与冲突密切相关的一个概念是竞争，它们的共同点是都希望取得胜利，但在竞争中，人们很少主动去伤害别人，在冲突中伤害却经常发生。在某种程度上，竞争是一场竞赛，而冲突是一场战争。

对于人际关系来说，冲突可以带来挑战，也可以带来机遇。

1.冲突的负面功能

①由于心存芥蒂，双方沟通不良，情感产生隔膜，甚至相互诋毁、相互拆台；

②由于互不相让、恶意攻击，双方关系破裂。

2.冲突的正面功能

①双方把隐藏的不满、误解公开表达出来，可以通过辩论而得以澄清、化解，从而消除隔阂，增进理解，加深关系；

②双方把各自的看法及其理由摆出来，通过建设性的争论，可以形成“头脑风暴”，彼此激发新思想，最后找到解决问题的更好方案。

（二）人际冲突的类型

人际冲突有不同的层次和类型。

1.布瑞克和凯利的分类

布瑞克（H. B. Braiker）和凯利区分了3个层次的人际冲突。

---

① 王建军，莫俊生，刘承红，等. 大学生心理学［M］. 北京：海潮出版社，2004：273-277.

（1）特定行为上的冲突

特定行为（specific behavior）上的冲突是指双方对于某个具体问题存在不同意见。例如，两人一起外出度假时，对搭乘什么交通工具意见不一，一个想乘飞机，一个想乘火车。

（2）关系原则或角色上的冲突

关系原则（relational rule）或角色上的冲突是指双方对如何处理两个人的关系以及关系中各自的权利、义务有不同的理解。例如，宿舍室友可能在宿舍公共劳动怎样分工上存在分歧。在人际关系中，有些角色规范比较明确，也有一些角色规范比较模糊，如果两个人对规则看法不同，就难免发生冲突。

（3）个人性格与态度上的冲突

个人性格与态度（personal characteristic and attitude）上的冲突涉及了双方人格与价值观的差异，因此是比较深层次的冲突。例如，宿舍室友可能因为性格不合而闹矛盾：在周末，一方很喜欢找一大堆朋友来宿舍玩，另一方则喜欢单独待在宿舍。

在人际交往中，这3个层次的冲突有可能交织在一起。特定行为上的冲突可能引起关系原则上的冲突，并进一步导致个人性格与态度上的冲突。一般来说，冲突层次越高，涉及因素就越多，情感卷入程度越高，矛盾就越复杂，解决起来也越难。

2.多伊奇的分类

冲突可能产生于客观存在的分歧，也可能根源于主观想象的矛盾。根据冲突的基础不同，研究冲突的著名学者多伊奇（M. Deutsch）区分了5种类型的冲突：

（1）平行的冲突

双方在平行的冲突（parallel conflict）中存在客观的分歧，而且双方都准确地知觉到了这种分歧。例如，你和你的朋友在一起看电视，你很想看一个电视连续剧，你的朋友却想看足球比赛的转播，你们都清楚地知道对方的意愿，但是不愿意相让。

（2）错位的冲突

在错位的冲突（displaced conflict）中，一方可能有一个客观的理由，而且存在知觉冲突，但是不直接针对真正的问题本身。例如，你觉得老师在期中考试时给你打的分数太低，心里不满，但又不好直接说，于是你就在课堂上故意提一些刁难他的问题。

（3）错误归因的冲突

双方在错误归因的冲突（misattributed conflict）中存在客观的分歧，但是双方对这种分歧并没有准确地知觉。例如，一位同学发现宿舍里面有异味，她很讨厌这种气味。她以为是宿舍的同学没有及时洗衣服，所以见面时就告诉她不要在宿舍存放脏衣服。事实上，异味来自另一位同学喝剩的茶水。

（4）潜在的冲突

双方在潜在的冲突（latent conflict）中存在客观的分歧，但是双方对这种分歧并没有知觉。

（5）虚假的冲突

在虚假的冲突（false conflict）中，双方有分歧，但是这种分歧并没有客观的基础。例如，你的同学召集生日聚会，你没有被邀请，为此你很不高兴，而他也正因为你没有去参加聚会而不满。事实上，他本来打电话邀请你，因为你不在，拜托其他同学转告你，但是那位同学忘记了这件事。这时，双方的冲突纯粹是因为误会。

（三）人际冲突的过程

冲突不是一种静止的状态，而是一个动态的过程。在这个过程中，冲突双方的认知、情绪和关系都可能发生变化。美国学者潘迪（L. R. Pondy）曾经提出冲突的五阶段模式：

1.冲突潜伏阶段

在冲突潜伏阶段，可能导致双方冲突的客观条件已经基本具备，也就是说，双方相互依赖，而且在某些方面存在差异，难以兼容，但是，双方还没有明确意识到这种不兼容。当双方认识到他们之间的差异，而且认为不能相容时，就进入了冲突知觉阶段。

2.冲突知觉阶段

当双方开始分析冲突的性质、思考应对策略，而且出现一些情绪性的反应（如紧张不安、不舒服、愤怒等）时，就进入了冲突感受阶段。

3.冲突感受阶段

在这个阶段，双方都需要作出选择：是回避冲突，还是公开面对冲突。只要一方将冲突公开化，就会进入冲突外显阶段。

4.冲突外显阶段

这时，双方可能发生言语上的争执、情绪上的对立，甚至行为上的对抗。在这个阶段，很容易出现冲突升级，将矛盾扩大化、情绪化。

5.冲突结果阶段

冲突意味着人际平衡关系的破坏，经过一段时间的互动，双方关系一般会达成一个新平衡，这时就进入冲突的结果阶段。冲突的后果可能是两败俱伤，也可能是一胜一负，如果处理得当，也可能双赢。当然，能否达到双赢的效果，要取决于冲突的性质与双方管理冲突的水平。

（四）人际关系的破裂

人际冲突虽然并不会导致人际关系的破裂，但如果双方不能很好地解决彼此之间面临的问题，则有可能导致人际关系的破裂。

人际关系从融洽走向终结，通常要经历5个阶段：

1.分歧

人际关系的本质是情感相互联系、相互卷入、相互拥有。它的基础是关系的双方必须有共同的情感。共同的情感存在，彼此的关系就存在；共同的情感消失，彼此的关系就破裂。而分歧正是共同情感消失的开端。分歧意味着人际关系双方不同点增多、心理距离增加和彼此的接纳性下降。随之而来的是双方在知觉和理解上都朝不利于双方关系的方面倾斜，彼此都感到开始难以准确地判断对方。

2.收敛

当双方关系开始出现裂痕时，沟通量会出现下降。此时，双方谈话会高度注意、高度选择，并都指向减少彼此的紧张和不一致的方向。当然，双方关系的发展还没有足以使他们明确表示对彼此的关系不再有兴趣，情感上的拒绝水平也还较低，在表面上仍试图维持关系状态良好的印象。一般而言，如果第一阶段出现的分歧没有得到顺利解决，导致双方较长时期都以收敛的方式交往，则关系会出现进一步的恶化。

3.冷漠

交往的双方开始放弃增进沟通的努力，人际关系的气氛变得冷漠。此时，他们已不太愿意进行直接的谈话，而是多凭非词语方式来实现必要的沟通和协调。非词语沟通是缺乏热情的，目光是冰冷的，也没有热情的期待。许多人与别人的关系在这一阶段会维持很长时间，原因有两方面：一方面是期望关系仍然朝好的方向发展，因而不愿意一下子就明确终止关系；另一方面是考虑到自身的利益，很难一下子适应突然失去某种关系的支持。

4.逃避

随着关系进一步发展，人际交往的双方会尽可能地相互回避，特别是避免只有两个人在一起无所适从的窘境。关系恶化到这一阶段，人们往往感到很难判断双方的情感状态和预言对方的行为反应。许多人在婚姻关系或亲人关系出现这一状况时，都通过第三者来实现间接的沟通。在知觉和理解上，这一阶段很容易发生纯粹主观的误解。因为人们都有强烈的自我保护倾向，对许多本来正常的人际行为都会有过敏的反应。

5.终止

关系的终止可能是立即完成的，也可能拖延很久。随着彼此相互交往的隔断，或彼此利益依存关系的解脱，冷漠和逃避的关系状态会转变为关系的终结。经历了人际关系恶化的关系终止是相互情感卷入、连带地消失。

八、人际关系的改善①

心理学家迈尔斯（D. Myers）指出，认清人际冲突或分歧的本质，并学会建设性地处理分歧或冲突，可以有效地减少人际关系恶化和破裂的发生。

（一）预计冲突

由于每个人都有其不同于任何其他人的经历，有自己独特的情感、认识和利益背景，因此，人与人之间出现不一致或冲突是不可避免的。无论什么样的关系，也无论交往的双方关系有多么融洽、情感有多么深刻，都可能出现冲突。因此，我们在同任何人交往的过程中，都应对可能出现的冲突有所准备。

预计冲突是正确了解冲突并建设性地处理冲突，避免在冲突中付出不必要的更大代价的最有效途径。一般情况下，如果一个人在毫无准备的情况下被直接卷入冲突，那么在整个冲突过程中仍然保持冷静和理性是十分困难的。人是情绪化的动物，在过于激动的时候思维会受到明显的干扰，很难保持对事情的正确判断。人在冲动之下作出对人际关系有害的事乃至犯罪行为是经常性的。

（二）解决冲突的有效步骤

在实际生活中，大多数的人际冲突都是可以避免的。学会用移情的方式去体验别人为什么会有那样的言行，可以有效地帮助我们正确理解别人，避免错误的判断，也

① 王建军，莫俊生，刘承红，等. 大学生心理学［M］. 北京：海潮出版社，2004：277-279.

可以防止发生不恰当的体验和行为。对于已经发生了的冲突，如果处理得当，就事论事，往往不会给人际关系带来太大危害。心理学家经过研究，提出了解决冲突的有效步骤。实践证明，如下步骤可以有效地帮助人们控制和消除冲突：

①相信一切冲突都可以理性而建设性地获得解决。

②客观地了解冲突的原因。

③具体地描述冲突。

④向别人核对自己有关冲突的想法是否客观。

⑤提出可能的解决冲突的办法。

⑥对提出的办法逐一进行评价，筛选出最佳的解决途径，最佳方法必须对双方都最有益。

⑦尝试使用选择出的最佳方法。

⑧评估实现最佳方案的实际效应，并按照给双方带来最大利益和有利于良好人际关系维持的原则给予修正。

（三）维护人际关系

在人际交往中，掌握好交往的尺度，采取积极措施进行人际关系的维护也是非常重要的。

1.尽量避免争论

人与人之间的争论是很正常的事，但是争论往往都以不愉快的结果而结束。事实证明，无论谁赢谁输都会很不舒服。赢者当时可能获得一种心理满足，但很快会被人际关系恶化的阴影所笼罩，一时的满足心理会变得烟消云散。输者的心理挫折感更加强烈，往往会演化为人身攻击，对于人际关系是非常有害的，争论的结果往往是两败俱伤。

2.不要直接批评、责怪和抱怨别人

直接批评、责怪和抱怨别人会使他人的自尊心和自我价值感受损，尤其是一时面子上感到难堪。有时候只要稍稍改变一些方法，变直接批评、责怪和抱怨为间接的暗示和提醒，效果会好得多，这就是所谓的“坏话好说”的艺术。

3.勇于承认自己的错误

勇于承认错误是人际关系的润滑剂。当人际关系产生障碍的时候，承认自己的错误是明智之举。虽然承认自己的错误是一种自我否定，但是，这会使自己产生道德感的满足。另外，承认自己的错误是有责任感的表现，对他人也具有心理感召力，在此情境中的人际僵局会因此被打破。

4.学会批评

不到不得已时，绝不要自作聪明地批评别人。但是，有时批评是不可避免的。这时学会批评的艺术是维护人际关系的重要策略。卡耐基总结的批评的艺术是很值得借鉴的：

①批评从称赞和诚挚感谢入手；

②批评前先提到自己的错误；

③用暗示的方式提醒他人注意自己的错误；

④领导者应以启发而不是命令的方式来提醒别人的错误；

⑤应给别人保留面子。

问题汇总

大学生常见的人际交往问题如下：

一、寝室关系问题

大学生的寝室关系是大学生活中最基本的人际关系，也是纠纷、矛盾相对集中的人际关系。不同的同学之间的个体差异和行为习惯，在小小的寝室里表现得淋漓尽致：迟睡或早起的学生与入睡困难的学生之间、乱放杂物的学生与很爱整洁的学生之间、要午休与不午休的学生之间、喜欢热闹气氛的学生与喜欢安静环境的学生之间、说话幽默的学生与说话严肃的学生之间，均可能相互误解、讨厌、反感和敌视。住上下铺的同学之间更容易出现矛盾。有的学生不喜欢别人坐自己的床铺，有的学生不喜欢别人用自己的东西。如果某些同学不够注意，就容易引起不愉快。①

【温馨小提示】

生活中常常由于种种原因而使我们不能很好地理解别人。但当你站在别人的位置看问题时，就会了解别人的所言所行，获得许多从未有过的理解，便会觉得心理上的距离缩短了。此外，每个人都有保留自己意见和按照自己意愿去生活的权利，彼此只能用自己的思想去影响别人，而不可能强制改变别人。如果时时处处尊重和理解别人的选择，不过高要求别人，就可以减少误解，有豁达的心胸，从而心理相容。试着在别人午睡时，尽量放轻动作；自己听音乐时戴上耳塞；有室友的亲友来访，热情接待。“勿以善小而不为。”当你设身处地地为别人着想时，友谊之花也会在你身边盛开。

二、不同背景（地域）同学相处不平等的问题

首先，大学生大多都是有自己的独特思想的人，每个人的世界观、价值观都有所不同，一旦在交际上把握不好，个性表现得太强，将自己的思想强加于人就会产生“主观不平等”的现象。

其次，每个人的生活条件、家庭背景以及来自的地域不同，必将在交际中产生一定的“客观不平等”现象。

【温馨小提示】

“客观不平等”是很难改变的，我们能够做到的就是改变“主观不平等”，从而使得大家在交往中尽量做到平等。不要过多地挑别人的毛病，不要过多地将自己认为正确的想法、做法强加于人，尊重彼此的不同之处，更多地去包容彼此。

三、自卑退缩问题

大学校园里许多有自卑心理的大学生较为敏感，缺乏相应的自信心，因此，他们在处理事务的时候过于谨慎，各种问题便会随之而来。在集体活动或是人多的场合，

① 高蕾．当代大学生人际交往中存在的问题及应对策略［J］．教育探索，2012（1）：138-139.

他们能避则避，实在躲不了就站在角落里，待他人主动与自己交往。这种心态不仅影响了他们与周围同学建立正常关系，也给他们自己的生活、学业带来许多负面的影响。除此之外，还有一些表现出自卑感的大学生，主要是对自己的要求过高，无论做什么事都力求完美，这就难免遭到他人的耻笑，所以这类人常常是以一种盛气凌人的姿态来掩饰自己的自卑心理，从而造成他们的社交圈子非常狭小。

【温馨小提示】

坦然地面对自己的不足和缺陷，针对这些方面进行自我调整和改变，多给自己积极的自我暗示，多体验别人的积极评价，培养轻松的心情，以乐观的态度面对生活。

四、猜疑心理问题

猜疑心理主要表现在对自己不够自信上。短暂的猜疑并不影响大学生的人际交往关系，只需要耐心地解释就可以消除；但是，如果猜疑心理较重，就会使得具有猜疑心理问题的人的人际关系较为紧张，从而影响与同学和朋友之间的友谊。由此可见，猜疑心理对大学生正常的人际交往存在极大的危害。

【温馨小提示】

具有猜疑心理的大学生，往往在情感上表现为极度的不安和敏感，总是怀疑身边的某个人或者某件事在威胁着自己，这就给自己带来了巨大的心理负担。大学生产生猜疑心理的主要原因是对人缺乏相应的信任，看见身边有人在议论，就觉得是在说自己的坏话，心理上就会对他人产生不放心。其实对他人的不信任感往往是建立在对自己的信心不足的基础上的，有猜疑心理的人看似在怀疑别人，其实他们真正怀疑的是自己，是对自己信心不足。所以既然明白了问题所在，就应该增强自己的心理承受能力，心胸宽广，多帮助别人，逐渐增加彼此的信任度。

五、异性交往问题

大学生身心发展逐渐成熟，异性交往有利于大学生的情绪稳定和心理补偿，有利于大学生智力开发和人格完善。但许多大学生在恋爱问题上有许多困惑，如理想的爱情和现实的差距使其产生一种无以名状的失落感。有的大学生总相信有完美的爱存在，可现实中是没有十全十美的男人或女人的。同时，恋爱能否成功受多方面的影响，如年龄、外貌、性格、文化、兴趣等，仅因为某一点看不惯对方就分手，只能反复地让自己痛苦不已。殊不知，要达成多方面的默契是需要时间的，要建立一份永久的爱情与一个幸福的家庭是需要相互理解、共同努力的。大学生的心理和生理发展不成熟，恋爱高速进展、压力过大，导致内心痛苦的程度加深。[①]

【温馨小提示】

要树立正确的异性交往观，正确看待与异性同学之间的交往。多参加集体活动，保持与异性同学的直接接触，增进彼此之间的相互了解，消除对异性的神秘感，与异性同学建立起自然、和谐、纯真的友谊关系。另外，面对失恋痛苦，要有积极的心理预期，及时转移注意力。当心境变得积极了，就会发现生活中更多美好的事物。

① 吴秀秀．当代大学生人际交往不良倾向及其对策研究［D］．南京：南京师范大学，2011．

六、大学课余生活安排问题

大学生活丰富多彩，除了上课、学习时间之外，有很多自己可支配的时间。于是，那些组织能力强、活跃的同学更易成为大家的焦点。对于一些只知埋头读书的优等生来说，想继续保持自己在中学阶段的优势已很困难，其面对大学生活，开始感觉迷茫，变得不知所措，学习开始退步，人际交往也开始出现了问题。

【温馨小提示】

在学习上，大学生可以根据自身情况合理安排课余时间，拾遗补缺，提高学习效率，掌握扎实过硬的专业理论；在实践上，大学生可以利用课余时间发展个人爱好，用更多时间来学习领域更为广阔的其他学科知识，多参加社会实践，从而实现自我发展、自我设计，实现自我价值，更加深入社会、了解社会。

七、亲子沟通问题

大学生与父母之间沟通交流的主要障碍是“代沟”问题。大学生的逆反心理是造成父母与子女分歧的一个重要原因。父母对子女的关注点与大学生的期望有差距。大学生希望父母给予自己的关注是多方面的，他们更多地希望在人生规划和人际交往等生存、生活技能方面，以及自我的情绪和心态方面得到父母的指导与关心，以此来明确未来发展的方向，构建完善的人格。这与父母面面俱到的关心时常产生矛盾。

【温馨小提示】

消解亲子间的代沟，形成民主、平等、健康的亲子关系，父母应承担起主要责任，大学生也应积极配合父母。在疏导逆反心理方面，除了需要父母的努力之外，大学生自身应该担负起主要的责任。大学生要调整自己，耐心倾听父母的想法，平和地与父母沟通。父母与子女的传统关系模式在改变，新的模式在形成。

认识自己

人际关系综合诊断量表[①]

这是一份人际关系行为困扰的诊断量表，共28个问题，请你对每个问题作“是”（打“√”，得1分）或“非”（打“×”，得0分）两种回答。请你根据自己的实际情况如实回答，答案没有对错之分。记分表见表7-1。

（　　）1.关于自己的烦恼有口难言。

（　　）2.和生人见面感觉不自然。

（　　）3.过分地羡慕和妒忌别人。

（　　）4.与异性交往太少。

（　　）5.对连续不断的谈话感到困窘。

（　　）6.在社交场合，感到紧张。

（　　）7.时常伤害别人。

（　　）8.与异性来往感觉不自然。

① 郑日昌．大学生心理诊断［M］．济南：山东教育出版社，1996：339-344.

（　　）9. 与一大群朋友在一起时，常感到孤寂或失落。
（　　）10. 极易受窘。
（　　）11. 与别人不能和睦相处。
（　　）12. 不知道与异性相处如何适可而止。
（　　）13. 当不熟悉的人对自己倾诉他的生平遭遇以求同情时，自己常感到不自在。
（　　）14. 担心别人对自己有什么坏印象。
（　　）15. 总是尽力使别人赏识自己。
（　　）16. 暗自思慕异性。
（　　）17. 时常避免表达自己的感受。
（　　）18. 对自己的仪表（容貌）缺乏信心。
（　　）19. 讨厌某人或被某人所讨厌。
（　　）20. 瞧不起异性。
（　　）21. 不能专注地倾听。
（　　）22. 自己的烦恼无人可倾诉。
（　　）23. 受别人排斥与漠视。
（　　）24. 被异性瞧不起。
（　　）25. 不能广泛地听取各种各样的意见。
（　　）26. 自己常因受伤害而暗自伤心。
（　　）27. 常被别人谈论、愚弄。
（　　）28. 与异性交往不知如何更好地相处。

表 7-1　　**记分表**

Ⅰ	题目	1	5	9	13	17	21	25	小计
	分数								
Ⅱ	题目	2	6	10	14	18	22	26	小计
	分数								
Ⅲ	题目	3	7	11	15	19	23	27	小计
	分数								
Ⅳ	题目	4	8	12	16	20	24	28	小计
	分数								

【测评分析】

（1）如果你得到的总分是0~8分，那么说明你在与朋友相处上的困扰较少。你善于交谈，性格比较开朗，主动关心别人，你对周围的朋友都比较好，愿意和他们在一起，他们也都喜欢你，你们相处得不错。同时，你能够从与朋友的相处中得到乐趣。你的生活是比较充实而且丰富多彩的，你与异性朋友也相处得比较好。一句话，你不存在或较少存在交友方面的困扰，你善于与朋友相处，人缘很好，获得许多的好感与赞同。

（2）如果你得到的总分是9~14分，那么表明你与朋友相处存在一定程度的困扰。你的人缘很一般，换句话说，你和朋友的关系并不牢固，时好时坏，经常处在一种起伏波动之中。

（3）如果你得到的总分是15~28分，那么表明你在同朋友相处方面的行为困扰较严重。分数超过20分，则表明你的人际关系困扰程度很严重，而且在心理上出现较为明显的障碍。你可能不善于交谈，也可能是一个性格孤僻的人，不开朗或者有明显的自高自大、讨人嫌的行为。

以上是从总体上评述你的人际关系。

下面将根据你在每一横栏上的小计分数，具体指出你与朋友相处的困扰及可资参考的纠正方法。

记分表中Ⅰ横栏的小计分数，表明你在交谈方面的行为困扰程度：

（1）如果你的得分在6分以上，那么说明你不善于交谈，只有在极需要的情况下你才同别人交谈。你总难以表达自己的感受，无论是愉快的还是烦恼的。你不是个很好的倾听者，往往无法专心听别人说话或只对单独的话题感兴趣。

（2）如果你的得分是3~5分，那么说明你的交谈能力一般，你会诉说自己的感受，但不能讲得条理清晰；你努力使自己成为一个好的倾听者，但还是做得不够。如果你与对方不太熟悉，开始时你往往表现得拘谨与沉默，不大愿意跟对方交谈；但这种局面在你面前一般不会持续很久。经过一段时间的接触与锻炼，你可能主动与同学搭话，同时这一切来得自然而不造作。此时，你的交谈能力已经大为改观，在这方面的困扰也会逐渐消除。

（3）如果你的得分是0~2分，那么说明你有较强的交谈能力和较丰富的交谈技巧，善于利用恰当的谈话方式来交流思想感情。因此，在与别人建立友情方面，你往往比别人获得更多的成功。这些优势不仅为你的学习与生活创造了良好的心境，而且常常有助于你成为伙伴中的领袖人物。

记分表中Ⅱ横栏的小计分数，表示你在交际方面的困扰程度：

（1）如果你的得分在6分以上，则表明你在社交活动与交友方面存在较大的行为困扰。比如，在正常集体活动与社交场合，你比大多数伙伴更为拘谨；在有陌生人或老师存在的场合，你往往因更加紧张而扰乱你的思绪；你经常会过多地考虑自己的形象而使自己处于被动且越来越孤独的境地。总之，交际与交友方面的严重困扰，使你陷入“感情危机”和孤独困窘的状态。

（2）如果你的得分是3~5分，则往往表明你在被动地寻找被人喜欢的突破口。你不喜欢独自一个人待着，你需要朋友和你在一起；但你又不太善于创造条件并积极主动地寻找知心朋友，而且你心有余悸，生怕主动行为后的“冷”体验。

（3）如果你的得分低于3分，则表明你对人较为真诚和热情。总之，你的人际关系较和谐，在这些问题上，你不存在较明显和持久的行为困扰。

记分表中Ⅲ横栏的小计分数，表示你在待人接物方面的困扰程度：

（1）如果你的得分在6分以上，则表明你缺乏待人接物的机智与技巧。在实际的人际关系中，你也许常有意无意地伤害别人，或者你过分地羡慕别人，以致在内心妒忌别人。因此，其他一些同学可能回报你以冷漠、排斥，甚至是愚弄。

（2）如果你的得分是3~5分，则表明你是个多侧面的人，也许可以算是一个较圆滑的人。对待不同的人，你有不同的态度，而不同的人对你也有不同的评价。你讨厌某人或被某人所讨厌，但你极喜欢另一个人或被另一个人所喜欢。你的朋友关系在某些方面是和谐的、良好的，在某些方面却是紧张的、恶劣的。因此，你的情绪很不稳定，内心极不平衡，常常处于矛盾状态中。

（3）如果你的得分是0~2分，那么表明你较尊重别人，敢于承担责任，对环境的适应性强。你常常以你的真诚、宽容、责任心强等个性获得众多的好感与赞同。

记分表中Ⅳ横栏的小计分数，表示你跟异性朋友交往的困扰程度：

（1）如果你的得分在5分以上，那么说明你在与异性交往的过程中存在较为严重的困扰。也许你存在过分思慕异性或对异性持有偏见的倾向，这两种态度都有片面之处。也许你不知如何把握好与异性同学交往的分寸而陷入困扰之中。

（2）如果你的得分是3~4分，那么表明你与异性同学交往的行为困扰程度一般，有时你可能会觉得与异性同学交往是一件愉快的事，有时又会认为这种交往似乎是一种负担，你不懂得如何与异性交往最适宜。

（3）如果你的得分是0~2分，那么表明你懂得如何正确处理异性朋友之间的关系。你对异性朋友持公正的态度，能大大方方地、自然地与他们交往，并且在与异性交往中，得到了许多从同性朋友那里不能得到的东西，增加了对异性的了解，也丰富了自己的个性。你可能是一个较受欢迎的人，无论是同性朋友还是异性朋友，多数人都较喜欢你和赞赏你。

阳光训练

训练1

小A的烦恼

小A是大学二年级的学生，自述一直以来在人多的地方都是默默无闻的人。单独的几个同龄人在一起时，他还可以说说笑笑；如果面对陌生人，就很紧张，似乎对人际交往有一种逃避的心理，因为在人面前心里总是不自然或者胆怯。比如，在老师面前说话他总是会脸红，在与不太熟的人对话时眼睛也不敢一直直视对方，不知道应往哪里看。当发现别人都注视他、都想要听他讲话时，他就很不自然，非常紧张，放不开。他说："我觉得这都影响了我的生活，我觉得我是个有些能力的人，内心渴望像别人那样与人交往自如。我觉得我总是自我束缚，我要是敢于表现自己、表达自己，一定会活得比现在好得多。再说明一下，在熟悉的人或好友里面，我是个受喜欢的人。也就是说，只是在外人面前，我不善于与人交往。我该怎么办？"

【思考】

（1）小A的个性有哪些特点？

____

____

（2）你若是小A的朋友，会给他提哪些建议？

____

____

【小结】小A的问题是由内向性格因素造成的。从目前的情况看，他在人际交往方面有些障碍，但问题不是很严重，目前仅是感觉在和陌生人交往的时候有心理变化而已。其实，每个人在和陌生人交往的时候都会出现心理反应和变化，只是小A的表现和反应比较外露和强烈一些罢了。

解决的方法是：应该在平时多参与好朋友之间的活动，让自己放开，多表现自己，变得张扬些，这样就可以逐渐地克服恐惧感，脸红的问题就会慢慢地减弱；由不敢看人过渡到逐渐地把眼光落在别人的身上，更多地关注别人。

制订一个人际交往的计划，设定目标，每天晚上检查自己的作业，给自己打分，评价自己的行为。如果你每天都有进步，问题自然就解决了。

训练2

建高塔[①]

【目的】通过这个活动让学生意识到合作的重要性，以及团队要想成功就得相互配合；学习用非语言的方式表达，增进团队的凝聚力。

【时间】约65分钟（作业40分钟，分享15分钟，评比10分钟）。

【准备】每组8人，观察员1人，40张画纸，胶带2卷，剪刀1把，胶水1瓶。

【操作】

（1）教师要事先说明规则：

①全程不许说话，只能用非语言表达。建塔时间只有40分钟，到时间必须停下。结束后将评比出哪组的塔最坚固、最高、最美丽、最有创意。

②各组观察员必须记录活动的全过程，如主意是怎样产生的、有分歧是怎样解决的、谁是团体的关键人物、每个成员在团体中的表现与贡献等。

③经过40分钟，叫停。让各组成员自由走动去观摩其他小组的塔，然后回到自己的塔前。每组推荐1名代表向全体介绍自己组建的塔，说明塔名是什么，为什么取这个名字，以及建塔的感受是什么。

④全部分享后，邀请每组观察员将记录到的组内发生的现象说出来，引发小组成员的思考。

（2）教师在活动后要总结，强调团体成功需要合作，合作需要投入，需要找准自己的位置、扬长避短、有创意等，并帮助成员整理心得。

训练3

情景剧表演[②]

——夜晚，宿舍的同学已经睡觉了，可是小丽还在没完没了地打电话，同宿舍的小红很气愤，对其进行指责，结果二人吵了起来。

——小刚个人卫生习惯不好，脚臭却不爱洗脚、洗袜子，还经常乱丢袜子，当众抠脚。小明忍无可忍，要求其改掉恶习，及时洗脚、洗袜子。结果，小刚振振有词，拒不改正，双方不欢而散。

——小强平时很少学习，期末考试前希望同班的小白在考场上配合其作弊。

【讨论】

（1）各小组分别讨论应该怎样正确处理上述情境中的矛盾，并用小品的形式把它表演出来。

---

① 樊富珉．团体心理咨询［M］．北京：高等教育出版社，2005：224-225.
② 周长玉，王瑞雪．大学生心理健康教育［M］．北京：中国建材工业出版社，2015：281.

（2）所有同学一起来讨论以上各种解决方案的可取之处和不合理之处，以及在解决人际矛盾时应注意的问题。

幸福阳光

有个老板，没有多少文化，也没有任何家庭背景，生意却做得非常好，越做越大。其实，他的秘诀也没什么，就是与每个合作者分利的时候，他都只拿“小头”，把“大头”让给对方。这样一来，凡是与他合作过一次的人，因为尝到甜头，都愿意继续与他合作，而且会介绍一些自己的朋友，再扩大到朋友的朋友，他们都成了他的合作者。人人都说他好，因为他只拿“小头”，但许多的“小头”聚集起来，就成了最大的“头”，他才是最大的获利者。

吃亏是福，因为人都有爱占便宜的弱点，你吃点亏，让别人得点利，就能最大限度地调动别人的积极性，使你的事业兴旺发达，这就是吃小亏而占大便宜。

“人为财死，鸟为食亡。”这句俗语说得真是入木三分。岂不知吃亏与占便宜，正如祸和福一样，可以相互依存和相互转化。可能有人会说，吃亏就是吃亏，占便宜就是占便宜，怎么能说吃亏反而是福呢？我们不妨换个角度来分析一下：吃点亏，一是内心平静，不七上八下地有其他担心；二是得到旁观者的同情，落个好人缘；三是这次虽吃点亏，但因获得了道义上的支持，下次可能会得到更多，何亏之有？反之，占了他人的便宜，发点不义之财的人心理上能坦然吗？还会失去人缘，落个坏名声，为一点小便宜而堵了自己以后的路，得不偿失。所以，吃亏表面上是祸，其实是福；占便宜表面上是福，其实是祸。

明朝苏州城里有位尤老翁，开了间典当铺。有一年年关前夕，尤老翁在里屋盘账，忽然听见外面柜台有争吵声，就赶忙走了出来。原来是一个附近的穷邻居赵老汉正在与伙计争吵。尤老翁一向谨守和气生财的信条，先将伙计训斥一通，然后好言向赵老汉赔不是。

可是赵老汉板着的面孔不见一丝和缓之色，靠在一边柜台上一句话也不说。挨了骂的伙计悄声对老板诉苦：“老爷，这个赵老汉蛮不讲理。他前些日子当了衣服，现在他说过年要穿，一定要取回去，可是他又不还当衣服的钱。我刚一解释，他就破口大骂，这事不能怪我呀！”

尤老翁点点头，打发这个伙计去照料别的生意，自己过去请赵老汉到桌边坐下，语气恳切地对他说：“老人家，我知道你的来意，过年了，总想有身体面点儿的衣服穿。这是小事一桩，大家是低头不见抬头见的熟人，什么事都好商量，何必与伙计一般见识呢？您老就消消气吧！”

尤老翁不等赵老汉开口辩解，马上吩咐另一个伙计查一下账，从赵老汉典当的衣物中找出四五件冬衣，然后说：“这件棉袍是你冬天里不可缺少的衣服，这件罩袍你拜年时用得着，这3件棉衣也是孩子们要穿的。这些你先拿回去吧！其余的衣物不是急用的，可以先放在这里。”赵老汉似乎一点儿也不领情，拿起衣服，连个招呼都不打，就急匆匆地走了。尤老翁并不在意，仍然含笑拱手将赵老汉送出大门。

没想到，当天夜里赵老汉竟然死在另一位开店的街坊家中。赵老汉的亲属乘机控告那位街坊逼死了赵老汉，与他打了好几年官司。最后，那位街坊被拖得筋疲力尽，花了一大笔银子才将此事摆平。

事情真相很快透露了出来。原来赵老汉负债累累，家产典当一空后走投无路。于是他预先服了毒，来到尤老翁的当铺吵闹寻事，想以死来敲诈钱财。没想到尤老翁一忍再忍，明显吃亏也不与他计较，赵老汉觉得不应该坑这样的好人，只好赶快撤走，在毒性发作之前选择了另外一家。

事后，有人问尤老翁凭什么料到赵老汉会有以死进行讹诈的这一手，从而忍耐让步，逃过了一场灾祸。尤老翁说："我并没有想到赵老汉会走到这条绝路上去。我只是根据常理推测，若是有人无理取闹，那么他必然有所凭仗。在我当伙计的时候，我爹就常对我说：'天大的事，忍一忍也就过去了。'如果我们在小事情上不忍让，那么很可能会变成大的灾祸。"

我们要做到不计较吃亏，甚至主动吃亏，就需要忍让，需要装糊涂。既然我们明白了这个道理，就不要过分计较，患得患失。

资料来源 [1] 郑健. 做人不败的底线 [M]. 北京：中国国际广播出版社，2007：237. [2] 陈家桢，顾家武. 心术全书 [M]. 延吉：延边人民出版社，1993：259.

学思践悟

友善：处理人际关系的基本准则

社会主义核心价值观倡导的友善，是对人类以往友善理念的继承和发展，是社会主义条件下处理人际关系的基本价值准则，是我们建设和谐家园、实现民族梦想的重要精神条件和价值支撑。

一、友善价值观的丰富内涵

1. 谦敬礼让、帮扶互助

这是指在工作和生活中不矜能、不伐善，先人后己，保持谦虚低调。面对道德高尚、品质优秀的人，要虚心学习，做到见贤思齐；面对他人的过失、缺点，要设身处地给予体谅和包容，诚心诚意进行提醒和帮助。勠力同心、同舟共济，在他人有困难时及时解急救难、雪中送炭。谦敬礼让、帮扶互助的友善风气在人们之间流转和传递的是温情与爱心，其能消除隔阂、融冰化雪，使人如沐春风。

2. 志同道合、携手奋进

同类相感，同声相求。友善之情往往生发于志趣相投的人们之间，因此人们常说"同志为友"，"道不同不相为谋"。如果说友善意味着志同道合、友善的基础是志同道合，那么，在当代中国，全体中华儿女的共同之"志"就是中国特色社会主义共同理想，共同之"道"就是中国特色社会主义道路。将个人追求融入国家梦想，在实现中华民族伟大复兴中国梦的征途上同心同德、共同奋进，是社会主义友善价值观的时代要求。

3.珍惜资源、关爱自然

人类不仅生活在群体、社会中，而且生活在天地、自然中。人们在自身的生存发展中不仅要和他人、社会打交道，而且要和自然打交道。“爱人”与“爱物”密不可分。人类只有一个地球，它是人们共有的生存家园。尊重自然、保护环境，同时就是尊重和保护他人他国的生存发展权利，就是尊重和保护子孙后代的生存发展权利，就是尊重和保护人类自己。

二、友善价值观的践行途径

1.深刻领会友善价值观在“三个倡导”中的地位作用

“三个倡导”是我们党从国家、社会和个人三个层面对社会主义核心价值观进行高度概括、凝练的产物。其中，个人层面的价值要求在一定意义上居于基础地位。而在个人层面的四项价值观中，友善又相对处于更为基础的地位，其他三项价值观无一不与友善理念相关联：如果一个人在日常交往中对身边人都不能以善相待，就不能指望其爱国，也不能指望其在具体工作岗位上兢兢业业、为社会和他人作奉献；一个不爱他人、只关心自己利益的人，就很难在人际交往中做到尊重他人、诚信无欺。所以，在实践中积极倡导、培育友善价值观，对于社会主义核心价值观的整体培育与践行具有极为重要的意义。

2.创造性地用活我国传统优秀道德资源

我国传统文化中包含着丰富的仁爱友善思想。在甲骨文中，“友”字的造型是顺着一个方向的两只手，意为两手协同或以手相助。我国古人强调“仁者爱人”，主张“出入相友、守望相助”的人际交往论，主张“万物一体”“天人合一”的生态和谐论，将“民胞物与”视为道德修养的理想境界。在此基础上，古人还发展出了丰富的道德实践理论，包括“反求诸己”“推己及人”的忠恕论、“责友以善”“以友辅仁”的友善观。在践行社会主义友善价值观的过程中，我们应科学继承这些传统优秀道德资源，并实现其创造性转化、创新性发展。

3.夯实力行友善价值观的物质基础

“仓廪实而知礼节，衣食足而知荣辱。”社会主义友善价值观的培育和践行，离不开人民群众物质文化生活水平的切实提高。党的二十大报告指出：“必须坚持在发展中保障和改善民生，鼓励共同奋斗创造美好生活，不断实现人民对美好生活的向往。”随着就业、医疗、住房、养老等事关国计民生问题的改善，那些原本为生计而紧锁的眉头会自然舒展。而当每个人的脸上都洋溢着幸福的微笑时，人际和睦友善的风气就会更易生发。

4.开展以友善为主题的道德教育和道德实践活动

榜样的教育、示范和引领，对社会主义友善价值观的培育具有重要作用。人间自有真情在，生活中从来不乏见义勇为、助人为乐的善行义举。因此，道德教育应贴近百姓生活，着力捕捉、发掘和宣传群众身边的善意与真爱。此外，要在社会中广泛开展人人参与的以关爱他人、奉献爱心为主题的志愿服务活动，着力引导全社会成员关注、关心、关爱困难群体，营造帮扶互助的友善风气。

5.完善对善行义举的保护保障机制

培育和践行社会主义友善价值观，是一项匡正人心之举，需要惩恶与扬善并举。

一方面，要对损人利己等伤风败德行为采取多管齐下的治理、惩处措施；另一方面，也要注意保护践行友善品质之人的合法权益不受损害，并在物质上和精神上给予相应的支持和慰勉。概言之，在全社会积极营造风清气正、善有善报、恶有恶报的崇德向善氛围，是有效培育、涵养社会主义友善价值观的必备土壤。

资料来源　沈壮海，刘水静. 友善：处理人际关系的基本准则［N］. 人民日报，2014-02-17（16）.

第八章

青涩的情与红色的爱

——恋爱与性心理调适

杨柳青青江水平，闻郎江上踏歌声。东边日出西边雨，道是无晴却有晴。

——刘禹锡《竹枝词》

两性之间排山倒海似地互相吸引力量，其目的则在于性之结合或至少也在于能导向性结合的行为。

——弗洛伊德

阳光心态

吊桥效应①

加拿大温哥华的卡皮拉诺吊桥是世界上最伟大的吊桥之一，全长450米，宽5米。从100多年前起，该吊桥便用2条粗麻绳悬挂在高230米的卡皮拉诺河河谷上。即使是微风徐徐，吊桥也会来回摆动，既动人心魄，又令人心生畏惧。

1974年，著名心理学家达顿和阿伦在这座吊桥上作了一个有趣的实验。被试者为男大学生，并把他们分为两组。让第一组男大学生与一位富有魅力的女采访者一起走过吊桥，桥身狭小并且左右摇晃。让第二组男大学生与同一位女采访者一起走过悬挂在小溪之上10米高的木桥，桥身宽大而且坚固稳定。在过桥的途中，女采访者对男大学生进行采访："我是专攻心理学的学生，正在调查优美景色对创作的效果，希望能得到你的帮助。"然后，给被试者看主题统觉测验（TAT）图片，让他们根据图片编故事。最后，女采访者给他们留下电话号码说："如果你想了解这一实验的详情，我会向你说明，欢迎你来电话。"

事后，走过卡皮拉诺吊桥的男大学生中有50%的人给女采访者打了电话，而通过那个坚固而低矮的小桥的男大学生中只有12.5%的人打电话（见表8-1）。实验者对他们的TAT故事进行分析，发现第一组的故事中包含较多的情爱成分。

---

① 章志光．社会心理学［M］．北京：人民教育出版社，1996：568-569.

表 8-1　　与过桥时的采访有关的行为

桥的种类	男大学生的人数	接受电话号码的人数	打电话的人数
吊桥	23	18	9
固定桥	22	16	2

【思考】

（1）什么是吊桥效应？

（2）这个故事对你追求爱情或维持恋爱关系、深化爱情有哪些启发？

两因素情绪理论认为，特定的情绪是生理唤醒与认知过程相互作用的结果。根据此理论，如果个体由于一些自己并不明确的原因引起生理唤醒，而这时他正与一名异性在一起，他就会把这种生理唤醒归因于对方。在合适的生理唤醒和对异性的认知的综合作用下产生了特定的情绪，这种生理唤醒就易被命名为爱情。

阳光殿堂

一、爱情的含义[①]

古希腊哲学家柏拉图问老师苏格拉底什么是爱情。苏格拉底让他到麦田走一次，但是不能回头，要在途中摘一株最好的麦穗，但是只允许摘一次。柏拉图满怀信心地去了，但很久后空手而归。他垂头丧气地对老师说："我好不容易看见一株看似不错的，但是并不知道这株是不是最好的，因为只可以摘一次，所以只好放弃，继续寻找更好的。但当我已经走到尽头时，我才发现自己手上一株麦穗也没有。"苏格拉底告诉他："这就是爱情，爱情是一种理想，而且很容易错过。"

爱情是人类永恒的话题，也是人类精神世界必不可少的动力。对于爱情的描述，东西方各有不同，但是绝没有人把爱情描述成丑陋的东西。正因为其过于美好，所以对于什么是爱情，至今仍找不到一个完美和明确的定义。

柏拉图曾说过："有些失去是注定的，有些缘分是永远不会有结果的。爱一个人不一定会拥有，拥有一个人就一定要好好去爱她。"柏拉图式爱情是一种理想式的、极为浪漫或根本无法实现的爱情。它过于强调纯精神的而非肉体的爱情，而且追求付出而不求回报。对于普通青年大学生来说，柏拉图式爱情注定是一种悲剧式的爱情。但是这种爱情观也是一种明显的基于男女平等并且排除物质因素的爱情观，对于正处于恋爱中的人来说也具有一定的借鉴意义。

在批判柏拉图式爱情时候，奥地利心理学家弗洛伊德认为，性本能是一切本能中最基本的内容，爱情不过是性本能的一种表达或升华。文学家瓦西列夫表示：爱情的动力和内在的本质是男人和女人的性欲，是延续种属的本能。女性作家乔治·桑也表

① 樊富珉，王建中. 当代大学生心理健康教程［M］. 武汉：武汉大学出版社，2006：199.

示身体的接触跟爱是同样重要的，她认为性爱的最终结合跟爱情本身一样神圣、纯洁、热忱，不存在连一次亲吻都没有的恋爱。人站在生物学和心理学的角度审视爱情，难免把爱情沦为生理交配的产物或者降低爱情在精神体验上的满足感。

还有不少学者认为爱情观融合了精神恋爱和动物本能主义，认为爱情是情感和性爱的凝结，这是一种中庸的描述。鲁宾（Z. Rubin，1970）是这样描述的：爱情是一个人对另外一个人的某种特殊的想法与态度，他（她）以特定的方式表达自己对爱慕对象的思想、感情和行为。它是各种人际关系中最深层次的情感维系，不仅包含审美、激情等心理因素，而且包括生理激起与共同生活的愿望等复杂的因素。而古德（Goode，1959）对爱情的描述侧重于感受，他认为：爱情是两个成年异性之间强烈的、专注的感情，其中至少包括性的欲望和温柔体贴的成分。苏霍姆林斯基则把性描述为爱的进一步加强和升华。他说：相爱的双方的思想、感情互相渗透得越深，在他们面前展现出来的性爱就会变成高尚的精神世界和审美世界。只有精神交往达到这样的程度，与心爱的人的性关系才会是一种莫大的幸福，因为它不完全追求在肉体上的占有关系，而是因为心爱的人的外貌使其更想了解他（她）丰富的精神世界。

爱情作为人类社会一种复杂而又微妙的情感，起源于羞涩的好感和爱慕，形成于炽热的情感交流和情欲的融合。人们最认可的爱情的定义是：爱情是一对男女之间建立在性需要的基础上的一种强烈的内心情感体验，是基于一定的社会关系和共同理想，在各自内心形成对对方的最真挚的倾慕，并渴望对方成为自己终身伴侣的最强烈的感情；是两颗心灵相互向往、吸引，达到精神升华的产物；是人类特有的一种高尚的精神生活。

二、爱情的产生

大学生的年龄一般处于18~22岁之间，他们大多数这个时候离开家庭进入一个陌生的生活环境，生活上会有些无措，情感上会有些彷徨。根据埃里克森的人格发展八阶段理论，成年早期（18~25岁）的主要发展任务为获得亲密感、避免孤独感、体验爱情的实现。而大学生正好处于这一阶段，可见，爱情是大学生一项重要的成长任务，恋爱是大学生情感发展历程中的主要体验，是大学生活必不可少的一部分。

（一）爱情产生的生理基础

青春期是人生的重大转折时期，大学生正值青春期的中后期，内分泌腺分泌的性激素促使青年男女第二性特征的出现。此时的大学生已经发育成熟并且具备了生育能力，同时身体机能处于鼎盛时期，易产生性冲动和性幻想。所以，对于青年大学生来说，其生理的成熟为爱情的产生提供了生物学基础。

（二）爱情产生的心理基础①

生理上的成熟常常会带来心理上的变化。大学生远离家庭，急需重新寻找生活伴侣和心理上的依托。此外，由于大学生的生理和心理机能趋于成熟，他们精力充沛，渴望与异性交往。大学生往往容易产生性冲动，性心理需要使他们对异性的爱慕超乎其他年龄段的人。具体而言，大学生爱情产生的心理基础主要有以下两点：

① 段鑫星，赵玲．大学生心理健康教育［M］．北京：科学出版社，2003：129.

1. 自我意识的增强

自我意识是对自己身心活动的觉察，即自己对自己的认识，具体包括认识自己的生理状况（如身高、体重、体态等）、心理特征（如兴趣、能力、气质、性格等）以及自己与他人的关系（如自己与周围人们相处的关系、自己在集体中的位置与作用等）。自我意识在人的一生中都会发展。大学生会注意自己在异性心目中的形象，很注重异性对自己的评价。他们会尽力在异性面前表现得优秀，以给异性留下良好的印象。

2. 性意识的进一步强化

大学生对异性的好感表现得比中学时代更为清晰、直接，对于自己钟情的异性，他们会大胆地表达。

（三）爱情产生的社会基础

爱情产生于性能力的基础上，但性能力本身并不具有选择特定的异性对象这个属性，但爱情所具有的延续种属的本能带有明显的对象选择性，即爱情具有社会性。正如马克思主义的爱情观所认为的，爱情不仅是自然生理需求的冲动和相互需要，更是志趣的相投和心灵的相通，而这一切都是以一定的社会历史条件为背景的，受制于特定的社会关系、经济地位和文化背景等。大学生在心理成熟过程中，社会意识也在不断增强，对自己所处的社会关系及周边的人在物质形态上会有更加明确的认定。同时，基于种族延续的属性和群体生活的天性，大学生会对结伴生活表现出认同，特别是对与异性结伴的生活充满渴求，所以大学生的爱情生活等同于家庭生活的预演，也是一种简单的社会关系构成。可见，爱情只能在特定的社会生活中产生，爱情的生成需要强大的社会基础。

三、大学生爱情的特征与性心理发展的特征

（一）爱情的特征①

1. 对等性

爱情是以男女双方的互爱为前提的，是互相爱慕之情，是相爱双方内心感情的碰撞，是由两颗心灵弹奏出来的和谐旋律，而不是一方的独奏。互爱的双方既是爱者，又是被爱者，各自既要获得爱，又要奉献爱，才能构成爱情关系。如果一方强制另一方与之结合，绝不是真正的爱情。俗话说："强扭的瓜不甜。"这种关系也不会有好的结果。同时，如果仅自己爱对方，即单相思（单恋），则虽然也是一种强烈的情感，但它不是互爱意义上的爱情，没有发生情感的相互交融，它只是在消耗一个人的精神力量，从而造成心灵创伤，因而是不可取的。

2. 排他性

爱情的排他性是指建立爱情关系的双方对第三者是排斥的。爱情一旦存在于一对男女之间，双方在心理上是不能容纳第三者的存在的，既不允许第三者插入他们的爱情关系，也不允许恋爱双方的任何一方同时与其他人建立恋爱关系。正如席勒所说："真正的爱情是专一的，爱情的领域非常狭小，它狭小到只能容下两个人生存；如果

① 王建民，尚燕杉，张红军. 21世纪创新学生性健康教育新概念（中册）[M]. 通辽：内蒙古少年儿童出版社，2000：677-678.

同时爱上几个人，那便不能被称作爱情，它只是感情上的游戏。”爱情包含特有的感情和义务，只能存在于恋爱者两人之中。恋爱中的任何一方，可以同其他任何异性建立和发展友谊，也不排斥对恋爱对象的选择；但是，一旦恋爱关系确定了，就要求专一。

3.自主性

爱情的自主性是指两性之间爱情关系的确立必须建立在当事人完全自愿的基础上，而不受其他任何外来因素和势力的干预。在一些特定的情况下，虽然有必要通过其他人的中介作用，也不排除需要听取父母及他人的意见，但最终决定是否建立恋爱关系必须是出于当事人双方的自愿，并由当事人自主决定。

4.持久性和阶段性

真正的爱情是有生命的，它自萌发开始会有漫长的成长过程，然后开花并最终结果。爱情的种子在相爱的人心间发芽，随着爱的不断积累和加深，最终建立婚姻关系，并维系这种关系。恰如莎士比亚所说：“真正的爱，非环境所能改变；真正的爱，非时间所能磨灭；真正的爱，给我们带来欢乐和生命。”事实上，婚姻是爱情阶段性发展的必经的一个过程，而爱情的持久性正是建立和保持婚姻关系的基础。真正的爱情会随着时间的沉淀而趋于平静，但不会随年龄的增长而减弱。在不同的时间段，爱情的表现会有所不同，具有阶段性。

5.社会性和道德性

爱情虽然具有自主性，是男女之间相互爱慕的个人情感，但它也具有丰富的社会内容和道德属性。爱情关系也是一种简单的社会关系。在爱情关系中，双方也需要遵守特定的道德规范。爱情的这种社会性和道德性在爱情的婚姻阶段更加明显，其道德规范更进一步上升为家庭责任和应履行的义务。

（二）大学生爱情的特征

大学生由于思想不成熟和社会地位不完全独立，他们的爱情除了有爱情共同的特征之外，还具有以下特征：

1.恋爱普遍化

大学校园是恋爱最活跃的场所。恋爱在大学校园中是比较普遍的一种现象，成为部分大学生入校后的“要务”之一。[①]

2.恋爱动机多样化

由于思想不成熟，大学生的恋爱动机也各不相同：

①有的学生是为了追求与感受美好的爱情而恋爱的，美好的恋爱是每个人所向往的。

②有的学生是为了攀比，看到别人谈恋爱，自己也不甘落后。

③有的学生是为了打发空虚无聊的时间，并不是真心实意想恋爱。

④有的学生是为了在爱情中寻找精神上的寄托，离开父母使他们感到寂寞和孤独，因而希望通过寻求爱情来填补空虚的生活。

⑤有的学生迫于现实的压力，希望通过恋爱对象实现一些个人目的，如为了毕业后能谋求一个理想的职位，为了出国，为了留在大城市，把自己的感情当作敲门砖，

① 刘舒敏. 当代大学生恋爱现状分析与对策 [J]. 教育与职业，2007（29）：174.

通过恋爱牵线搭桥。

⑥有的学生认为大学是谈恋爱的黄金时期，没有恋爱的大学生活是苍白的，所以一定要谈场恋爱才行，是为了体验而恋爱，而不是为了恋爱而恋爱。

3.恋爱的随意性

现在很多大学生男女之间恋爱关系确立得很随意，认为谈恋爱不一定是为了结婚，所以他们不注重恋爱结果，而是注重恋爱的“过程体验”，合得来就继续，合不来就散伙。抱着这种对爱情不负责任的态度，爱情最终难以修成正果。所以，很多大学生在大学期间谈好几次恋爱，更有甚者，其换恋人的次数让人瞠目结舌，这样就玷污了爱情的责任与纯洁。真正的爱情是建立在两人共同的责任感之上的，是彼此用心来经营的，在与对方确立恋爱关系之前，一定要慎重考虑。

4.恋爱观念开放，更趋向于发生身体上的接触

受西方性解放思想与网络内容等的影响，当代大部分大学生的性观念日趋开放。另外，在关于恋爱行为尺度调查中有5种恋爱行为，分别是拉手、接吻、爱抚、进行性行为、同居。半数以上男生选择了“同居”这一项，而女生普遍认为接吻或爱抚都是很正常的行为。

5.恋爱成功率低

由于大学生的生活没有完全独立，所以恋爱的持续性得不到有力的维护。由于恋爱随意性大，毕业后的变数也很多，所以大学生恋爱的成功率较低。如大学毕业后不能在一起，有的回家找工作，有的继续读研，有的出国留学……有的同学受不了异地恋，有的同学觉得两人工作不在一起不可能有未来，所以，双方认为“分道扬镳”是唯一的选择。每年的五六月份是毕业的季节，也是分手的季节。

6.爱情至上，学业其次

很多大学生一旦恋爱便将大部分时间都用来谈情说爱，或者整日游荡在校园里，或者泡在电影院，或者逛街。他们白天在一起甜蜜，晚上还要通过电话交流几个小时，学习因此也就成了他们的“副业”。很多处于恋爱中的大学生因此影响了学业，更没有时间安静地坐在图书馆看书。能够在一起共同努力、互相鼓励、互相帮助的爱情才是有意义的爱情，也才是能够持久的爱情。恋爱中的男女要正确处理好学业与爱情的关系，既获得了甜蜜，又能在各方面成长的爱情才是值得追求的。

7.区域化

大学生恋爱常常发生在来自同一地区的异性间。因为大学里的人都是来自五湖四海、不同地区的，有各自不同的生活特点，所以大学里最易结识的人群就是老乡，最常见的聚会就是老乡聚会。拥有共同口音和声调、共同饮食习惯的一对异性，相互倾诉曾经生活过的点滴时，是很容易彼此产生好感并产生爱情的。由于相似性，同一地区的情侣间爱情的持续性更加可靠和坚固。

（三）大学生性心理发展的特征①

1.性心理的本能性和朦胧性

有很大一部分低年级大学生，由于缺乏深刻的社会体验，他们的性心理主要是生

① 柳斯品. 现代大学生保健指南［M］. 北京：北京医科大学、中国协和医科大学联合出版社，1994：42-43.

理成熟所带来的本能反应。同时，他们对性知识的了解较少，使得他们认为性有浓厚的神秘感与朦胧感。正因为如此，他们才更喜欢探索异性的心理秘密，使其性意识慢慢成熟。

2. 性意识的强烈性与表现上的文饰性

大学生对性的关心程度很高，他们十分重视自己在异性心中的形象，并按异性的要求和希望来塑造自己。在宿舍的“卧谈会”上，谈论的话题离不了对异性的评价以及如何在异性面前展现自己。同时，尽管大学生对有关性的问题很敏感，但是在行为表现上很拘谨，具有明显的文饰性。

3. 性心理的压抑性与动荡性

青春期是人性欲最旺盛的时期，但是由于大学生性心理不成熟，尚未形成稳固的道德观与恋爱观，自制能力有限，所以他们的性心理很容易受外界的干扰而有明显的动荡性。同时，大学生因不具有能满足性冲动的伴侣，因此容易导致过分的焦虑与压抑。

4. 性心理的性别差异性

大学生性心理具有明显的性别差异性。在对异性的感情流露上，男生显得较为外显、热烈，女生较为含蓄、内敛；在爱的表达方式上，男生比较直接、主动，女生比较间接、被动。

四、爱情的理论[①]

（一）爱情三角理论

爱情三角理论（Triangular Theory of Love）是美国耶鲁大学心理学教授罗伯特·斯滕伯格（Robert J. Sterberg）提出的。

1. 爱情的构成

斯滕伯格认为爱情由亲密、激情、承诺3个基本成分组成。他把这些成分形象地比作三角形的3条边（如图8-1所示）。

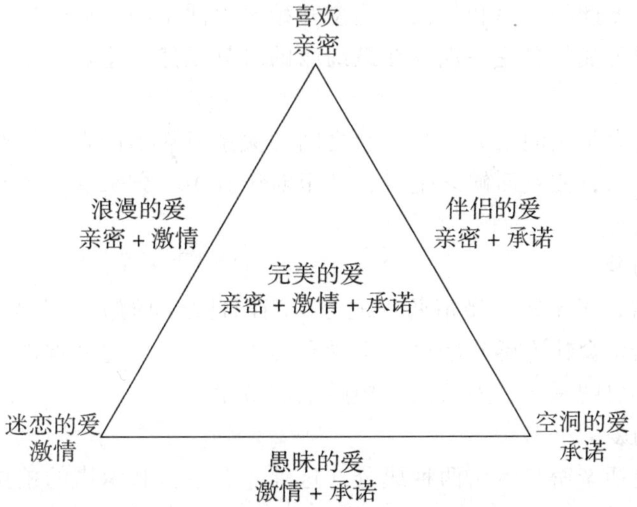

图8-1　斯滕伯格的爱情三角理论

① 段鑫星，赵玲. 大学生心理健康教育［M］. 北京：科学出版社，2003：129.

（1）亲密

亲密是指与伴侣间心灵相近、互相契合、互相喜欢、互相归属的感觉，在爱情关系中能够引起温暖的体验。亲密也包括对爱人的赞赏，照顾爱人的愿望，愿意得到和付出情感支持，分享彼此最内在的想法，属于爱情的感情成分。

（2）激情

激情是指强烈地渴望与伴侣结合的状态，促使关系产生浪漫和外在吸引力的动机，也就是与性相关的动机。通俗地讲，激情就是见了对方，会有一种怦然心动的感觉；和对方相处，会有一种兴奋的体验。性的需要是引起激情的主导形式，照顾、归属、支配、服从也是唤醒激情体验的源泉，属于爱情的动机成分。

（3）承诺

承诺是指维持关系的决定期许或担保，包括短期和长期两个部分。短期的部分是指个体决定去爱一个人。长期的部分是指对两人之间亲密关系所作的持久性承诺，包括对爱情的忠诚、责任心，属于爱情的认知成分。承诺不受情绪左右，是我们用理智和意志作出的。坚定而执着的承诺将为两个人的关系提供保障，因为双方知道，无论发生什么事情他们都是可以相互依赖的，没有承诺的爱是不完整的。

2.爱情关系组合

斯滕伯格进一步指出，在3种成分下有8种不同的爱情关系组合，分别如下：

（1）非爱

在非爱中，3种成分都不具备。包办婚姻属于这种类型。

（2）喜欢

喜欢只包括亲密的部分。当两性之间只存在亲密因素时，交往中的双方会感觉亲切、轻松，彼此会有很强的信任感和依恋感，但是他们可能会觉得缺少激情，也不一定愿意一起厮守终生。

（3）迷恋的爱

迷恋的爱只存在激情的成分。当两性之间只有激情维系时，双方会有强烈的性吸引力，但缺乏对彼此的了解和信任。迷恋开始于生活中的一见钟情，但这种缺乏信任和承诺的爱情很可能如昙花一现，在最绚丽的时刻戛然而止。

（4）空洞的爱

空洞的爱只有承诺的成分。当两性之间的关系只靠承诺来维持时，他们的爱情就已经陷入一潭死水，寂寞而缺乏生机，甚至对于其中一方来讲，爱已变成一种沉重的负担。

（5）浪漫的爱

浪漫的爱结合了亲密与激情两种成分。当两性之间的关系不需要承诺来维系时，亲密和激情的结合会让人感到轻松、享受和唯美至极。但这种被许多人追求的浪漫之爱，会因缺乏必要的承诺，而只能遥望婚姻的殿堂。

（6）伴侣的爱

伴侣的爱包括亲密与承诺两种成分。这种兼有亲密和承诺的柏拉图式爱情，以其特有的纯洁曾被世人高歌，亲人般的信任和依恋使两颗心找到了停靠的港湾，不离不弃的双方在静静诉说着另一种浪漫。但缺乏激情点燃的伙伴之恋，与完美之恋相比，有时候会显得过于苍白。

(7) 愚昧的爱

愚昧的爱包括激情与承诺两种成分。当没有以信任为基础的亲密因素时，爱情仿佛是没有舵手的航船、没有地基的大厦，随时都有可能迷失方向或倒塌。

(8) 完美的爱

完美的爱同时包含3种成分。真正的完美之爱应该是以信任为基础、以性吸引和欣赏为催化剂、以承诺为约束的，是活力和稳定性并存的情感集合。

不同的爱情可以用不同形状、不同大小的三角形来描述，即三角形的面积表示爱情的多少，三角形的形状表示爱情的3种成分之间的相对关系。等边三角形表示平衡的爱情，因为代表各个成分的顶点到三角形重心的距离相等。不等边三角形代表不平衡的爱情，哪个顶点到三角形重心的距离最长，就表明哪个是主导成分；哪个顶点到三角形重心的距离最短，就表明该成分不足或缺少。

(二) 爱情态度理论

爱情态度理论是齐克·鲁宾（Zick Rubin）于20世纪70年代提出来的。他认为，爱情是对某一种特定的他人所持有的一种态度。他假设爱情是可以被测量的独立概念，可视为一个人对特定他人的多面性态度。他从文艺著作、普通常识及人际吸引的文献资料中，寻找拟定叙述感情的题目，经过项目分析，通过信度、效度考验而建立爱情量表（Love Scale）和喜欢量表（Liking Scale）。他发现爱情与喜欢有质的差别。其爱情量表包含3种成分：一是亲和与依赖需求；二是欲帮助对方的倾向；三是排他性与独占性。

(三) 爱情依恋理论

爱情依恋理论将爱情与童年依恋联系起来研究。婴儿时期与人建立的依恋关系，会使个体形成一项持久且稳定的人格特质，这项特质在个体与异性建立亲密关系时自然流露出来。

1.哈桑和谢弗的分析

哈桑（Hazan）和谢弗（Shaver）将成人的爱情关系视为一种依恋的过程，并分为3种类型：

(1) 安全依恋

在安全依恋的爱情关系中，伴侣之间关系良好、稳定，能彼此信任、互相支持。绝大多数人的爱情属于安全依恋。

(2) 逃避依恋

在逃避依恋的爱情关系中，人们害怕且逃避与伴侣的亲密。

(3) 焦虑/矛盾依恋

在焦虑/矛盾依恋的爱情关系中，人们时常出现情绪不稳、极端反应的现象，善于妒忌且希望跟伴侣的关系是互惠的。

哈桑和谢弗在研究中发现，3种不同的爱情依恋风格在成人中所占比例分别为：安全依恋约占56%，逃避依恋约占25%，而焦虑/矛盾依恋约占19%，与婴儿依恋类型的调查比例相当接近。

2.巴塞罗缪和霍罗威茨的分析

巴塞罗缪（Bartholomew）和霍罗威茨（Horowitz）以上述爱情依恋理论的概念为

基础，以正向或负向的自我意象和正向或负向的他人意象两个不同的向度来分析，得到4种类型的爱情依恋风格（如图8-2所示）。

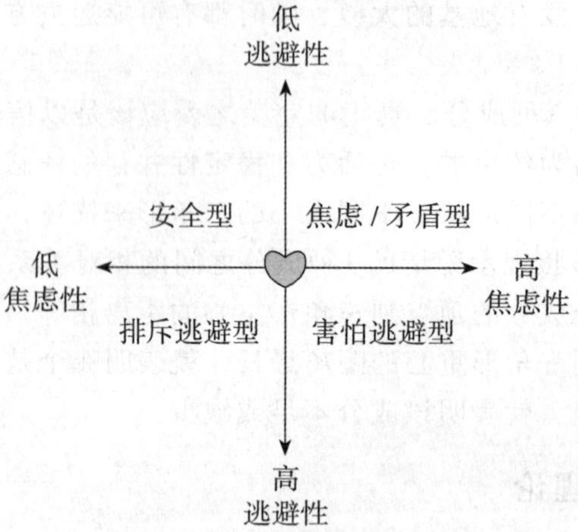

图8-2　爱情依恋风格的类型

（1）安全型

安全型由正向的自我意象和正向的他人意象所造成，即“我好，你也好”。

（2）焦虑/矛盾型

焦虑/矛盾型由负向的自我意象和正向的他人意象所造成，即“我不好，你好”。

（3）排斥逃避型

排斥逃避型由正向的自我意象和负向的他人意象所造成，即“我好，你不好”。

（4）害怕逃避型

害怕逃避型由负向的自我意象和负向的他人意象所造成，即“我不好，你也不好”。

（四）社会交换理论

社会交换理论把求爱的人视为理性主义者，他们总是选择能给自己带来更多幸福的人为伴侣，而所有导致吸引和排斥的因素都可以归于一个范畴，即利益和价值。利益和价值可能是物质的、经济的，也可能是精神的、社会的。

五、大学生恋爱心理发展的阶段[①]

大学生的恋爱心理发展一般要经历理想对象构建、初恋、热恋、心理相撞调适到感情平静5个阶段。

（一）理想对象构建阶段

理想对象构建阶段也是爱的意识萌生阶段。以前，恋爱意识一般是从中学时代开始产生的，初中三年级为恋爱意识的朦胧期。当前，随着社会的发展和生活水平的提高，学生的身体及心理发育速度加快，因此，恋爱意识的萌生要更早。高中为恋爱意识的探索期，这时的青年学生有了恋爱的意向与对爱的思考。但是，由于学业的压

① 黄志坚．青年学［M］．北京：中国青年出版社，1988：476-480.

力，他们无暇顾及恋爱问题，即使情窦初开，也没有让这朵花蕾开出美丽的花朵。到了大学之后，他们如释重负，终于可以考虑自己心目中的“白马王子”或“白雪公主”，构建自己理想中的对象的模型了。

（二）初恋阶段

初恋阶段即现实对象的确定阶段。当人生第一次觉得自己已经找到了心中的那个他（她）时，初恋就开始了。因为初恋是情窦初开时第一次对异性敞开的爱的体验，所以双方的内心往往充满了兴奋和激动，并且双方都感到很新奇。

初恋具有单纯性、强烈性、持久性等特点。单纯性是指由于青年第一次向异性敞开心扉，恋情往往单一、纯真；强烈性是指初恋是爱情积累的爆发，人们常出现强烈的亲近欲，渴望与恋人朝夕相伴；持久性是指初恋造成的感情影响旷日持久。

（三）热恋阶段

热恋阶段也称激情热恋阶段。初恋时爱的感受十分强烈，但表达方式较为含蓄，通常关系不会过于密切。而在热恋阶段，求爱已经完成，恋人朝夕相处，关系十分密切。这一阶段恋人依依不舍，大部分时间都相处在一起。

此外，处在此阶段的青年男女，其理智处于脆弱的状态，感情几乎支配了一切，看不到对方的缺点，“情人眼里出西施”就是这一阶段的典型表现。

处在此阶段，人们在性冲动下很容易发生越轨行为，而对其后果也不能作出理智的判断。

（四）心理相撞调适阶段

热恋是甜蜜的，但过后会进入心理相撞调适阶段。由于热恋中的朝夕相处，恋人对对方的了解更深，发现了之前并没有注意到的优缺点。恋爱双方会根据这些优缺点对对方的综合印象作出判断，看对方是否值得自己继续去爱。因此，这一阶段双方会发生争论、冲突，出现心理碰撞，感情也会起伏波动，时而达到最高峰，时而进入低谷甚至破裂。

（五）感情平静阶段

如果在上一阶段双方作出了肯定的判断，恋爱就进入感情平静阶段。在此阶段，恋爱双方既爱慕对方的长处与优点，又能容忍对方的缺点和不足，并能心平气和地相处。这样恋爱就可以慢慢发展到家庭角色扮演阶段。恋人从浪漫回到现实，开始考虑“柴米油盐”和谋生途径，并为爱情作长远打算。这种家庭角色扮演就为以后的婚姻生活打下了基础。反之，如果在心理相撞调适阶段作出了否定的判断，就会导致恋爱的结束。

问题汇总

爱情的神圣与庄严、神秘与美好吸引着无数青年男女为之“折腰”。大学生带着对爱情的盲目、困惑与迷茫开始了对爱情的探寻。爱情是美好的，但是大学校园里的爱情并非都完满、幸福，恋爱中的大学生并非都能品尝到爱情的甜蜜果实。除了恋爱问题，大学生在恋爱过程中还会面临一些性心理问题。

一、大学生常见的恋爱问题

（一）单恋

单恋是一方的倾慕情感苦于不被对方知晓和接受而造成的一厢情愿或对恋爱的渴望，俗称“单相思”。[①]单恋是富有诗情画意的恋爱形式，正如歌德所说的“我爱你，与你无关”。这跟柏拉图式恋爱类似。但是这种恋爱方式只有付出却没有回报，对于情感尚未成熟的青年大学生的心理会有一定的负面影响，易造成自卑心理和严重的心理负担。

单恋分为两种情况：

一是明知别人不爱自己，但依然一往情深地爱着对方而不能自拔。对于这种情况，最好的方法就是止步。对于不喜欢自己的人，为什么要以自己的自尊为代价苦苦纠缠呢？人们也可以经常提醒自己：“我不应该这样去爱他（她），我与他（她）在感情上没有任何联系”。

二是自己深爱对方，却不知对方的感情，又怯于表明，从而苦苦思念，夜不能寐。对于这种情况，人们不妨大胆地向对方直接或间接地表达自己的爱意，勇敢地去追求爱情和幸福。如果对方恰好有意，单恋便转化为“双恋”，两情相悦的爱情会给双方带来幸福。即使对方无意，也比苦苦单恋而没有结果好。正如柏拉图所说：“既然爱，为什么不说出口，有些东西失去了，就再也回不来了。”当爱情来临的时候，一定要让对方知道，别在校园留下无法追悔的遗憾。

【温馨小提示】

单恋会对单恋者造成严重的精神负荷，并且会对被恋者造成一定的困扰。甚至有些单恋者由于长久得不到对方爱的回应，在严重的精神压力下还会产生不平衡的心理，从而做出过激的行为。所以当代大学生需要明白：爱情，不是一颗心去敲打另一颗心，而是两颗心共同撞击的火花。既然你当初有不计后果追逐的勇气，现在为什么不能选择放弃？

还有些单恋者往往会对爱情产生错觉，即由于对倾慕对象一往情深，希望得到对方的爱情的动机十分强烈，常常会把对方的言行举止纳入自己的主观需要来理解，从而造成对对方认知的偏差。因为自己爱对方，于是觉得对方也一定爱着自己，看他（她）的一言一行都好像在向自己示爱。因此，人们必须客观、理智地看待对方的言行，勇于承认自己产生了爱情错觉，才可能成功地转移自己的感情。

（二）失恋

失恋是指恋爱的一方被另一方抛弃或者恋爱关系的持续性被中断，或一方重新选择了恋爱对象。很多大学生在失恋后一蹶不振，似乎失去了对方就像失去了整个世界。这是因为大多数人在谈恋爱时把大部分精力都放在对方身上，对对方有很大的依

① 辽宁省教委思想政治教育处，整体构建学校德育体系的研究与实验课题组．大学生心理健康导论［M］．大连：大连理工大学出版社，1998：223.

恋，失恋后生活中突然少了一个人就会觉得心里空落落的，这种心情很容易理解。对于失恋，时间是最好的疗伤药，但首先你需要学会关心自己、照顾自己，并且要明白爱情是相互的选择，而不是单方执着。柏拉图曾说过："时间会慢慢沉淀，有些人会在你心底慢慢模糊。"学会放手，你的幸福需要自己的成全。其实，面对失恋，与其让自己痛苦地煎熬，不如放开心态去接受其他的事物，让自己尽快投入到其他的事情中。比如，积极参与各种活动，投入其中，被快乐的氛围所感染，忘却失恋的痛苦，或者将自己的注意力放在更有意义的创造性活动上。

失恋后，尽快理性地分析失恋的原因，针对具体的问题选择不同的调整办法。

1.对方变心、移情别恋，找出自己的一些缺点当借口

对于这种情况，失恋者没有必要去自责。既然对方不再喜欢自己，以后就"你走你的阳关道，我过我的独木桥"，重新选择自己的伴侣好了。

2.对方觉得你配不上他（她），将你抛弃

针对这种情况，首先要让自己从痛苦中走出来，可以运用一些心理防御机制，以产生代偿迁移效应，也就是把失恋造成的痛苦或者紧张迁移到其他方面。

一是确立"天涯何处无芳草"的信念，认识到适合自己的异性并不止他（她）一个人。

二是"酸葡萄"与"甜柠檬"效应。大家都知道"吃不到葡萄就说葡萄酸"的道理，其实这是一种很好的心理防御机制。具体到失恋上来，就是既然得不到对方，不妨找出对方的一些缺点来安慰自己。"甜柠檬"效应就是要看到自己的优点，寻找自信。你可以这样想："我也是有很多优点的，你看不到我的优点总有人看到，我这样的人能看上你已经是你的福气了，我一定会找到更好的恋爱对象。"

3.双方的思想、态度、兴趣、价值观等方面存在很大的差异，导致矛盾激化，不能解决

针对此种情况，首先要注意以后在恋爱前要以朋友的身份与对方相处，趁早了解对方，如果能够接受对方的个性，则继续相处；如果双方不能磨合，则不要开始恋爱关系。

其次，要认识到，既然对方将自己抛弃是因为自己不够优秀，配不上对方，所以必须在各方面提升自己，以使自己在以后的恋爱中不会处于被动地位。

【温馨小提示】

人生路途上我们会遇到许许多多的人，有些是陪我们走到最后的人，有些是生命中的匆匆过客。当那些人不能再陪伴我们的时候，与其低落地处在失恋的痛苦中，不如感谢那个人一路上带给你的欢乐与成长，更要感谢他（她）让你能更坚强地开始新的生活。失去一份恋爱关系，意味着你又获得了新的开始，所以，当你失恋的时候，就把它当作一次或长或短的旅程结束了而已。在这段路途中，我们欣赏了许多风景，我们欢笑过，我们悲伤过，但最重要的是，我们曾经拥有过。有的时候放弃是需要勇气的，哪里痛过，哪里就会变得更坚强。所以，勇敢地选择，勇敢地放弃吧！

（三）追求完美

大学生的恋情大多是没有功利性目的的，比较单纯地喜爱，在相处过程中比较容易把对方的缺点放大处理，进而引发争吵。大学生情侣闹矛盾是家常便饭，而且常常闹“分手”，大多是由情侣间鸡毛蒜皮的小事引起的。情侣间闹矛盾无可厚非，但是，这样必定会影响双方的心情，进而影响学习状态。两个人与其为了一些鸡毛蒜皮的小事而“凶神恶煞”地吵架，何不让彼此的心灵都沉静片刻，想想两个人为什么吵架？这件事真的值得让两个人伤神、伤心地争吵吗？除了吵架就没有别的解决办法吗？事实上，吵架根本就解决不了问题，但是大学生们总是奇怪地如此钟情于吵架这种效率为零的解决办法。

相互理解、包容、沟通才能让彼此听见对方的声音，才能消除彼此的矛盾与误会，才能正确学会解决问题的方法，才能促使自己不断地成长。学者傅雷就指出：人人都有缺点，谈恋爱的男女双方都如此。问题不在于找一个全无缺点的对象，而是要找一个双方缺点都能各自认识、各自承认，能够改正并且愿意逐渐改正，同时能彼此包容的伴侣。简单地说，爱情就是包容和退让，过于追求完美，放大已有缺点，往往会蒙住发现爱的双眼。

【温馨小提示】

恋爱中的人们由于彼此性格、爱好等的差异自然会产生一些矛盾，但有些矛盾是可以尽量避免的，有些矛盾是通过相互的理解和包容能够正确化解的。当矛盾产生时，不妨先让自己的心灵平静下来，之后你会发现，很多矛盾都不再是矛盾了，只是彼此看待事物的角度不同罢了。所以尽量多地试着从对方的角度思考问题，这能让你收到“山重水复疑无路，柳暗花明又一村”的惊喜。

（四）多角恋[①]

多角恋，即一个人同时被两个或两个以上的异性所追求或自己同时追求两个或两个以上的异性并建立了爱情关系。

导致多角恋的原因主要有以下几个方面：

1.择偶标准不明确

大学生由于心理不成熟，生活经验不足，所以没有明确的择偶标准，又不懂得拒绝。他们不知道如何判断与自己关系密切的异性中哪个更适合自己，更不知如何取舍，很容易导致多角恋关系，进而产生不堪设想的后果。

2.择偶动机不纯

很多大学生在选择恋爱对象的时候，有的是由于心里空虚，想找个伴玩玩；有的是由于对方在学习或生活方面能够帮到自己。类似这些不纯的动机在很大程度上导致了多角恋的发生及恋爱的失败。

3.虚荣心强

虚荣心是人类一种普通的心理状态，无论古今中外，无论男女老少，穷者有之，富贵者亦有之。虚荣心理是一些人试图通过追求名誉、荣耀等表面的光彩，来满足自尊需要的心理。虚荣心之所以存在，是因为人们在某些时候对自尊的需要得不到满足，只能用一些外在的荣耀去代替。成年人在选择恋人的过程中，会不同程度地带有虚荣的因素，如通过找一个漂亮的或有钱、有地位的爱人来满足自己的虚荣心。大学生也不例外，也会或多或少地存在类似问题。某些同学甚至错误地认为恋爱对象越

① 何成银. 大学生心理咨询与治疗［M］. 成都：四川教育出版社，1992：190-191.

多，就越说明自己有魅力。抱着这种无比虚荣的心态，他们侥幸地同时与多个人保持恋爱的关系，“脚踏几只船”，到最后落得“翻船”的下场。

4.盲目崇拜

大学期间的男女很容易混淆崇拜与爱情的关系。在大学这个说大不大、说小不小的“林子”里面，学生们会遇到很多优秀的异性，产生好感和崇拜之心是再正常不过的事情。但有些学生一味盲目地崇拜很多人，以为那些都叫作爱情，最终把自己弄得疲惫不堪、精疲力竭，不仅耽误了学业，而且与朋友们疏远了，让老师担心，让家长操心。这种盲目崇拜实在不可取。

多角恋爱违背了爱情的专一性和排他性，极易引起冲突、纷争，酿成悲剧，既害人又害己。陶行知说：“爱之酒，甜而苦。两人喝，是甘露。三人喝，酸如醋。随便喝，要中毒。”爱情是庄严而神圣的，来不得半点随便。大学生应该具有责任心与道德，专一地对待爱情，不应当把爱情当儿戏，在选择恋爱对象时要慎重考虑。明确自己喜欢的类型，如果发现对方不适合自己，一定要果断地与其断绝恋爱关系，不要与其纠缠不清，以免影响自己的正常生活。

【温馨小提示】

真正的爱情是专一的，是两个人的爱情，3个或3个以上人的恋爱背离了基本的伦理道德，根本称不上爱情，并且这种不正常的恋爱关系最终会导致多方受到伤害。因此，大学生应该杜绝发生多角恋爱。

（五）网恋

网恋是通过网络聊天或视频传达情感，使异性双方发生或形成恋爱关系，并逐渐向实际性意向发展的一种虚拟的、隐性的、游戏的、多形式的情感婚恋方式。[①]

在现代社会，网络渗透到生活的方方面面，每个人都离不开网络这一交流工具。尤其对于大学生来说，网络已经成为他们生活必不可少的一部分。通过微信、QQ、微博、抖音等交流平台，即使陌生人都可以通过聊天而相识、相知、相恋。网络聊天虽然能使大学生排除寂寞，满足其与异性交往、恋爱的需要，但是，由于网络的虚幻性，双方在聊天中可以隐瞒自己的任何信息，也可以编造自己所没有的“优点”，从而给对方留下良好的印象，也只能看到对方的优点，因而在未见面前双方关系很好。大部分网络对象一旦见面相处后，对方的缺点就会一一暴露，久而久之双方就会矛盾重重，最终不欢而散。

更有甚者，一些“网络骗子”利用网络的虚拟性，在与对方相识见面后，就会编出一些谎言来骗取对方的钱财，甚至做出一些更过分的行为。例如，有人会利用对方的仁慈之心骗对方说自己家里有人正在医院做手术而急需用钱，或做生意需要资金周转，只要钱一到手就会“人间蒸发”。网恋不慎会导致人财两空，损失惨重。

大学生群体中网恋严重者甚至会影响其学业和正常生活。比如，有的学生上网熬夜聊天占用了大量的睡眠时间，白天上课无精打采，学习效率低下；还有的同学上课时玩手机，根本听不进老师讲课的内容。

大学生应该认识到网恋的利弊得失，正确认识网络中的情感问题，回到现实的世

① 王燕，白翠兰．大学生心理健康教育与辅导［M］．沈阳：辽宁大学出版社，2009：179.

界中来，多参加学校的各种活动，多与周围的人交往，增加与异性接触的机会，相信你会“桃花朵朵开”。

【温馨小提示】

网恋由于神秘而美丽，因为虚幻而充满诱惑，正因如此，许多大学男女都陷入这个美丽的“漩涡”而无法自拔。虽然我们不能否认身边有一些网恋修成正果的例子，但这毕竟是凤毛麟角。网络是虚拟的，我们无法在虚拟的世界里感受真正的爱情，而是应该活在真实的世界里，寻找属于自己的爱情。

（六）未婚同居

现代大学生性观念很开放，大学生婚前性行为和同居现象呈上升趋势。在大学校园附近的小旅馆，常常可以看到情侣们出双入对，更有女学生在小型诊所里堕胎的情况，这些问题都是由大学生不正确的性爱观念造成的。在没有结婚之前就发生性行为，对男生来说也许不会造成很大的影响，但是女生倘若不慎怀孕，将对自己的生理和心理都产生诸多不良的后果。

【温馨小提示】

大学生谈恋爱是一件幸福的事情，但是一定不要偷食禁果，无论男女同学都要洁身自好，保持爱情的纯真。为了使爱情更纯洁、更美丽，我们应该健康恋爱。

（七）同性恋爱

同性恋是指一个人在性爱、心理、情感上的主要兴趣对象均为同性别的人。在过去几十年里，同性恋经历了由“犯罪”到“宽容”的发展历程，具有一定的历史进步意义。从医学和精神学角度出发，同性恋属于人类正常恋爱的类型之一，并且同性恋合法化的国家和地区也在不断增多，而对同性恋持批判态度的人也不断地减少。由于同性间的性需要有别于动物本能的性需要和生物繁衍的天性，同性恋被有些人称为“超越生理欲望的真正的爱情”。

由于网络的发达和生活条件的优越，当代大学生极易获取世界各地信息，并受到各种言论的影响，在对同性恋认知的基础上，有可能引发一定的认同。特别是性格内向、羞于跟异性接触或者在与异性恋爱过程中受到较大挫折的人群，更有可能尝试同性的恋爱。

【温馨小提示】

对于同性恋爱，正确的观点是不应抱有歧视的态度；但由于大学生心理和社会地位的不成熟，进行同性恋爱会受到更大的压力，从而对大学生的心理造成不良的影响，对生活造成不好的后果。

二、大学生常见的性心理问题

由于性生理的成熟或对性需要的压抑，大学生会出现一些性现象，如性冲动、性梦、性幻想和自慰，对这些现象的认识不够或处理不当，就会引起一些心理问题。

（一）性梦

性梦是指人在睡梦中出现与性对象发生性行为从而出现性冲动或性高潮的现象。

异性间的性吸引有时会导致性冲动，在意识清醒时这种冲动能被理智和道德抑制；然而在进入梦乡后，按照弗洛伊德的观点，这种被压抑的冲动就不受理智和道德约束了。

【温馨小提示】

首先，大学生要认识到出现性梦是一种正常的心理现象；

其次，睡前要进行适当的体育活动，以利于尽快入睡；

最后，要尽量避免夜间涉及过多的与性有关的话题和活动。

（二）自慰

自慰，俗称手淫，是指通过自己抚弄或刺激性器官而产生性兴奋或达到性高潮的一种行为。①自慰是在性冲动时自我发泄性欲的方式，是一种常见的现象。大学生正处于“性待业期”，通过自慰来满足自己的性需要，这本无可厚非，也有利于解除心理与生理上的紧张；但是，过度手淫会严重影响身体健康。另外，“手淫”中“淫”字的贬义，给人们的心理带来负担，因此有的大学生会认为手淫是一种肮脏的行为，从而自责。

【温馨小提示】

大学生要正确认识自慰，并且通过培养广泛的兴趣来减少对自慰的关注，将注意力转向外部世界，追求高层次的心理需要。

（三）性幻想

性幻想是指在没有异性的参与下，在大脑中进行的自我满足的性活动。②性幻想是性成熟过程中的正常现象，但是有的学生在性幻想后会感到自责和恐慌。

【温馨小提示】

大学生要正视性问题，树立正确的性观念，以避免自我道德谴责所产生的强烈的罪恶感和自卑心理；还要与异性正常交往，了解异性心理，消除对异性的神秘感，建立对异性的适当的心理反应。

（四）身体接触恐慌

大学生往往对恋爱有些美好的愿景和单纯的认识，所以在恋爱过程中，有些大学生会刻意避免与异性身体的亲密接触。还有些大学生从小没有受到良好的生理学教育，从而对异性的身体产生害怕心理。恋爱的双方如果有一方希望借助身体的接触增进爱情的发展，但另一方对异性身体接触有抵制心理，这种恋爱观的差异就容易造成双方的爱情间隙，严重的时候会造成爱情的终止。

【温馨小提示】

当代大学生应当加强自己生理学知识的学习或者求助心理医生，不应对异性产生过多的恐惧，同时在恋爱观点发生分歧时需要跟对方解释清楚，以免产生误会。同时，恋爱中的一方也应当在没有经过对方同意的情况下与对方发生过于亲密的身体接触，这样易让对方产生心理上的不安，并对爱情的出发点产生疑惑。

---

① 卢勤，周宏，邵昌玉. 大学生心理健康理论与实践［M］. 成都：四川大学出版社，2010：223.
② 王燕，白翠兰. 大学生心理健康教育与辅导［M］. 沈阳：辽宁大学出版社，2009：179.

（五）性虐待

性虐待是一种性心理疾病。在临床上，性虐待症是指在性生活中对肉体或者精神实施伤害和折磨，使对方产生痛苦而获得性满足的行为。性虐待包括主动的和被动的两种表现。随着网络的发展和信息的融合，大学生有可能接触到性虐待的相关知识，进而因为好奇而对此产生尝试的念头。对于心理不成熟而生理成熟的大学生，性虐待会对其造成巨大的心理伤害和生理危害，甚至有可能造成致命的伤害。

【温馨小提示】

为了避免患上性虐待的心理疾病，应当对大学生展开积极的知识普及与相关危害的说明，帮助其认识性虐待的危害，增强自我保护的意识。对于患有性虐待心理疾病的同学，应当积极展开教育和心理辅导，对其行为进行矫正治疗的同时还要加强其他心理治疗。

认识自己

爱情类型量表①

此问卷为不记名问卷，来自美国社会心理学家阿伦森的《社会心理学》第五版，这些项目是请你描述在爱情中的感受。请就你个人真实的感受与经验来填答。如果你现在有男（女）朋友，请以现状作答；如果你曾经有男（女）朋友，请以最近的一位作答；若你还未曾有男（女）朋友，请你用想象的方式作答，最后将自己的爱情类型标出。

对每个项目，请选择1到5之间的数字来表示你在多大程度上同意或者不同意该陈述。

1=非常不同意　2=中度不同意　3=中立　4=中度同意　5=非常同意

1.我和我男（女）朋友是一见钟情。

2.我和我男（女）朋友之间有心动的感觉。

3.我们的爱情热烈而令人满意。

4.我觉得我和我男（女）朋友是天造地设的一对。

5.我和我男（女）朋友在感情上能很快融入一起。

6.我和我男（女）朋友能真正地互相了解。

7.我男（女）朋友符合我理想中的英俊（美丽）的标准。

8.我会在对对方承诺时保持一点儿不确定。

9.我相信我过去的事情不会伤害他（她）。

10.有时我会试图阻止我男（女）朋友找其他的伴侣。

11.如果我和男（女）朋友分手，我可以很快忘掉这段爱情。

12.我男（女）朋友知道我和别人的一些事情会很难过。

13.如果我男（女）朋友太依赖我，我会和他（她）保持一点儿距离。

① 吴萍娜．大学生心理健康与发展——我的大学，从“心”开始［M］．厦门：厦门大学出版社，2013：189-191.

14. 我喜欢与我男（女）朋友以及其他一些人玩“爱情游戏”。
15. 我很难说出自己和他（她）的感情是何时从友情变成爱情的。
16. 我的爱情先需要一段时间的相互关怀。
17. 我希望与对方永远是朋友。
18. 我们的爱情是最佳类型，因为是经由长久友情发展起来的。
19. 随着时间推移，我们的友情渐渐与爱融为一体。
20. 我们的爱情是真正深刻的友谊，而不是神秘、奥妙的情感。
21. 我们的爱情极为令人满意，因为它是从良好的友谊发展起来的。
22. 许诺之前，我会考虑我的另一半未来会成为怎样的人。
23. 在选择男（女）朋友之前，我会先仔细计划我的生活。
24. 我相信择偶最好“门当户对”。
25. 对我家人会有什么影响是我择偶的一个很重要的考虑。
26. 择偶的一个重要因素是对方是否会成为好的父（母）亲。
27. 择偶的一个重要因素是对方对我职业生涯的影响。
28. 在认定他（她）为另一半之前，我会考虑我们是否能生出健康的小孩。
29. 当我与他（她）之间发生问题时，我会寝食难安。
30. 假如我和我男（女）朋友分手，我会很低沉，甚至想到轻生。
31. 有时候，我会因为恋爱而兴奋失眠。
32. 当男（女）朋友不关心我时，我会感觉全身不适。
33. 从我爱上他（她）后，我很难在其他事情上集中注意力。
34. 当我怀疑他（她）和别人在一起时，我会很难过。
35. 假如他（她）有一阵子忽视我，我有时会做出一些傻事来吸引他（她）的注意。
36. 无论何时他（她）遭遇困难，我都一定会帮他（她）渡过难关。
37. 我宁愿自己受苦，也不让我男（女）朋友难过。
38. 我男（女）朋友快乐时，我才会快乐。
39. 我一般会牺牲自己的愿望而让我男（女）朋友的愿望得以实现。
40. 我有的一切东西，我男（女）朋友都可以随时取用。
41. 即使我男（女）朋友生我的气，我也全心且无条件地爱他（她）。
42. 我宁愿为了我男（女）朋友忍受一切。

【测评分析】加拿大社会学家约翰·李基于人们在爱情中的不同行为表现，将男女之间的爱情分成以下6种类型：

1.情欲之爱

情欲之爱也是浪漫之爱。一见钟情式的爱情较容易发生在这种类型之中。情欲之爱者非常注重外表的吸引力，能很快进入爱情。

2.游戏之爱

这种爱情类型的人，从来不会把爱情当作严肃的事情。他们将爱情视为一场游戏，视自己为这场爱情游戏的高手。虽然他们并不想给别人造成伤害，但事实上往往相反。

3.友情之爱

这是一种缓慢发展的爱情，恋爱关系是从友情中慢慢演变而来。相似性在情侣间极为重要。

4.现实之爱

这是十分讲求实际的爱情类型。他们会站在现实的角度上，选择最符合条件的爱人。这些条件包括家世、学历、能力、未来成就等。

5.激情之爱

处于激情之爱中的恋人对对方有强烈的依赖感和占有欲。他们的情绪常表现出两极化，总为对方的喜怒哀乐所牵动。

6.奉献之爱

这是一种无私、给予的爱情类型。这种恋爱者视付出为理所当然，永远把对方的快乐、幸福放在自己的前面，希望爱人一切都好而不求回报。

评分：这42个项目是基于以上的6种爱情类型。把每个爱情类型上所有项目的得分相加，即为相应爱情类型的得分。

①情欲之爱：项目1~7。

②游戏之爱：项目8~14。

③友情之爱：项目15~21。

④现实之爱：项目22~28。

⑤激情之爱：项目29~35。

⑥奉献之爱：项目36~42。

你在每个爱情类型上的总得分是7~35分。得分最高的爱情类型反映了你对爱情的态度；得分最低的爱情类型则最不能反映你对爱情的态度。

阳光训练

训练1

从失恋走向坚强

小娜是一个蒙古族女孩，能歌善舞，性格活泼，在大学有不少追求者。由于酷爱诗文，她最终选择了与自己同在文学社的一个同样喜欢文学的男生。两人情投意合，徜徉在诗歌中，抒发和交流情感。大三的时候，两人开始生活在一起。

大四后，男友直接回了江苏老家工作，小娜则考取了研究生，希望毕业后可以到苏州做一名教师，跟随男朋友共建美好的家庭。在研二的“五一”假期，两个人去了泸沽湖，在那片清澈、神圣的湖水见证下，拍了婚纱照，并许下了结婚的誓言。

金秋十月，男朋友来看望小娜，两人在公园长椅上静静地坐着。正当小娜沉浸于对即将来临的婚姻生活的美好幻想时，男朋友拿起小娜的手机翻看。突然，他推开靠在肩膀上的小娜说：“你怎么把我们的短信删除了？我不在你身边的时候，你怎么跟别的男生联系？”小娜看到原来是一个师弟发的邀请吃饭的短信。然后不管小娜怎么解释，男朋友都认定小娜已经精神出轨，不再忠于自己，决然地提出了分手。

到后来小娜才知道，原来男朋友跟小娜长期不在一起，在公司接受了另一位女同事的追求，并且已经一起生活了很长一段时间。小娜觉得自己纯真的情感被玷污了，多年的感情受到了欺骗，失去了人生目标，不知自己未来该何去何从。于是她变得消沉、颓废，整天精神恍惚，没有头绪。由于失落，小娜和周围同学也因为情绪的波动而发生了不少摩擦，同时毕业论文的进度也因为不能集中精神而受到了一定的影响。于是，她将对生活的茫然失控转化为愤怒，开始恨自己，也恨前男友，想要夺回自己失去的一切，甚至看到其他情侣也会产生强烈的妒忌心。从此，小娜就开始放纵自己，不断更换新的男朋友，企图借助速食爱情发泄自己的不满，在与多位男性的周旋中找回失落的平衡。

【思考】

（1）什么是真正的爱情？

____

____

（2）结合动物本能和精神恋爱的爱情观，请分析小娜跟男朋友分手的原因。

____

____

（3）失恋是大学生中比较常见的最大的情感挫折，也是最普遍的、危害最大的一种挫折。当不得不面对失恋时，你该怎么办？

____

____

【练一练】

（1）找失恋的好处。失恋可能给你带来痛苦和悲伤，但是失恋也可能给你带来收获。请同学们以小组为单位，尽可能多地列举出失恋的好处，然后集体评出10条最合理的观点。

____

____

（2）探索改善失恋心情的方法。请罗列出可以安慰自己心灵的方法。

____

____

（3）分析失恋的原因，使自己在以后的恋爱中能不致再次遇挫。

这次失恋的原因是______________，我在______________方面做得不好，我要采取______________的办法去改进。

（4）列出一些名言来安慰自己。

____

____

（5）尽量多地列出自己的优点，帮助自己找回自信。

____

____

（6）尽量多地列出对方的缺点。

____

____

训练2

主动追求爱情

下面是一封女生写给自己心仪男子的情书，凭这封情书，她获得了自己神往已久的爱情。

> **诚聘军师**
>
> 公元202×年5月31日，吾与君相遇、相识，而后相知、相惜。得知君有诸葛孔明之才，庞统之智，司马懿之谋，张飞、关羽、赵云之勇，亦有刘备之仁德、曹操之奸雄。今吾特写此书，告于天下，愿请君为我军师，与吾共商此生所遇之大事，相互伴之、助之、慰之、亲之、爱之。
>
> 吾之貌，远不及古代沉鱼落雁、闭月羞花之美，却有现代优雅之范。
>
> 吾之才，远不及李清照、蔡文姬、上官婉儿之聪慧，却有现代学者之尊。
>
> 吾之智，远不及窦漪房、吕雉、武则天之谋略，却有运筹帷幄之能。
>
> 吾之勇，远不及穆桂英、花木兰之霸气，却有胆识与魄力之气势。
>
> 吾，虽是平凡女子，但有谦虚、善良、贤德之品质，亦集聪明、大方、气质、智商、情商特质于一身。因吾非白富美，故非求高富帅。
>
> 若君应之，君绝不会悔之、撼之、弃之、恨之，而会喜之、乐之、幸之、欲之。薪，劳多酬多；爱，予多收多；情，出多回多；意，失多获多；尊，妾多君多。可保吾与君福气多多。
>
> 若君应之，吾愿亲君、爱君、尊君、惜君、慰君、助君。必可保吾与君此生无憾、无悔。
>
> 君可谨慎思之，而后定之；不可急之，吾待音矣。
>
> 小琼　书
>
> 202×年11月17日

【思考】

（1）你会主动追求属于自己的爱情吗？为什么？

（2）有人认为“强扭的瓜不甜”，你怎么看待这句话？你愿意寻找一个爱自己的人还是自己爱的人为伴侣？

【练一练】

（1）你认为如何才能写好情书？

（2）除了写情书，还有哪些方法适合向对方表达自己的爱慕之心？

（3）如何判断对方对自己是否有意？

（4）如何做才能让对方接受自己的爱呢？

（5）对于你所追求的异性，你有什么要求和标准？请将以下的择偶标准按从重要到次要的顺序排列（也可补充你认为重要的要求）：父母的态度、性格、家庭、学历、人品、能力、收入、才华、志趣、相貌、年龄、身高。

（6）男女同学的择偶标准有何不同？

训练3

爱情的生成和拒绝

小王是一名大二的学生，每天都习惯在图书馆401室东边的角落看书。一天下午，他去图书馆看书时，突然发现自己正在读的书里夹着一张淡绿色的信纸，上面隽秀的字迹写道：

"你好，我是一名刚走进校园的女生。从我到401室看书的第一天起，我就看到了朝阳透过窗帘的缝隙在你脸上印着斑驳的光晕。渐渐地，我习惯性地比你更早来到401室，坐在靠西边的角落，只为听到你轻轻踏进图书馆的脚步声，更只为看那在你脸上掠过的阳光，在余热消散前，能够抚慰我的双手。我希望能够跟你交往，能够温情地坐在河边相互依偎，望着倒映在河里的粼粼波光，听着远处不时传来的隆隆船鸣声；也希望以后能够在寂静的夜色下，相拥在充溢着蛙鸣声的原野，感受双方灵魂的交融和情感的脉动……无论如何请在背后留一纸印记作为回应——蓉。"

【思考】

（1）请从爱情产生方面分析这个女生会喜欢上小王的原因。

（2）如果你是小王，你会怎么做？直接拒绝还是接受？

【小结】拒绝爱的时候一定要考虑到对方的性格特点，选择适当的方式。

【练一练】

对于一份突然出现的不想要的爱情，你会怎么做？在恋爱的过程中，你觉得不再爱的时候，你会怎么处理？众多的调查发现，当不爱的时候应该果断拒绝，这是对爱情的尊重，也是对自己和他人责无旁贷的义务。所以大学生要敢于拒绝爱或结束爱，这也是一种爱的能力。下面有一个"学会拒绝爱"的活动，能够帮助大学生掌握拒绝爱的方法。

【学会拒绝爱】

（1）请你尽可能多地搜集拒绝对方表白的表达方式。小组一起讨论，写得越多越好，先不要评判好还是不好。

（2）小组讨论评选出“十大最具杀伤力”的拒绝表达方式和“十大最善解人意”的拒绝表达方式，并讨论理由。

“十大最具杀伤力”的拒绝表达方式有：

______

______

“十大最善解人意”的拒绝表达方式有：

______

______

幸福阳光

恋爱前的种种疑问和困惑

恋爱前你有没有产生思绪混乱的感觉？内心的挣扎和纠结常常令你睡不着觉，那是因为你的心中有种种疑问和困惑。

一、喜欢与爱的区别

你是喜欢他，还是爱他？这有必要分清楚。

喜欢没有具体的定义，可以根据表现形式来区分。最重要的是，要分清好感、喜欢以及爱。“他说喜欢我，但我不知道是否喜欢他……”如果你有这种烦恼，那么证明你不喜欢他。为什么如此肯定呢？因为喜欢有“情有独钟”的特质，如果喜欢，你就一定会知道，而不会产生那种徘徊和不确定的情况。

总的来说，好感比喜欢范围广，喜欢比好感程度深。我们对任何人，如同学、家人、朋友都有可能产生好感，好感就是相处得愉快、和谐、舒服。喜欢则更进一层，除了上述积极、正面的情绪以外，还会体验到紧张、焦虑、恍惚、担忧，甚至恐惧等情绪。

喜欢上一个人时，我们通常会发现自己开始变得“不正常”。人总是希望可以控制自己的情绪，当由喜欢而产生的占有欲和我们原有的自控欲发生冲突时，那些负面情绪就产生了。同时，每个人都有自我保护意识，在这种意识的作用下，我们不会轻易接受另一个人走进自己的世界，因此，这种挣扎和纠结就是喜欢的一种体现。

那爱又是什么呢？喜欢可以随时随地发生，而爱是有限制的。因为爱不仅要彼此喜欢，还需要两个人走到一起并好好经营对彼此的感情。喜欢是一个人的事情，爱情则是两个人的事。我们之所以要去“谈”恋爱，就是要让喜欢变成爱情。

二、你做好恋爱的准备了吗?

爱情可以说是经营之后的情感，它比喜欢更美妙、更深刻、更持久，当然失去时也更让人痛苦。但为了拥有真爱，为了享受幸福的甜蜜滋味，我们甘愿承担风险。怎么样才能够降低风险呢？我们可以做两件事：一是相信；二是投入。

为了减少爱情可能带来的伤害，不少人选择减少投入，这种想法其实是不可取的。首先，精神和金钱不同，很难计算其投入和产出，而且努力控制自己、勉强自己，这本身就是一种伤害。其次，减少投入带来的是更多的遗憾，甚至还可能受到更多的伤害，付出才是真爱和幸福的源泉。

资料来源　芦森．不一样的恋爱心理学［M］．北京：中国青年出版社，2010：28-29.

学思践悟

年轻人需要怎样的情感教育？

一、强化对情感生活的诚信、尊重和责任意识

现代化和城市化的快速推进，提升了青年个体的主体性和独立性，互联网蓬勃发展增强了青年人在社会生活中的话语权，也促使他们对恋爱的态度发生变化。

有的觉得“恋爱很麻烦”。“95后”北京青年陈成从大学毕业后，随即进入某企业工作。不过，他的婚恋“进度条”一直停滞不前，让父母十分着急。“平时下班后比较累，周末报了健身班，剩余时间和朋友约饭、玩玩游戏，哪有时间谈恋爱？”在陈成看来，刚工作的他生活过得很充实，对谈恋爱抱着随缘态度，有时甚至觉得“恋爱关系很麻烦，也很难处理”。

在共青团中央的一项调查中，认为“单身很好，恋爱很麻烦”的青年占比高达74.8%。专家表示，如果发现恋爱、婚姻不能提高自己的生活质量，或者影响到个人自我价值的实现，一些青年人就不愿意谈恋爱或结婚。

有的对谈恋爱存有顾虑。在上海一家互联网公司工作的王英今年25岁，十分向往谈一场浪漫的恋爱，但又有点害怕：“经常在新闻里看到有些人打着谈恋爱的幌子进行精神控制，担心自己也遇到这种人。”

一名婚恋机构负责人表示，互联网时代的青年容易接收到一些关于婚恋的碎片化负面信息，加之一些地方在婚恋、婚房、彩礼等方面存在陋习，容易使青年人形成对婚恋的刻板印象和错误观念，出现“恐恋”“恐婚”。

中国矿业大学公共管理学院教授段鑫星曾在全国数百所高校开展大学生心理健康讲座及调查，并开设《恋爱心理学》线上课程。她发现，对大学生心理健康影响最大的是情感关系，他们在恋爱中遇到的问题多与沟通有关，比如不知如何表白，恋爱过程中不知如何处理产生的矛盾、冲突、分歧以及异地恋等问题。

“应该通过情感教育，强化青年对情感生活的诚信意识、尊重意识和责任意识。”在喻丰看来，这些意识最终会形成青年人面对爱情、婚姻时的价值观。这种价值观首先是理性的。根据心理学理论，爱情是由激情到亲密、由亲密到承诺的过程。恋爱意味着两人的亲密关系向前发展，需要相互理解、相互磨合，并共同承担由此产生的道德责任。这种价值观还应是文明的，反对操弄对方自尊和感情，产生极强的不平等、男女对立等恋爱关系。

二、为青年情感教育提供有效保障

“恋爱课的内容和我想象中不太一样。”天津一所高校的大三学生吕薇上学期选修了段鑫星教授的《恋爱心理学》课程。她本以为老师会讲授恋爱技巧，但事实上，这门课主要教青年人如何正确和对方相处、怎样调整心态。

据介绍，课程内容包括恋爱心理学理论知识、稳固爱情的心理规律、爱情挫折心理及调适等。授课形式以慕课为主，还会举行一些线下活动和直播活动，为校内外青年答疑解惑。记者在一个慕课平台上看到，该课程累计选课人数近2万。

段鑫星表示，课程主要目的是帮助青年人树立正确的爱情观、价值观和人生观，认识两性差异，同时了解恋爱的本质。“恋爱的本质是亲密关系，属于社会关系的范畴，但并不局限于两个人的关系。情感触发是一个复杂的问题，它渗透着我们的价值观、背景、当前状态等多方面因素。”

《中长期青年发展规划（2016—2025年）》提出，加强青年婚恋观、家庭观教育和引导，将婚恋教育纳入高校教育体系。近年来，国内一些高校陆续开设如《人生幸福课》《亲密关系》《恋爱与人生幸福》等情感教育课程，并设立心理健康教育与咨询中心。一些共青团组织、企业工会、婚介平台、心理咨询机构等通过举办针对青年的恋爱讲座、交友交流联谊等活动，积极加强社会心理服务体系建设。

如何在充分尊重青年一代恋爱态度和选择的同时，让年轻人自身感受到恋爱和婚姻的美好？这需要学校、家庭、社会在加强情感教育方面共同发力。

喻丰建议更多高校开设有关青年婚恋教育的课程、讲座。他认为，作为积极心理学的一部分，这些课程、讲座有益于帮助学生在面对情感时建立一个乐观平和的心理基础，在思想上得到成长。邓希泉也认为，高校、教师和相关研究人员要深入研究如何让青年在社会主义核心价值观指导下树立正确的恋爱观，并在高校思想政治教育课程中积极融入情感教育的内容。

家庭是情感的港湾。小魏表示，原生家庭中父母亲属的婚恋观会直接影响子女未来找对象时的心理状态，“父母本身是榜样，如果父母相濡以沫，孩子也会期待这样一种关系”。她认为，父母要增强对孩子的情感教育，让孩子学会表达、学会关怀，培养家庭责任感。

专家建议，相关部门应将婚嫁、生育、养育、教育一体考虑，同时在全社会大力倡导文明简约的“新婚俗”，让恋爱和婚姻摆脱功利化色彩和不良习俗的裹挟，形成积极健康的舆论导向和社会环境，为青年情感教育提供有效保障。

资料来源　彭训文．年轻人需要怎样的情感教育？[N]．人民日报（海外版），2021-11-15（5）.

第九章

超越挫折才会成功

——挫折应对能力训练

苦难对于天才来说是一块垫脚石，对于能干的人来说是一笔财富，对于弱者来说是一个万丈深渊。

——巴尔扎克

祸兮福之所倚，福兮祸之所伏。

——老子

阳光心态

刘伟：身残志坚的精彩人生①

——感动中国2011年度人物

刘伟，无臂钢琴师，23岁。

“我的人生中只有两条路，要么赶紧死，要么精彩地活着。”这是刘伟的励志名言。这个小伙子的独特经历和强大的内心世界让很多人记住了他的名字。

刘伟出生在北京普通家庭，10岁时因一场可怕的事故而被截去双臂。12岁时他学会了游泳，两年后在全国残疾人游泳锦标赛上夺得了两枚金牌；16岁时他学习用脚打字；19岁时他学习钢琴，一年后就达到相当于用手弹钢琴的专业7级水平；22岁时他挑战吉尼斯世界纪录，一分钟打出了233个字母，成为世界上用脚打字最快的人；23岁他登上了维也纳金色大厅舞台，让世界见证了中国男孩的奇迹。

当袖管两空的刘伟走上舞台时，没人能想象他究竟要怎样用双脚弹奏钢琴。而当优美的旋律从他脚下流出，10个脚趾在琴键上灵活地跳跃时，全场一片安静。在刘伟表演结束之后，所有观众都起身为他鼓掌。

刘伟的身后站立着他伟大的母亲。这个普普通通的家庭妇女懂得一个最基本的道理：这个世界没有什么可以依赖，除了自己。刘伟没有让母亲失望。

当命运的绳索无情地缚住双臂，当别人的目光叹息生命的悲哀时，他依然固执地

① 佚名. 2011感动中国十大人物颁奖词［EB/OL］.［2013-05-21］. http://baike.baidu.com/view/7746734.htm#4.

为梦想插上翅膀，用双脚在琴键上写下：相信自己。那一段段轻盈的旋律，正是他努力飞翔的轨迹。

【思考】

（1）刘伟成功的经历给你哪些启发？

（2）当你身陷绝境时，你应该以什么样的态度去应对所遇到的困难和挫折？

（3）你所遇到的最难忘的挫折是什么？你是如何应对的？

阳光殿堂

一、挫折的含义及产生的原因

（一）挫折的含义①

大学生迈进大学的校门，开始从对父母的依赖中走出来独立生活，面对新的环境、新的起点、新的困难，现实逼迫他们不得不自己去思考问题和解决问题。这就需要他们具有能够独立地面对挫折、承受挫折和有效地应对挫折的能力。

挫折是指人在某种动机的推动下，在实现目标的活动过程中，遇到了无法克服或自以为无法克服的障碍和干扰，使其动机不能实现、需要不能满足时所产生的紧张状态和情绪反应。

挫折包括3个方面：

1.挫折情境

挫折情境即需要不能获得满足，包括内外环境或干扰等情境因素，如考试不及格、比赛未获得所期望的名次等。

2.挫折反应

挫折反应即在自己的需要不能满足时产生的情绪和行为的反应。例如，人在失恋之后感觉很痛苦；停车的时候被保安阻拦，非常气愤，产生了攻击行为等。

3.挫折认知

挫折认知即对挫折情境的知觉、认识和评价。人们对挫折的认知，直接影响挫折的反应行为。例如，当一个同学考试得了59分时，他认为自己复习不够，还应该更努力地学习，会更加发奋学习；但是如果他认为是老师故意不让他通过，就会很生气，甚至咒骂老师，以后学习这门学科时也会产生消极行为，甚至厌学。

① 杨怀中．青年实用心理学［M］．北京：中国人事出版社，1996：116-117.

（二）挫折产生的原因①

挫折产生的原因主要有内部原因和外部原因。

从外部原因看，有些挫折是由非人为的环境因素造成的。例如，一个急于想完成学业以便能负担家庭生活的大学生，还必须苦读一两年才能毕业；身处异国的留学生由于远隔重洋而无法与思念已久的亲人和朋友相聚。有些挫折是个体在社会环境中遭遇到人为因素所引起的。例如，两个相爱至深的大学生，其恋爱关系因男方家庭来自农村而遭到女方家长反对。

挫折产生的内部原因主要包括以下6个方面：

1.个体生理条件的限制

有的学生发育好、个子偏高，有的学生天生个子矮。当我们不能改变现实时，应当尝试去改变对现实的态度。正如一句英语谚语所说："Like yourself, and others will like you too."——喜欢自己，别人也就会喜欢你。同样的道理：接受自己，别人也就会接受你；接受自己，你才能够获得自信心。

2.动机冲突

它是指同时产生了两个或两个以上的动机，但由于条件限制，二者不可兼得，如"鱼与熊掌不可兼得"的冲突、"前怕狼后怕虎"的冲突、"进退两难"的冲突等。如果这种心理矛盾持续太久、太激烈，或是其中一个动机得到满足，而其他动机受到阻碍，这时便会产生挫折感。

3.能力和期望的矛盾

一个人如果过高地估计自己的能力，就会对自己提出不切实际的要求，制定过高或无法达到的目标或计划。一旦目标无法实现，自己又未能清醒地认识到这一点，便会产生强烈的挫折感。

4.人际关系障碍

人际关系是一种重要的社会心理现象，有人称之为心理气氛。如果人际关系不良，就会使一个人处于莫名的不安状态中，感到无助或孤独，并会引起各种形式的挫折反应。

5.学习上的不适应

学习上的不适应常发生在一年级大学新生中。尤其是重点大学、名牌大学的新生竞争更激烈，强中更有强中手，这必然使一些中学时的高才生失去原来的优势，心理上产生压力和不平衡感。

6.生活上的创伤

失去亲人或失恋都可能给大学生造成难以承受的精神打击，这也是常见的心理受挫因素。

二、挫折的相关理论②

（一）关于挫折情绪产生源的理论

1.挫折-攻击理论

挫折-攻击理论是由美国耶鲁大学社会心理学家多拉德（J. Dollard）等人提出的，

① 高汉运. 青年学生心理健康［M］. 徐州：中国矿业大学出版社，1997：116-119.
② 时蓉华. 新编社会心理学概论［M］. 上海：东方出版中心，1998：147-151.

他们认为攻击行为是挫折的结果。也就是说，攻击行为的发生总是以挫折的存在为先决条件的，挫折的存在也总是导致某些形式的攻击行为。以这种观点来看，在社会生活中挫折随处可见，如学生考试成绩不理想、人们失业不能及时找到工作等，人们的愿望和动机达不到满足就会产生挫折感。随着时代的发展，有的心理学家认为，如果挫折产生的原因是他人无意造成的、不可避免的或者是普遍的、正常的情况，人们在对待挫折时就会减轻挫折感受，很少发生攻击行为。

2.需要和紧张的心理系统理论

该理论的代表人物是美国著名心理学家卢因（K. Lewin）。他认为个体的需要如果得不到满足，就会出现紧张、焦虑等心理状态，从而失去心理平衡，产生失败的情绪体验。也就是说，个体在其需要的推动下，会产生一种紧张的心理状态，激发一种满足需要的动机，以求得心理上的平衡。当需要得到满足时，心理紧张就会消除；反之，心理就会产生挫折体验。卢因认为，如果所有的需要能够满足，就能避免挫折的产生。这种理论说明了需要和挫折之间的关系。

从理论上讲，卢因的观点符合客观事实；但是从实践上讲，个体的需要是多种多样、不断变化的，不可能全部得到满足，所以避免挫折的设想是无法实现的。

3.社会文化理论

该理论的创立者是新精神分析学派的代表人物沙利文（H. S. Sullivan）和人本主义心理学派的代表人物罗杰斯（C. R. Rogers）等。社会文化理论重视社会文化中人际关系对个体挫折情绪产生的影响，主张通过加强人际交往、改善人际关系、增加人际关注来避免挫折的产生。沙利文认为研究人类精神疾病不仅要研究生理遗传本能，而且应该研究人际关系。在沙利文看来，挫折感（或称焦虑）是由受一定社会文化或人际情绪影响的本能需要得不到满足而导致的，所以要消除人的挫折情绪，社会文化中的人际交往的调节是很重要的。

罗杰斯认为，个体有现实需要，也有获得积极关注的需要。积极关注的需要是需要别人对自己的肯定、看重、认可和喜爱等。伴随着对他人积极关注的需要得到满足，个体又发展出一种自我关注的需要，就是个体需要觉得自己是有价值、有能力，值得看重、值得自爱的，即认可自己。如果个体不能满足自己的现实需要，也得不到别人的关注，他人积极关注的需要就得不到满足。这样往往导致个体不认可自己，从而导致自我关注的需要也得不到满足，自然产生挫折感。反之，如果个体虽然无法满足现实需要，但能得到别人的关注，就使他人积极关注的需要得到满足，进而使得个人认可自己，从而自我关注的需要得到满足，产生积极的情绪。由此可以看出，在罗杰斯的理论中，人际关注十分重要，好的人际关系能满足个人的“受到他人积极关注的需要”，进而也能满足自我关注的需要，克服挫折情绪。

（二）挫折的反应理论①

挫折情绪引起了许多个体和社会反应，这使许多社会心理学家关注挫折的反应研究。从20世纪三四十年代开始，人们以弗洛伊德等的理论为基础展开了挫折研究，形成了挫折-攻击（侵犯）理论、挫折-倒退理论、挫折-效应理论等。

① 段保才. 高职生挫折心理及应对方式研究［J］. 太原：山西人民出版社，2008：23-24.

1.挫折-攻击（侵犯）理论

1939年耶鲁大学社会心理学家多拉德、杜布（L. Doob）、米勒（N. E. Millers）等5人出版了论述攻击的经典专著——《挫折与攻击》。在该书中，他们首次提出了挫折-攻击理论，其主要观点是："攻击行为的发生总是以挫折的存在为先决条件；反之，挫折的存在也总是导致某种形式的攻击。"也就是说，他们把挫折和攻击看成是一一对应的关系，挫折是攻击行为的充分必要条件。早期，他们曾以"剥夺睡眠"的实验（1940年）来验证其假设。实验者剥夺被实验者（6名耶鲁大学男生）24小时睡眠时间，而且不准他们自由行动，不给他们早点吃等，以期引起其挫折反应。结果发现，被实验者采用不友好的语调相互谈论，或采取提出一些非难性问题等形式攻击实验者。

虽然有大量的实验证明了该理论的合理性，但事实上不是每个人遭到挫折时都会表现出攻击行为，也不是所有攻击行为都由挫折引起。挫折是否产生侵犯行为往往依赖挫折强度的大小和受挫者对情境的理解以及受挫者的个性特征等。由此，这一理论后来遭到来自四面八方的诘难。面对诘难，1941年，米勒对这一假说作了修正。在《挫折与攻击》中，米勒写道："挫折可以产生或引起一系列不同类型反应的刺激，其中之一是引起某种形式的攻击的刺激。"也就是说，米勒已认为挫折可以产生除攻击之外的其他后果。1969年，伯科维茨（L. Berkowitz）认为，挫折-攻击理论过于简单化、概括化，难以解释人类的攻击行为，因而他也对此理论进行了修正。伯科维茨分析了几个并不完全支持挫折-攻击理论的研究之后，指出挫折所创造的仅仅是一种攻击行为的"准备状态"。这种准备状态还可以由他人的攻击和已经养成的攻击习惯等其他原因产生。可见，挫折-攻击理论把挫折与攻击绝对化地联系起来是错误的，但它的确描绘了受挫折后的一种反应可能。

2.挫折-倒退理论

挫折-倒退理论最先由巴克（R. G. Barker）等人提出。在儿童行为的研究基础上，他们提出挫折导致倒退，即在受到挫折后人们表现出活动水平的降低。巴克、邓波（T. Dembo）与卢因所作的研究中，观察者们注意到，遭受挫折的那一组孩子不仅表现出攻击状态，还表现出倒退状态。

梅尔（N. R. F. Maier）提出了更进一步的挫折-倒退理论，即挫折导致神经症。1956年，他提出在受挫折之后产生的任何行为都变得固定化了，并可能形成神经症。他的结论依据这样的研究：训练白鼠为获得食物的奖赏而从跳台跳向两扇门。如果跳向左边的门，白鼠就会获得食物；如果跳向右边的门，门立刻关闭，白鼠撞到门上，那么反复训练后，白鼠会习惯性地跳向左边的门。这时，改为随机放食物，使白鼠不能确定跳向哪一扇门能获得食物。这样，白鼠逐渐拒绝跳向任何一扇门。如果由来自后面的一阵空气或电击等方式迫使白鼠去跳跃，但不确定是引起奖赏还是撞到门上，那么反复进行后白鼠在任何情况下都拒绝跳跃，并表现出疯狂的神经症症状。

挫折-倒退理论进一步发现了挫折可能引起的另一种反应，即挫折引起"倒退"。

3.挫折-效应理论

蔡尔德（L. I. Child）和沃特豪斯（K. I. Waterhouse）批评了挫折-倒退理论，促进了挫折-效应理论的提出。他们否认挫折具有任何独特的性质，即挫折不会导致某一特定的反应，如"攻击"或"倒退"。他们认为，在按一般方式所解释的受挫情境中，有目的的行为受到妨碍，动机变化了，其他任何反应也变得更有可能发生。挫折-效应理论是由阿姆塞尔（A. Amsel）正式提出的。阿姆塞尔首先给挫折作了操作性定义。这一界定是：挫折是当有机体在先体验到奖赏后又体验到无奖赏时所出现的情况。阿姆塞尔提出的挫折-效应理论认为挫折有可能引起活动效率的提高。

这个观点是以阿姆塞尔和鲁斯尔的一项实验为依据的。他们的实验装置包括两条跑道和在每条跑道尾部安置的一个目标箱。白鼠被训练从第Ⅰ条跑道跑向目标箱Ⅰ，在那里获取食物；然后从目标箱Ⅰ出发，通过第Ⅱ条跑道跑向目标箱Ⅱ，在那里可再次获得食物。在目标箱Ⅱ的食物被吃完后，这次训练便结束了。反复这样训练，直到白鼠的跑动速度固定化。此后，使50%的实验在目标箱Ⅰ处没有食物，并对白鼠从目标箱Ⅰ出发到目标箱Ⅱ跑动的时间作测量。结果，在目标箱Ⅰ没有食物的实验中比在那里有食物的实验中，白鼠显著地表现出更快的出发和跑动速度。白鼠在目标箱Ⅰ处不能获得食物（受到挫折）反而跑得更快，这就是挫折效应。

在对儿童的研究中也发现，在完成某种任务时，无奖赏会导致后续力量的提高。例如，在辨别力的形成上，无奖赏比奖赏对学习具有更大的效果。挫折效应是有条件的，儿童对无奖赏的反应效应被认为相当大程度地取决于个体特征。

这一理论与以往理论不同的是，它看到了挫折有可能产生积极效应的一面，为以后的挫折研究提出了新的课题。

三、大学生挫折心理的相应反应[①]

（一）情绪性反应

1.攻击

个体在遭受挫折后，常常会产生愤怒的情绪，为了将愤怒的情绪发泄出去或者对造成挫折的人进行报复，可能会产生的过激行为，即攻击性行为。攻击性行为分为两种：

（1）直接攻击

直接攻击是指受挫折者对构成挫折的人或物表现出来的直接攻击行为。

（2）间接攻击

间接攻击是指对构成挫折的人或物以外的目标进行攻击的行为。例如，丈夫在单位因误解被领导训了一顿，很气愤，于是与领导吵了一架，这属于直接攻击；如果当时丈夫忍住了，回家后和妻子吵架，这就属于间接攻击。

2.焦虑

焦虑是一种模糊的、紧张不安的综合负性情绪，常常伴随着焦急、忧虑、恐惧等感受，甚至可能会出现冒冷汗、恶心、心悸、失眠等神经性生理反应。人们遭受挫折一般都会产生某种程度的焦虑反应。

3.冷漠

冷漠是指个体遭受挫折表现出无动于衷和漠不关心的态度。从表面上看，个体对挫折没有任何的反应，事实上他对挫折产生了更加痛苦的内心体验，只是被压抑或以

① 冯江平．挫折心理学［M］．太原：山西教育出版社，1991：39-49.

间接的形式表现出来。冷漠严重影响了大学生的心理健康。

4.退化

退化是指人们在受到挫折时，表现出与自己的年龄和身份不相称的幼稚行为。当人们遭受挫折时，一些人就会在一定程度上对自己的行为失去控制，以低于自己年龄的简单、幼稚的方式应对挫折，来求得别人的同情和照顾。例如，一位妇女在逛街时，钱包不小心丢了，结果在马路上坐着大哭，以发泄痛苦的情绪。

5.固着

固着是指一个人在受到挫折时，采取刻板的方式盲目重复某种单调的、机械的行为。例如，有的同学在失败后，老师教育他一些道理，让他从中吸取教训，但是他执迷不悟地坚持自己错误的做法，对老师的教导产生强烈的反感，并且一味地固执下去，在反复受到挫折后就会产生茫然的感觉，情绪焦虑不安，甚至失去自信，悲观失望，盲目顺从。因此，固着不但不能解决问题，反而会造成严重后果。

6.幻想

幻想是指个体企图以自己想象的虚幻情景来应对挫折。大学生处于爱幻想的年纪，因此幻想特别多，幻想可以使他们暂时脱离现实，在自己的想象中满足自己的需要，从而产生愉快和满足。幻想本身不能解决问题，大学生在幻想之后必须勇敢地面对问题，应对挫折。如果总是沉迷于幻想之中，就会造成自己生活习惯的障碍。

7.文饰

文饰是自我安慰，又称“合理化”，也就是阿Q精神。有的大学生遭受挫折，为了避免引起情绪反应，维持自尊心，就用精神胜利法，给自己一个合理的解释，自欺欺人，减轻内疚，来求得心理平衡。例如，一个男大学生追求一个女孩，但是没有成功，他就会自我安慰道：“女孩也不漂亮，她还真把自己当成公主了，我追她是她的荣幸，但是她如此不识抬举，不要也罢。”这样他在心理上就会得到满足。

8.逃避

逃避是一个人遇到挫折时，不能面对现实、正视挫折，而是用消极的态度避开现实的一种挫折反应方式。如一些同学英语发音不准，带着家乡口音，遭到了同学们的嘲笑，以后就不再说英语，也不参加任何与英语相关的活动。一个同学恋爱后失恋，就不再谈恋爱。逃避永远不是解决问题的办法，大学生应该勇敢地去面对挫折，从挫折中吸取教训，争取日后的成功。

9.自杀

自杀是个体遭受挫折后最极端的反应方式。如果挫折的打击突然而沉重，个体一时难以接受，就会陷入轻生厌世、万念俱灰的死胡同；这时如果没有外力来帮助，就会以结束自己生命的方式来结束痛苦。

（二）理智性反应

1.坚持目标，继续前进

个体在遭受挫折后，要进行冷静的分析、深刻的反思，坚信挫折和困难只是暂时的，只要自己不断努力、克服困难，最终必会实现自己的目标。

2.调整目标，总结经验和教训，继续奋斗

由于自身或者一些外在因素，一个人发现自己追求的目标不现实，或者凭借自己当时的条件是不可能实现的。这时，这个人就需要对自己重新审视，认识自我，找到适合自己的方法，规划合理的目标，继续坚持不懈地努力。大学生容易高估自己的能力，不可避免地会遇到挫折，因此，正确地认识自己、给自己一个合理的评价，是很重要的。如果目标太高，可以把目标分成几个阶段来进行，只要不放弃，最终会实现理想。

3.改换目标，合情合理

在生活中，有的大学生为自己制定目标时过于盲目，从而过于不符合事物发展的客观规律，这时就需要放弃目标，然后根据当时的条件，重新为自己制定新的目标，这样才会收获成功的喜悦。例如，一个学生音乐基础很差，但是羡慕自己朋友优美的嗓音，自己不断地练习，最后失败。这时他就应该调整目标，可以去学跳舞或者其他自己擅长的方面，来展现自己的优势，这样就可以达到同样的目的。

四、挫折应对方式

人生之路，挫折不可避免，当遇到挫折时，大学生应该采取正确的方式应对。例如，有的学生长相平平，但学习成绩优异；有的学生失恋痛苦，但可以合理安排自己的作息时间，用学习和社团活动让自己的生活更丰富，从而早日走出失恋阴影。我们在遇到尴尬和处境困难时，不妨用幽默自嘲的方式来化解，用积极乐观的态度来战胜挫折。既然挫折已经摆在我们面前，就让自己勇敢地接受它，然后克服它；当你成功跨越困难时，你发现自己变得更坚强、更自信、更成熟。

问题汇总

引发大学生挫折的因素是多种多样的。跨进大学之门，很多学生过着三点一线的生活，久而久之便觉得枯燥无味。再加上大学生各自生活习惯不同，很多同学会对学校的伙食和住宿感到不习惯，不能适应学校的条件。同时，进入大学后，同学之间需要进行真正的独立交流。由于各方面的经验和阅历不足，在生活、交际等方面，大学生都会感到力不从心，这些会使他们产生挫折的心理体验。

总体来说，大学生所遇到的挫折可以归为以下几大类：

一、大学生的逆境挫折

刚进入大学校门，大学生除了感到欣喜和惊奇之外，还面对着适应新环境的问题，学习和生活的改变都需要大学生适应。学习成绩不理想、恋爱失败等这些挫折都折磨了大学生的心灵，他们很难逃避逆境给自己带来的迷惑和痛苦。

某高校大学生说："我以前在高中时学习可以说是佼佼者，但到了大学里，好像每个人都比我强，我发现自己就好像巨人堆里的矮子，老担心自己考不好。师哥、师姐还告诉我们要过级，要多拿证书，要考研，现在我每天一躺到床上就做噩梦，上课也不能集中精力，书也看不下去，眼看就要期末考试了，我究竟该怎么办？"

【温馨小提示】

逆境是生活中的一部分，它和快乐一样，都是人生中不可缺少的。从古至今成大事者，都经历过逆境的洗礼，每一个你或者你朋友所崇敬的人都是经历过风雨才见彩虹的。成功是留给别人看的，自己经历多少努力、战胜多少困难，只有自己明白。面对困难和挫折，要相信自己可以战胜它，这也是一个人生命价值的体现。

二、大学生的心理与环境挫折

这部分挫折主要来自社会环境、文化以及自身。社会差距导致学生的贫富差距较大，会产生攀比心理；如果虚荣心得不到满足，就会自卑、嫉妒甚至抱怨人生不公平。即将毕业的大学生，就业压力大，过于悲观地估计形势，从而造成盲目的自卑。而理想和现实总是有很大的差距，造成了大学生的挫折心理。很多学生看书容易断章取义，不会灵活应用，导致死读书和读死书，甚至没有树立起自己的人生观和价值观，经常感到迷茫和无助。

【温馨小提示】

大学生跨入大学校门，最重要的是要学会独立思考，然后丰富自己的知识，从而在不断反思中正确评价自我，树立一个适合自己的正确目标；盲目地跟从别人、信奉书本，最后只能导致失去自我，不认识自我就会感到迷茫。大学生要培养自己的智慧。坚持正确的事物是执着，坚持错误的事物就是固执。

三、大学生的性格挫折

俗话说“江山易改，禀性难移”。通过一个人的性格，我们可以预测一个人的行为。性格不同的人对挫折的应对能力也不同。有的学生敏感多疑，他所感受到的挫折就多；有的学生积极向上，遇到问题拿得起、放得下、想得开，他所感受到的挫折体验就少。

【温馨小提示】

知识改变命运，而性格决定命运。对于性格的影响来自不同方面，家庭影响尤为重要。大学生的性格处于可塑期，因此要找到自己的性格弱点，下决心改正。一个拥有良好性格的人，无论是在学习、生活中还是在以后的工作中，都会受益匪浅。大学生应该努力塑造自己的性格，让自己成为一个积极、乐观、开朗、宽容的人。这就需要大学生在遇到挫折时坚强乐观；遇到失败时不断反思自己的错误，知道以后如何应对。不管身处多大的逆境，大学生都应冷静处理，失败和困难是成功的基石。

四、大学生的人际交往挫折

走进大学，来自五湖四海的学生们汇集在一起，每个人都有自己的个性和生活习惯，在一个宿舍或者班级里，同学之间的交往难免会有摩擦。有的同学羞怯内向，不爱说话，害怕与老师、同学交往。有的同学敏感多疑，导致自己和同学关系紧张，抱怨过多。有的同学个性张扬，难与其他同学交往。甚至有的同学嫉妒他人的才能，中伤同学，造成严重后果。

小赵与小王是某艺术院校大三的学生，同在一个宿舍生活。入学不久，两个人成了形影不离的好朋友。小赵活泼开朗，小王性格内向、沉默寡言。小王逐渐觉得自己像一只丑小鸭，而小赵像一位美丽的公主。小王心里很不是滋味，认为小赵处处都比自己强，把风头占尽，便时常以冷眼对小赵。大学三年级，小赵参加了学院组织的服装设计大赛，并得了一等奖。小王得知这一消息后妒火中烧，趁小赵不在宿舍之机将小赵的参赛作品撕成碎片，扔在小赵的床上。小赵发现后，不知道怎样对待小王，更想不通为什么她要这样对自己。

【温馨小提示】

大学生处于学习知识、探索人生的重要发展时期，不仅要让自己以积极的心态面对学习和生活，还要有和谐的人际关系。在人际交往过程中，人际关系好的人往往是既能够接纳自己也能够接纳别人的人。你在社交方面的焦虑来自你对他人认同和接纳的渴望。想要别人接纳你，首先还是要你自己先接纳自己。另外，我们社交的目的并不是在所有人面前塑造一个完美形象，而是为了交流思想、信息，表达自己内心的想法和愿望。

上述例子说明人际交往的一个常见现象——嫉妒。它是一种负性情绪，是指自己的才能、名誉、地位或境遇被他人超越，或彼此距离扩大时所产生的一种由羞愧、愤怒、怨恨等组成的多种情绪体验。它有明显的敌意，甚至会产生攻击、诋毁行为，不但危害他人，给人际关系造成极大的障碍，最终还会摧毁自身。地位相似、年龄相仿、经历相近的人之间容易嫉妒。有一句话说得好：当你比别人强一点时，别人嫉妒你；当你比别人强很多时，别人羡慕你；当你远远强于别人时，别人会向你学习。嫉妒是人性的弱点之一，我们应该向比自己强的人学习，不要让嫉妒之心害人害己。

五、大学生的学习挫折

大学生带着美好的理想来到了令人羡慕的“殿堂”——大学校园，不用像高中那样苦苦“夜战”，也没有老师整天地跟踪、指导、教育，更远离了父母的叮嘱。有的大学生像逃离笼子的小鸟，光顾着飞翔，却忘记了自己还需要努力向上；有的大学生学习意识强烈，整天在自习室中苦读，学习方法和模式不科学，抓不住重点，导致考试成绩不理想；还有的大学生干脆放弃学习，整天遨游于梦幻的网络世界。

【温馨小提示】

大学生首先应该保持向上的学习心态，树立自己的人生目标，规划好自己每一步所要走的路。大学生活不是人生的学习终点，而是另一段学习生活的起点，应该树立终身学习的理想。人生处处充满竞争，因此大学生要有竞争意识，时刻提醒自己，为自己的人生目标加油努力。在不断学习的过程中，大学生要找到适合自己的学习方法，取得进步。

六、大学生的恋爱挫折

大学生的恋爱挫折主要体现为3个方面：

第一，单相思。单相思形成原因之一是爱情错觉，原因之二是理想化。

第二，错误的恋爱动机。有的大学生因为寂寞、孤独而恋爱，还有的大学生为了显示自身魅力，在几位异性之间徘徊。

第三，感情纠葛以及失恋，如大学生的三角恋或因为多种因素而中断的爱情。

一个性格内向的女大学生在开始大学生活不久后与一个男生恋爱了，第一次感受到了爱情的温馨。但是，她沉浸在甜蜜的爱情之中时，却突然失恋了。男生认为他们之间缺少共同语言，性格不合，如果长此下去，双方感情定会无果而终。她很不理解，为什么昨天他们还是花前月下，今天却分手了。她内心始终无法平衡，不懂如何摆脱失恋的痛苦。

【温馨小提示】

大学生要有正确的恋爱动机，树立正确的爱情观。从小时候被爱，到长大之后学会如何爱别人，这是一个成长的过程。在恋爱中，学会珍惜自己、尊重自己，同时要珍惜和尊重你所爱的人。爱是给予，而不是得到，要对自己负责、对爱人负责，不要因为情感而荒废了学业。对于失恋，大学生先冷静分析一下原因。恋爱是以双方思想上的交流、个性上的沟通为媒介的，并最终以思想上的一致、个性上的相容而结合。没有志同道合、默契的个性，就不会产生真正的爱情。在上述例子中，男生因性格不合、没有共同语言提出分手，这说明男生更成熟，所以更先一步发现两人不合适；女生应该尽快走出失恋的阴影，把精力放在学业上，相信她以后会遇到更适合自己的恋人。

七、大学生的生活挫折

大学生活的开始也是学会独立的第一步。大学生生活经验少，以前依赖父母，进入大学后自己要独当一面，却常常由于生活阅历不足，盲目从众，无法在选择面前作出有利于自己的决定。

小伟是某大学电影学院导演系的研究生，个子高高的，长得也很帅，但几年下来他有一个很悲观的想法：做导演需要出名，而真正出名的导演又有几个呢？自己是外地的，普通家庭出身，从本科到研究生一路走来实在太累了，要协调各方面的关系，这种压力压得他喘不过气来。最终，他办理了退学手续，学校的老师和同学无不为他惋惜。

【温馨小提示】

大学生应该在思想上意识到自己已经长大成人，要对自己的生活负责，养成良好的生活习惯，学会合理规划自己的业余时间；适当地进行体育锻炼；养成良好的饮食习惯等。在上述例子中，小伟应该合理规划自身生活，用积极的心态面对压力和挫折。良好的心态和健康的身体是大学生成才的资本。

八、大学生的社会挫折

大学生的社会挫折主要体现在找工作方面。大学生的社会阅历较少，对社会的认识不足，在学校与同学、老师的交往关系比较单纯；接触社会后，就会发现自己想象的世界与现实差距很大，感觉自己不会的东西太多，无从适应。有的大学生对自己评价过高，认为自己无所不能，结果在找工作时不断碰壁。一些大学生心理承受能力脆弱，导致产生自卑或者扭曲心理。还有的大学生人际关系协调能力差，不愿意吃苦，不能适应工作。

【例9-1】用人单位到学校来要毕业生时，小李去面试了，可是才几分钟就被淘汰下来。原因是小李在求职面试中十分紧张，回答问题的时候面红耳赤、语无伦次，面试前辛辛苦苦准备的“台词”也忘得一干二净……

【例9-2】小王非常优秀，有十分远大的抱负。因此，一般的单位给予的面试机会他根本不重视，匆匆应付了事。他希望等到一个最适合他的机会，但是这个机会迟迟不来，他陷入了迷茫之中……

【温馨小提示】

社会要求的往往不是只有证书那么简单，除了拥有相关证书之外，在4年的大学生活和学习中，一定要不断培养自己各方面的能力，如学习能力、独立思考和解决问题的能力、沟通能力、应变能力等。知识学到肚子里不是目的，最终目的是合理地应用于实践。只有不断地提高自己的综合素质，大学生才能在社会上拥有自己的一席之地。

当大学生刚步入社会遇到挫折时，可以采取下列方法，及时疏导挫折带给自己的负面情绪：

1.合理宣泄法

大学生择业时处于焦虑、抑郁等消极情绪状态，不能一味地把不良心情藏在心底，而应进行适当的宣泄。比较好的办法是向知心朋友、老师倾诉，把心中的不快说出来，甚至可以大哭一场，使紧张的情绪得以缓解或消除；也可以参加一些大运动量的户外活动，如打球、爬山等。

2.自我慰藉法

自我慰藉就是自我安慰。毕业生择业时遇到挫折，在通过最大努力仍无法改变状况时，要说服自己，适当让步，将不成功归因于客观条件和客观现实，同时要勇于承认并接受现实。这样就能缓解心理矛盾引起的悲观失望等不良情绪，重新找回自信，树立继续努力的信心。

3.情绪转移法

在情绪低落时，大学生可以采取缓冲的办法，把自己的精力和注意力转移到其他活动中去，如学习一些新知识或参加自己有兴趣的活动，使自己没有时间沉浸在不良情绪中。

4.自我激励法

毕业生在择业面试中常常出现胆怯、信心不足等现象，可以通过积极的自我暗示、自我激励进行调节，增强自信心，如运用内部语言或书面语言来调节情绪，在心里默念“我会发挥得很好”“我一定能成功”等语句。

九、大学生社团活动和学业之间关系的困扰

202×年11月2日　天气：晴

又是一个黑夜，突然发现自己的日记都是在凌晨写的，这时候的我最有感觉，也是一天中我最平静的时候。

回想我上大学的这一年半，心酸、高兴、误解、支持……我都不知道经历了多少。比起同年级的同学来说，我的经历比他们多很多。这使我感觉到我和别人的差距，显得我更老，或者说是老到吧！

大一刚来，我就被辅导员看中当了班长，觉得自己的运气蛮好的，当时真的很感动，也很感谢我的辅导员。接着，由于自己的性格认识了很多人，再就是因为参加了十佳歌手大赛、元旦联欢会，认识的人就更多了。多亏妈妈要我学了古筝，古筝使很多老师、同学认识了我。在后来的日子里，我也觉得自己过得很如意，没受什么挫折。大一下学期我顺利当上学生会文艺部副部长。但是，期末的来临带来了我的挫折——挂了3科。

大二一开学，辅导员向全班宣布班长重选，还宣布我不能成为候选人，原因是我挂科了；接着又告诉我，我入党也没希望了，再接着优秀班委、优秀……都与我无

缘。从此，我知道其实我并不优秀，也没资格拿那些“优秀”的人拿的“证书”。我还是个平凡的人……

由于文艺部部长毕业了，我升任了部长。说实话，我不喜欢这个职位，累得半死，还得不到“好”；更要命的是，上头的人说什么就是什么，下面的人又不能得罪，觉得自己压根就是别人的工具，所以我不干了……向往自由的我，根本就不稀罕那些东西。

大二上学期期末刚考完3科，英语成绩出来了，辅导员立即打电话告诉我，我的英语挂科了。我不知道是该感谢她还是该怎样：这个时候告诉我，不是明显会影响我的情绪吗？第四科我考得很头痛，因为我怎么也不会想到自己的英语会挂，那是自己最擅长的科目啊！但内心深处感谢她还是多一些，因为她还记得我，在知道成绩的第一时间就告诉我。虽然我现在仍然在郁闷中，想想没必要……所以现在我还是一个平凡的我，虽然什么都没有，但是我有我自己就够了。

【温馨小提示】

上述例子在大学校园中很常见，很多同学因为参加的社团活动太多，学习时间少，学习成绩一落千丈。其实，大学生可以适当地参加一些活动，来丰富自己的大学生活，锻炼自己的交际能力和组织能力。但是，大学生要给自己定一个合理的作息时间表，平衡学习和其他业余活动的时间，把学到的知识运用于实践，同时在实践中学到更多的经验。

对上述例子的建议是：

（1）找到自己挫折的原因：是活动参加太多，没有用心学习，还是因为自己基础太差。

（2）反省自己的不足，合理地规划时间。

（3）既然已经挂科，便接受现实，坦然面对，相信这个挫折只是暂时的，在接下来的大学生活中，不断努力，会更优秀。

（4）给自己定下合理目标，然后努力实现。

十、大学生择业挫折

大学生杨某说：“转眼就要毕业了，我很担心自己的工作。平时成绩不太好，又没有什么‘关系’，找不到一份好一点的工作，对辛辛苦苦供自己念大学的父母来说，有点残忍；考研吧，家里又没有钱。自从实习后，我就很茫然，看着同学们都在忙着写简历，联系单位，我都不知道自己到底该干什么。课也不想去上，没事情的时候我就在街上瞎逛，走在路上也总是一副失魂落魄的样子。我知道自己现在的状态很不好，可是又实在没有办法。”

【温馨小提示】

如今就业形势日趋严峻，面对来自社会、家庭以及自身的重重压力，大学生对自己的未来充满了恐惧，产生难以把握的感觉。这是典型的就业恐惧症症状。面对未知的将来，即将毕业的大学生极易产生这样的焦躁心理。如果杨某能把这种就业挫折看作对自己的一次考验，或者能认识到所谓的“好”工作，并不一定会适合自己的特长和才能的发挥，这种就业挫折感就会大打折扣。

认识自己

测测你的耐挫能力，下面的话如果你觉得同意请填入“T”，不同意请填入“F”。

1.胜利就是一切。（ ）
2.我基本上是个幸运儿。（ ）
3.白天学习效果不好或未完成学习任务，会影响我整晚的心情。（ ）
4.一支连续两年都名列最后的球队，应退出比赛。（ ）
5.我喜欢雨天，因为雨后常常是阳光普照。（ ）
6.如果某人擅自动用我的东西，我会生气一段时间。（ ）
7.汽车经过时，溅了我一身泥水，我生气一会儿便算了。（ ）
8.只要我继续努力，我便会得到应有的报酬。（ ）
9.如果感冒盛行，则我常是第一个被传染的人。（ ）
10.如果不是因为几次霉运，那么我一定比现在更有成就。（ ）
11.失败并不可怕。（ ）
12.我是个有自信的人。（ ）
13.落在最后常叫人失去竞争意识。（ ）
14.我喜欢冒险。（ ）
15.假期过后，我需要一天的时间才可以恢复正常生活。（ ）
16.每次遭遇到否定，都使我进一步接近肯定。（ ）
17.我想我一定受不了被体罚的羞辱。（ ）
18.如果向朋友求助被拒绝，那么我一定不会再搭理他。（ ）
19.我总不忘过去的错误。（ ）
20.我在生活中常有沮丧气馁的时候。（ ）
21.家庭困难的情况令我时常很抑郁。（ ）
22.我觉得要建立新的人际关系相当容易。（ ）
23.如果周末不愉快，周一我便很难集中精力学习。（ ）
24.我在生命中已有过失败的教训。（ ）
25.我对被人侮辱很在意。（ ）
26.即使竞选班干部失败，我下次仍会尝试。（ ）
27.丢了钥匙会令我整个星期不安。（ ）
28.我已经达到不介意大多数事情的地步。（ ）
29.想到可能无法完成某件重要的事情，我会不寒而栗。（ ）
30.我很少为昨天发生的事情烦恼。（ ）
31.我不易心灰意冷。（ ）
32.必须有50%以上的把握，我才会冒险把时间花在某件事情上。（ ）
33.命运对我不公平。（ ）
34.我对他人的仇恨会持续很久。（ ）
35.偶尔做个失败者，我也能坦然接受。（ ）
36.新闻报道中的大灾难会影响我的心情。（ ）
37.只要被人否定，我都会寻求报复的机会。（ ）

【测评分析】评分标准：列入不同意的有第1、3、4、6、9、10、15、17、18、19、20、21、23、24、25、27、28、29、32、33、34、35、36、37题；其余均为同意。依照上述答案，相符得1分，相反得0分。如果得分在10分以下，说明你是易被逆境或挫折所左右的人，你容易把逆境看得太重，一旦跌倒，要很久才能站起来。所以建议你调整心态，积极地面对困难与挫折，相信逆境很快就会消失，迎接你的是阳光和彩虹。

资料来源　阿尧咨询网．本领测试［M］．海口：海南出版社，2001：185-188.

阳光训练

训练1

两份履历[①]

父亲的病加重，县医院的朋友看我忧心忡忡的样子，建议我带父亲去市里最好的医院治疗，说那儿有位医生曾是他的同事，让我找他帮忙。

朋友说，这位姓梁的医生1983年从卫校毕业，想留在市医院，因学历低未能如愿。1986年一次主刀，他把手术器械缝在了病人的肚子里，遭到处分。1990年，他又把病人的一个健康器官当肿瘤割掉了，遭到病人家属的痛打。2002年，他和原所在医院的院长关系闹僵了，背井离乡来到市里这家医院。混成这个样子，大家都很同情他。

我问："这么糟糕的医生，为什么要找他呢？"朋友说："有熟人好办事，你父亲若在市医院治疗，他一定会照顾的。"我明白了朋友的意思：托他关照，别用他治。

到了市医院，我先请一位专家给父亲检查。在确定必须住院手术后，我才去找梁医生，希望父亲住院后能得到他的关照。梁医生并非我想象中那样颓废，他满面春风地接待了我们，还热情地给父亲复查了一次，结果和老专家的诊断一样。

攀谈中，梁医生说起了自己的经历。他1983年从卫校毕业，如愿以偿地做了一名医生；1987年，独立完成了第一例手术；1991年，下决心攻读医学硕士，几年下来拿到学位，并在实践中积累了经验，成为县医院的主治医师；2002年后，他来到市医院，终于实现了在大城市工作的愿望。一年来，他做了大大小小几十例手术，无一失败。他指着墙上的锦旗，脸上露出骄傲的神情。

我有些惊讶，他的自我介绍怎么和朋友说得截然相反呢？见我疑惑，梁医生笑笑，坦率地承认了自己的那些失败和挫折。他说，其实每个人都有两份履历：一份记载的是处处碰壁的经历；一份记载的是一帆风顺的经历。他只会把后一份履历说给他人听，而把前一份履历埋在心里，因为后一份履历使自己自信、乐观，永远看到希望。对一名医生来说，这尤其重要。

我茅塞顿开，不禁自问，我不也有两份履历吗？一份是：17岁，高考落榜；19岁，一连串退稿信使我对写作丧失信心；23岁，报考公务员失败；25岁失恋，心情灰暗到极点；27岁，抚养我长大的外婆去世；29岁，父亲身患重病……从这份履历看，我的人生真是糟透了。而另一份履历上分明写着：18岁，走出高考阴影，在写

① 文冬．每个人都有两份履历［J］．春风·意林，2004（5）：6.

作中发现了实现自我价值的路；20岁，发表处女作；24岁，考取了国家公务员；26岁，找到所爱，成就美满婚姻；28岁，有了可爱的儿子；30岁……

两份履历如此不同，竟都是我的真实经历。为什么我平时总是忧郁、悲观？那是因为我未曾看到自己成功、顺利的一面，却总是对失败、挫折耿耿于怀。瞬间，我对梁医生充满了信任，请求他亲自给父亲做手术。因为他对两份履历的态度，我敢断定他是一名出色的医生。

【思考】

（1）通过上面的故事，你是否觉得自己的人生也有两份履历呢？那么请把自己的两份履历写出来，然后告诉给大家。

____

____

（2）完成自己的两份履历之后，会不会发现：①人在充满挫折和困惑之后还会成功；②挫折和快乐一样，都是生命中不可或缺的部分。如果你觉得是这样的，那么从现在开始调整心态，用积极乐观的态度去对待你的人生，达到得之坦然、失之淡然的人生境界。

____

____

（3）在以后的生活和学习中，如果遇到挫折，你会如何应对？

____

____

训练2

秘密大会串[①]

【目的】帮助成员面对与处理当前的困扰。

【时间】45分钟。

【准备】纸、笔。

【操作】把学生分成几个小组，请每位小组成员想一想目前最困扰自己的事情是什么、最想解决的问题是什么，然后写在纸条上，不署名。大家写完折叠好纸条，放在一起。全体写完后，指导者随机抽取一张，大声念纸条上的内容，请小组成员共同思考，帮助提问题的人解决问题。匿名可减少同学的担忧，大胆提出问题，全体共同出主意想办法，帮助别人也帮助自己；必要时可以通过角色扮演的方法来表现具体情境。讨论完一张纸条，再讨论另一张纸条，直至所有纸条上的问题都逐一解决。最后，指导者引导成员思考怎样从他人经验中学习成长。

幸福阳光

人生三境界[②]

王国维在《人间词话》中写道：古今成就大事业、大学问者，必经过三境界：

① 樊富珉. 团体咨询的理论与实践［M］. 北京：清华大学出版社，1996：222.
② 江城子. 人生逆境应变术［M］. 北京：中国纺织出版社，2006：203.

第一境界——“昨夜西风凋碧树，独上高楼，望尽天涯路。”

这句话告诉我们，成功的道路不是平坦的，脚下的路必须自己走，无数日夜的煎熬、多少困难和挫折，都必须承受。成功者必经挫折的洗礼。

蝶恋花·槛菊愁烟兰泣露

晏殊

槛菊愁烟兰泣露，罗幕轻寒，燕子双飞去。
明月不谙离恨苦，斜光到晓穿朱户。
昨夜西风凋碧树，独上高楼，望尽天涯路。
欲寄彩笺兼尺素，山长水阔知何处。

第二境界——“衣带渐宽终不悔，为伊消得人憔悴。”

成功的道路不会总有鲜花、满天的彩霞，总会有来自内外的困难向你袭来，令你难以忍受。

蝶恋花·伫倚危楼风细细

柳永

伫倚危楼风细细，望极春愁，黯黯生天际。
草色烟光残照里，无言谁会凭阑意。
拟把疏狂图一醉，对酒当歌，强乐还无味。
衣带渐宽终不悔，为伊消得人憔悴。

第三境界——“众里寻他千百度，蓦然回首，那人却在，灯火阑珊处。”

当你跨越挫折和困难后，你会实现成功的目标。

青玉案·元夕

辛弃疾

东风夜放花千树，更吹落，星如雨。
宝马雕车香满路。
凤箫声动，玉壶光转，一夜鱼龙舞。
蛾儿雪柳黄金缕，笑语盈盈暗香去。
众里寻他千百度，蓦然回首，那人却在，灯火阑珊处。

学思践悟

亲子教育：“挫折教育”，在逆境中积蓄力量

面对升学压力、亲子矛盾、人际冲突、情感创伤，很多青少年正经历一场“心理危机”，由此产生的心理“挫败感”似乎一时难以化解。这皆由心理耐受力不足所致，如不及时加强干预，轻则导致青少年自我效能感降低，表现为自卑、双向抑郁等心理问题，重则产生心境障碍，出现自残、自杀等极端行为。如何加强心理危机干预，提升青少年的挫折耐受力，成为“家、校、社”亟待协同解决的问题。

近年来，青少年自伤、自残甚至轻生事件屡屡出现，并且呈现低龄化趋势。父母的一句训斥、老师的一次谈话、同学间的一次摩擦，都有可能成为青少年内心世界防卫崩塌的导火索。一方面是物质条件极大丰富、成长环境优渥顺畅，另一方面是学业竞争、亲子关系等带来的内心压力和焦虑，青少年的挫折耐受力正在承受巨大挑战。

根据国内心理咨询平台简单心理发布的《2020大众心理健康洞察报告》，一半的青少年（12~18岁）受访者表示自己有一些压力；37.23%的受访者表示压力程度在中等以上。他们普遍认为，最大的压力来源为考试，超过1/3的青少年表示，除了学业压力外，父母的管教、期望及沟通也是压力来源之一。另外，一份来自中国科学院心理研究所的《中国国民心理健康发展报告（2019—2020）》显示，我国青少年抑郁检出率随着年级的升高而升高，焦虑和抑郁成为青少年增长最快的心理疾病之一。

一、“安全感”是应对挫折的最好武器，父母要为孩子提供“避风港”

首先，父母需要保持从容稳定的情绪状态，让孩子有安全感，这是对孩子强大的心理支持。家庭的和谐氛围是最好的天然“避风港”，孩子从中获得的“安全感”将是他应对挫折的最好武器。一旦孩子有底气、有信心去直面挫折，而不是孤独无助地承受突如其来的困境，他们在成长中的焦虑、恐惧、迷茫等情绪就可以得到有效缓解。

提升青少年的挫折耐受力，进行“挫折教育”是必不可少的有效方式。但“挫折教育”不是简单、粗暴的“打压教育”，好的教育是以柔克刚。父母应积极接纳孩子的负面情绪，并非一味压制、回避，让其陷入自我否定；能够敏锐捕捉并感知孩子陷入挫折时的心理状态，并抱有同理心，引导孩子适时适度地表达、宣泄消极情绪。

父母对挫折的判断和理解，直接影响了孩子的“挫折认知观”。父母需要给孩子输入一种观念：挫折是人生中的常态，不要因为害怕其带来的负面情绪而不敢面对。挫折积累得越多，孩子的耐受力则越强，情绪的控制力也将不断提升。父母要把控挫折的适度性，让孩子在这一过程中学会不断攻克堡垒、挑战自我，并获得成就感与自信心，锻造坚强的意志品格，这是“挫折教育”的内在使命。

二、“独门独户”不可取，同伴文化需要正确价值观引导

同伴支持不可或缺。崔永华特别提到，独生子女不能“独门独户”，父母应多鼓励孩子与同龄人交流，因为来自同伴的正向刺激非常重要。在情感陪伴上，有了同伴的支持，孩子的负面情绪得以调适；在挫折体验上，来自同龄人的榜样作用尤为关键，耐受力是可以正向影响并效仿的。

值得注意的是，同伴文化中的负面能量极具“破坏性”。在某些青少年亚文化中，抑郁、自残被认为是一种病态美，一部分青少年对此并不排斥，甚至趋同。这种扭曲的亚文化从根本上否定了培养抗挫力的价值与必要性，会引发群体性耐受力下

降。积极介入青少年亚文化引导，以青少年喜爱的方式去宣传正确的价值观念和健康的生活方式十分必要。

三、创造“抗挫文化”情境，提升青少年情绪管理能力

心理耐受力不是与生俱来的，而是可以被训练和强化的。创造机会让孩子去触碰“挫折”，恰恰是科学认识挫折、激发“压力”正功能的良方。

在课堂上，老师可以创造“情境式”教学模式，设置外部干扰或障碍因素，引导青少年在特定的环境中对抗挫折，树立“情绪管理”意识；在课外，青少年可以尝试耐受力的外展训练。譬如野外生存训练营，历奇训练，乡村体验……孩子们在陌生新奇又充满合作的环境中，经历各种不同的难题和挑战，其抗逆力可以得到充分锻炼。

从启蒙阶段的绘本文化，到网络世界的亚文化引导，柔性挫折教育渗透在日常的方方面面。这种柔性挫折教育更多地需要家校共同配合。我们可以以青少年喜好的方式在游戏中、阅读互动中、参观体验中潜移默化灌输教导、管理情绪的方式，在教学场景中细致植入更多的心理疏导知识。

社区义工、公益活动、志愿者服务也是近年来增强青少年身心健康的有效途径。很多实际案例表明，孩子在参与公益性活动中帮扶弱势群体，不仅学会了奉献和担当、获得了正能量，而且证明了自身的价值，开阔了心胸，提升了格局。这些志愿活动让青少年远离了社会上急功近利、盲目攀比、焦虑浮躁的氛围，使他们沉下心去思考奋斗的真正价值，以强大充实的内心和崇高的精神品质去抵御污浊风气的侵袭。

当青少年遭遇严重的心理危机时，如何为他们寻找“出口”？此时引入“零距离”危机干预机制尤为重要。心理危机干预分为三级体系：第一层级是设置紧急联络人或危机热线，第一时间提供青少年心理危机辅导；第二层级是发展固定危机干预联络人，定期介入、引导青少年情绪管控活动，及时发现青少年隐性心理问题；第三层级是以预防为主，在教育中创造更多有利于心理辅导干预的环境，教会青少年科学、合理认识自身情绪状态，学会基本的管理情绪及调控压力的方法。

增强青少年心理耐受力、加强心理危机干预是当前十分重要的一项工作，需要“家、校、社”共同努力去完成。作为陪伴孩子成长的父母，首先需要学会保持从容稳定的情绪状态，给孩子提供最有力的支撑，这是其中最重要的一环，也为父母与孩子共同成长提供空间。

资料来源　徐阳晨．亲子教育：“挫折教育”，在逆境中积蓄力量［N］．中国妇女报，2021-08-11.

第十章
智对现实与虚拟
——步入网络文明

在世界上我们只活一次，所以应该爱惜光阴。必须过真实的生活，过有价值的生活。

——巴甫洛夫

科学是一种强有力的工具。怎样用它，究竟是给人带来幸福还是带来灾难，全取决于人自己，而不取决于工具。

——爱因斯坦

阳光心态

小袁是浙江某大学金融学专业的学生，父亲是一个商人，生意做得很不错。起初小袁利用自己的知识到阿里巴巴帮父亲关注一些商务信息，翻译一些客户的外文订单。后来他看到了阿里巴巴旗下淘宝网的广告后，就作出了“上网练摊”的决定。

一开始父母都反对儿子上网做生意。他们认为，给了小袁充足的生活费用，就是希望他能心无旁骛地搞好学习，将来毕业之后能找到一份体面的工作，工作后可以再慢慢想怎样多挣钱的问题，所以对于他花费精力做生意的行为坚决反对。

小袁耐心跟父母解释说，一些大学生走进社会后什么都不懂，脑子里只装着一些没有用的理论知识；他到网上开店，可以提前融入社会，学以致用，即使最后挣不到钱，也挣到了经历和经验，而这可以让自己受益终身。

经过小袁的不懈劝说，父母终于同意让小袁先拿一小部分资金尝试一下。2004年6月，小袁在淘宝网上开了一家店，专门卖一些名牌服饰。两天之后，他终于等来了自己的第一单生意，将一双达芙妮牌的凉鞋卖给了嘉兴的一个买主。尽管只获得了11元的利润，小袁还是高兴地把这“第一桶金”存了起来。

经过一段时间的摸爬滚打之后，小袁渐渐发现，外国人在买东西时非常信任卖主，几乎不怎么讨价还价。一个住在杭州的美国人在他的网店订购了一个价格为180元的运动背包，小袁为了拉住回头客，只收了110元，当天下午就收到了汇款。另外，还有一个英国女子向他订购两辆婴儿车，晚上11点谈妥了价格，第二天中午就收到了她的汇款。小袁心里高兴极了，但他知道，如果能把这些用户发展为固定用户，这对自己的网店发展一定有好处，说不定这些回头客可以带来更多的买家。

就这样，小袁的网店越做越大，名气也越来越大。快毕业时，小袁的网店已经发展成杭州非常有名的名牌商品店，主要针对在杭州定居的外国人经营名牌产品，获利远超过预期。父母对他所取得的成绩也感到非常欣慰，小袁的付出终于有了回报。

资料来源　张臣．大学生创富5堂课［M］．北京：新华出版社，2010：40-41.

【思考】你身边是否也有类似小袁这样的人？他们的成功经历给了你怎样的启发？

阳光殿堂

一、网络对大学生心理的影响

1998年5月的联合国新闻委员会年会提出，将网络正式视为“第四媒体”。作为一种崭新的信息载体，网络以其虚拟性、开放性、互动性以及全球性等特点与其他媒体区分开来，因而堪称“媒体中的皇后”。[①]随着网络技术的迅猛发展，网络以惊人的速度渗透到社会生活的各个领域，改变了人们的生活、学习和工作。

大学生始终是网络的忠实追随者。然而，其心理不完全成熟以及家庭、学校和社会的监管力度不够，导致网络对大学生来说犹如潘多拉魔盒，绚丽多彩但又存在阴暗不明的死角。

（一）网络对大学生的积极影响

1.提高认知

网络拓宽了大学生的知识面，既能满足大学生对各种知识的需求，又能让大学生在探索知识的过程中学会将自己与周围事物相联系，并透过这种联系去寻求解决问题的方法，将传统的定向思维转变为发散性思维。同时，在这个过程中，大学生还可以随时随地对这些信息加以评论，发表自己的观点和见解。这既锻炼了大学生的分析判断能力，也养成了他们独立思考的习惯。

2.改善情绪

在繁忙的学习和生活中，大学生难免会产生一些负面的情绪；若这些情绪得不到适当的表达和宣泄，就会对大学生的心理健康产生非常不利的影响，而网络逐渐成为大学生表达情绪的合适场所。国外有研究发现，使用网络可以使人们的不良情绪得到宣泄，获得心理上的安慰和满足。现今，越来越多的大学生开始借助网络宣泄自己的各种情绪，大胆吐露自己的秘密，舒缓心理压力，这对维持健康的心理状态不失为一个好办法。

3.增进人际沟通

与现实世界不同，网络世界中的人际关系摆脱了空间距离的束缚，打破了实际生活中的交往圈，人际交往的便利性、时效性增强，极大地延伸和发展了大学生的人际

① 陈露晓．心理健康教育［M］．天津：天津教育出版社，2008：155.

交往能力。他们可以通过网络聊天等很多方式，结交全世界各个国家的朋友。网络既能开阔眼界和知识面，又能锻炼语言表达能力，这往往是狭小的现实生活所不能提供的。在网络匿名、私密的交往空间里，大学生可以恣意交流，展现自我，发挥个性，提高人际交往能力。

4.增强社会责任感

大学生能够通过网络了解各方面的社会动态，体现其参与社会公共事务的主人翁意识及责任感。例如，网络对2022年北京冬季奥运会、中美贸易摩擦等新闻都发挥了重要的传播功能，及时地将各种信息图文并茂地传播到世界的各个角落，唤起无数大学生的爱国热忱与社会责任感，并使大学生纷纷以自己的方式参与其中。

（二）网络对大学生的消极影响

1.阻碍认知发展[①]

首先，网络会影响大学生思维的发展。神经心理学家认为，大量的、转瞬即逝的信息强烈地刺激大脑皮层，会改变大脑的认知模式，使人们更倾向于被动地接受信息。大学生原本处于思维活跃的时期，如果过度使用网络，会使其失去主动思维的能力，阻碍其思维的发展。

其次，网络会使人产生错乱的时间知觉。美国学者马赫研究发现，上网者在网络使用过程中，时间感知会发生改变。过度沉迷于网络的人，时间意识较常人混乱，甚至会丧失时间观念。

最后，网络会使大学生的信息超载。每天接收大量的信息，势必造成大学生的感受性降低，使其难以接受其他信息。这些未消化吸收的信息积累在头脑中，造成信息超载，影响大学生思维的广度和深度，阻碍其创新性的培养。

2.引发负面情绪和情感

网络在给大学生带来愉悦感的同时，也会引起压抑、消沉等负面的情绪反应。美国心理学家克劳特（Kraut）等人研究发现，过多使用网络会导致孤独和抑郁感增加，也就是说，对网络的过度使用会导致现实社会参与的减少与心理幸福感的减弱。

除此之外，网络也会在一定程度上影响大学生的情感世界。大学生向往异性、渴望爱情是正常的情感反应，但在现实生活中，若直接地表露情感有时会受到各种内外因素的限制，部分大学生转而渴望在网络上收获友情、觅得真爱。然而，在网络中很难形成实质性的情感联系，虚拟的平等与交往掩盖了一些事实，一些大学生付出真情却受到伤害。还有些大学生完全不相信网络情感的真实性，以玩世不恭的心态与异性大肆调情，结果害人害己，影响其今后与他人的情感发展。

3.减少现实人际交往

对网络的过度依赖使得一些大学生忽略了现实中的人际交往，他们更愿意在网上寻求关爱和满足感。这也造成他们在现实生活中朋友较少，时常感到空虚、寂寞和孤独。美国斯坦福大学的一份心理学研究报告指出：每周使用网络超过5个小时的用户中，有1/4的人表示他们与家人、朋友待在一起的时间减少了，进而影响到其良好人际关系的建立。大学生群体是使用网络最频繁的群体之一，倘若每天在虚拟网络中花

① 卢勤，周宏，邵昌玉．大学生心理健康理论与实践［M］．成都：四川大学出版社，2010：242-244.

费大量时间和精力，这无疑会减少其与亲人、朋友间面对面交流的频率和时间，进而导致对现实生活中人际交往的疏远和心理距离的增大。

4.弱化社会道德感

由于网络的虚拟性和匿名性，人们往往能在网络中做出一些平常不被允许或没有胆量做的事情，如浏览不健康网站、对别人进行人身攻击、揭露他人隐私等。有些大学生辨别是非的能力不强，很容易在网络中迷失方向，产生道德感的沦丧和意志的消沉。

5.危害身体健康

大学期间，丰富多彩的学习和生活都需要一个健康的体魄作为基础，根基若是不稳，就很难有优秀出彩的上层建筑。而毫无疑问的是，长期沉迷网络会极大地降低大学生的身体健康水平，导致视力下降、颈椎劳损、生物钟紊乱、体能下降、免疫功能减弱等，对女性的健康损害尤甚。

二、大学生的网络心理分析

（一）大学生网络行为的心理分析

1.大学生网络行为的类型

（1）人际交往行为

大学生的网络人际交往行为包括收发电子邮件（E-mail）、聊天交友（利用微信、QQ等）等行为。电子邮件以其便利、快捷的特点已经逐渐替代了书信的往来。网络的隐蔽性和匿名性使大学生可以借助聊天工具畅所欲言，使其很容易找到“知己”，因而也使“网恋”成为大学生网络交往的时尚。[①]

（2）信息搜集行为

大学生可以根据自己的需要，在网上下载应用软件、搜集资料、了解时事新闻、进行远程学习等。由于网络可以提供多方面的信息，使人们最大限度地共享信息资源，所以大学生可以利用电子教室、电子图书馆、电子论坛等来扩大知识面，交流经验，协同学习。网络的及时性、迅速性、开放性不仅缩短了求知的路径和时间，而且降低了获取知识的成本。

（3）娱乐消遣行为

网络为人们提供了全新的娱乐工具，因而是大学生课余生活最好的消遣方式，其中最典型的就是网络游戏。生动的故事情节、震撼的动画和音响效果以及整个游戏中所能体验到的紧张刺激感，使得许多大学生深陷其中，不能自拔。也有部分大学生上网的目的是追求性刺激，包括浏览黄色图片、看黄色电影和小说等。其他一些正常的娱乐行为，包括看电影、听音乐、玩棋牌等，都已经逐渐成为大学生休闲娱乐的主要方式之一。

（4）网上消费行为

网上购物（淘宝、京东、当当等）、网上缴费等商业性质的活动也是大学生一种比较典型的网络行为。网络购物范围的扩展以及购买方式的便利化使大学生可以足不

① 朱春鹰. 大学生网络行为的心理分析及应对措施［J］. 思想政治教育研究，2006（3）：123-124.

出户就买到自己喜欢的各式各样的“宝贝”。有些大学生自己也开起了网店，卖一些自己喜欢的商品，不仅得到了金钱回报，还锻炼了经商、管理的能力。

2.大学生网络行为的心理分析[①]

（1）猎奇心理

当代大学生具有好奇、浪漫、追求刺激、向往自由的心理特征，而网络的巨大信息量、丰富的资源、充满个性的语言、情感表达的自由都深深地吸引着大学生。在线聊天、听音乐、看电影，以及玩网络游戏等，已经成为大学生群体中最为时尚的娱乐休闲方式。这些极大地满足了他们乐于自我表现、喜欢玩乐、猎奇和追逐时尚的心理。

（2）归属心理

大学生希望获得友谊，与他人建立亲密的关系，进而得到他人的认可，网络为之提供了一个交往与归属需要得以满足的场所。在网络上，无论大家的兴趣爱好是什么，无论各自的优缺点是什么，总能找到与自己观点相似的人，彼此互相倾吐、互相支持，进而心理上的归属感也能在彼此的赞许和支持中得到满足。

（3）自我实现心理

马斯洛的需要层次理论认为，人类最高层次的需要是自我实现的需要。每个人都想要追求卓越和成功，都想要获得自我实现时的“高峰体验”。大学生在大学里必须学会独立学习与生活，许多方面需要调整适应。但是有些大学生的自理和适应能力较弱，表现自我或自我实现的需要满足不了，因而通过网络的虚拟空间，在某一方面赢过别人来获得一种愉悦感和“高峰体验”。但这仅是一种转瞬即逝的自豪感，而这种感受的产生与消失又会强化他们的网络行为。

（4）宣泄心理

大学是人生的一个重要转折期，在这一阶段要兼顾新的学习、生活、人际交往等多方面的现实问题与压力。有些学生不具备灵活的解决问题能力和健康的心理素质，愈加觉得负担沉重，自尊感、自豪感愈加降低，于是多方寻求可能的解脱方式。而网络的出现和普及消除了现实生活中人与人之间时间与空间的距离，无疑为大学生的情感宣泄提供了一条最为理想的途径。他们在虚拟网络中倾诉自己的不快，宣泄自己的郁闷，以此来缓解压力、逃避困境、调整心情。

（5）补偿心理

多数大学生在进入大学之前都是尖子生、老师和家长的宠儿、同学和朋友心目中的榜样，自我感觉良好，但进入大学后，在这个集中了优异学生的新群体中，原来各方面的优越感不复存在。一些学生受挫后，感到自我价值无从实现。而在虚拟世界中，每个人拥有平等的权利，可以畅所欲言，充分表达内心的情感，可轻易地得到认同，很容易建立彼此的亲密关系，因此大学生逐渐沉迷于从网络行为中获得成就感，以补偿现实世界中的失落和自卑。[②]

（6）性心理

根据弗洛伊德的理论，性是人类最基本的需要之一。大学生处于少年晚期和成年早期，已经具有明显且自觉的性生理和心理需要，渴望与异性交往。然而，在文化和

---

① 牛陇安，王云霞．高职学生心理健康指导［M］．西安：西北大学出版社，2005：211-212.

② 朱春鹰．大学生网络行为的心理分析及应对措施［J］．思想政治教育研究，2006（3）：123-124.

道德观念的约束下，许多大学生在现实生活中不得不把这种强烈的渴望压制下来。而在网络中，他们可以大胆地谈情说爱、讨论难以启齿的性话题、浏览成人网站等，从而满足他们对性的心理需要。

（7）个性心理

我们在利用网络便利、快捷地获取信息的同时，也应该看到网络应用的负面效应。大学生沉溺于上网导致网络成瘾的比例越来越高。根据对上网成瘾者的现实调查，大学生沉溺于网络往往与他们的个性有关，如孤僻、内向、独立性和自我约束能力较差、不善于交际、争强好胜、成功欲望过强的大学生多会放纵自己，陷入网络的虚拟世界不能自拔。[①]

（二）大学生网络语言的心理分析

1.大学生网络语言的类型

（1）社会热点词汇

近些年，人们对国内外社会热点事件的关注度显著提高。随着网络的介入，众多脍炙人口的网络流行语出现了，既反映出大学生对热点时事的关注，也体现出其强烈的主人翁意识。

（2）情绪词汇

情绪词汇如“囧”“槑”“伤不起”“坑爹”等。“囧”读音同“窘”，本意为光明，但因其外观颇像一个人无奈、愁眉苦脸时的表情，故被赋予郁闷、悲伤、无语之意。“槑”读音同“梅”，意为两个“呆”字在一起，比呆更呆，具有高度的形象性。[②]“伤不起”一词最初在豆瓣、高校校园网上以文章标题的形式流行，意为个体本来就屡屡受伤、伤痕累累，再也经不起折腾或伤害。一般年轻人用它来形容自己处境比较惨，也是求安慰的隐喻。而“坑爹”最早出自中文配音版《搞笑漫画日和》，意指与本人意愿有很大出入、被欺骗的意思，又包含了微微的“不给力”的意思成分，多由男性使用。

（3）方言词汇

方言词汇如“山寨”“hold住”“有木有”“肿么了”等。“山寨”一词来源于广东话，指的是遍布广东的各种电子产品加工制造厂，这些厂商大多没有正规品牌，以极低的成本模仿主流品牌产品的外观和功能，现被引申为各种仿制品的代名词。“hold住”一词来源于中国香港中英混用词汇，因中国台湾“hold住姐”的出现而蹿红网络，意指面对各种状况都要控制、把持住，要充满自信，从容地应对一切。“有木有”一词是由普通话夹杂方言演化而来的，就是“有没有”的意思，一般出现在回帖或者微信、QQ等网络聊天对话中。使用者激动的时候会在其后加很多感叹号表达自己的情感。而“肿么了”是山东枣庄一带方言，即“怎么了”。

2.大学生网络语言的心理分析

（1）自我意识与创新心理

自我意识是个体在与环境相互作用过程中随着身心成长逐渐产生和发展起来的，

---

① 樊富珉，林永和，王建中，等．大学生心理素质教程［M］．北京：北京出版社，2002.

② 卢勤，周宏，邵昌玉．大学生心理健康理论与实践［M］．成都：四川大学出版社，2010：249-250.

是个体对自己和周围世界关系的认识。大学生逐步形成了独立意识，他们认为自己与众不同，有被人关注的需要，这种需要使他们在网络语言上进行个性化创造，以昭示自我的独立存在。网络语言在内容和形式上的标新立异、直观形象、自由叛逆、幽默诙谐等特点无一不是大学生自我意识与创造性在网络交际中的表现。

（2）社会参与意识

大学生越来越关注社会，他们按照自己的想法评价周围的人与事，并把自己的想法融入网络语言。关注社会热点问题，是大学生富有爱国信念的表现，同时表现了他们意识上的“成人化”。

网络行为与网络语言使虚拟与现实世界相互渗透，多角度反映出大学生依靠网络满足自己的心理需求，其是大学生心理动态的“晴雨表”。

三、大学生的网络心理障碍①

近年来，大学生心理问题出现了一个新的发展趋势，即热衷于把网络当成排遣的对象。但这种虚拟的排遣方式也带来了一些负面症状，医学诊断称之为网络性心理障碍。它是指因无节制地花费大量时间和精力上网所导致的行为异常、人格障碍、交感神经功能失调。典型表现包括情绪低落、无愉快感或兴趣丧失、睡眠障碍、生物钟紊乱、饮食减少和体重减轻、精神运动性迟缓和激动、自我评价降低、有自杀意念和行为、社会活动减少、大量吸烟和饮酒等。这种病症以20至30岁的单身男性为易患人群。

在大学生这个特殊的群体中，其网络心理障碍大多表现为：感情上迷失自我、角色上混淆自我、道德上失去自我、心理上自我脆弱、交往上自我失落。

大学生的网络心理障碍主要包括5种：网络成瘾综合征、网络孤独症、网络恐惧症、网络依恋、网络自我迷失和自我认同混乱。

（一）网络成瘾综合征

美国精神病医师伊万·戈登伯格于1994年首先借用美国《精神障碍诊断与统计手册》（第四版）（DSM-4）中关于药物依赖的判断标准提出“网络成瘾障碍”（internet addiction disorder，IAD）这一疾病。它指由于过度使用网络而导致明显的社会、心理损害，其主要特征是：无节制地花费大量时间上网，必须增加上网时间才能获得满足感，不能上网时易出现异常情绪；学业失败；工作绩效变差或现实人际关系恶化；向他人说谎以隐瞒自己对网络的迷恋程度、症状反复发作等。随后，匹兹堡大学的教授金伯利·扬从DSM-4对于病理性赌博的判断标准中发展出“病理性网络使用”（pathological internet use，PIU）的概念，将它定义为“无成瘾物质作用下的上网行为冲动失控”，并将其看成一种冲动控制障碍。此外，也有学者称此种现象为“网络过度使用”（internet overuse，IOU）、“问题网络使用”（problematic internet use，PIU）、“网络行为依赖”（internet behavior dependence，IBD）等。

1.网络成瘾综合征的分类

（1）网络游戏成瘾

这是最早引起人们关注的网络成瘾综合征，也是5种类型中患者较多的类型。网

① 王建军，莫俊生，刘承红，等. 大学生心理学［M］. 北京：海潮出版社，2004：388-392.

络游戏成瘾是指成瘾者长时间地沉迷于各种各样的网络游戏中不能自拔，被逼真、唯美的画面，超现实的想象以及爆发性的刺激所吸引，丧失了分配学习、工作与休息时间的能力。网络游戏可以极大地满足成瘾者追求成就感和自豪感的心理需要。但也有研究表明，在长时间不可抑制地玩游戏之后，大学生的心理状态甚至人格都会发生扭曲，在现实生活中会出现表情呆滞、容易冲动的行为特征，甚至影响智力的发展。

（2）网络色情成瘾

网络色情成瘾是指沉溺于网络上的色情内容而不能自拔，包括色情文字、音乐、图片、动画、电影和色情聊天等。在网络中，无论是聊天软件还是电影网站，都可以看到与色情有关的信息，诱发性犯罪。网络色情成瘾者能意识到这些网站的危害性，却无法控制自己，他们在身体和心理上都受到极大的压抑，变得自卑、脆弱，与他人打交道时也逐渐变得困难。

大学生正处于青春期晚期，此时，他们的性生理已趋于成熟，而性心理仍处于延迟满足期，因而他们与其他年龄段的人相比对性及色情信息更加敏感，也更容易受到色情内容的诱惑而形成网络色情成瘾。

（3）网络交际成瘾

网络交际成瘾是指过分迷恋通过网络上的人际交往建立起来的友谊或爱情，并且用这些关系取代现实生活中的人际关系。微信、微博、QQ等网上联络方式的出现，使人们可以跨越时间和空间结交世界各地的朋友。但与正常现实交流不同的是，网络交际成瘾者每天花费大量的时间在网上与他人交流，觉得网上结识的朋友和现实生活中的家人、朋友一样重要，甚至更重要。正值青春期、渴望朋友与爱情的大学生们通过找网友、网恋甚至网婚的方式满足自己在现实中无法实现的需要。他们在虚拟世界中寻求友情和爱情，认为网友才是真正了解自己的人，逃避现实中存在的交往问题，最终导致现实中人际交往能力的退化。

（4）网络信息成瘾

网络信息成瘾是指不能自制地在网络上搜索对自身学习、生活毫无意义的各类信息。成瘾者上网时被动，强迫地接受网上的信息，下网后仍然担心错过了“重要”的信息，总想查看或者下载到自己的电脑中。兰斯·肖曾指出：“在我们这个信息狂热和信息超载的社会，已开始出现一种病症，症状是偏执地迫使自己遍读一切可读之物，当吸收的阅读量超过消化所需要的能量时，超出部分日积月累，最后因压力与过度刺激转化为所谓的信息焦虑症。”信息超载会影响到大学生的身体健康，导致大脑过度疲劳，严重时还会引起头晕、烦躁、易怒等症状。

（5）网络交易成瘾

网络交易成瘾是指一种难以抵抗的冲动，着迷于在线赌博、网上贸易或者拍卖、购物等而不能自拔。成瘾者在参与网上的赌博游戏或浏览商品信息时，总会强迫性地加入或购买，很多时候即使事后后悔也抗拒不了这种冲动。长期这样做，既使成瘾者丧失了大量金钱，也会使成瘾者的情绪大起大落，对其身体健康产生不利的影响。

2.网络成瘾综合征的判断标准

（1）美国心理学会的标准

患者会在一年内表现出下列7种情况中的3种以上：

①耐受性。耐受性是指符合下面任意一条：需要明显增加上网时间才能获得满足；上网时间不变，满足感明显下降。

②停止上网后表现出以下任何一种症状：

第一，显著的脱瘾综合特征：

A.停止或减少严重的长时间上网行为。

B.在行为A之后的几天到1个月内出现下述两项或更多的症状：精神运动性烦躁、焦虑、强迫性思考网上发生的事情、幻想或梦想有关互联网的事情、随意或不随意地做手指敲击键盘的动作。

C.由于标准B的症状导致了忧郁或社交、工作以及其他重要领域功能的损害。

第二，急于使用网络或相似的网上服务来减轻或避免脱瘾症状。

③上网的次数比计划的多，时间比计划的长。

④一直希望能努力减少或控制网络的使用，但没有成功。

⑤把大量的时间用在与使用网络有关的事情上，如购买网络书籍、尝试新的浏览器、整理下载的资料。

⑥因为使用互联网而放弃或减少重要的社交、工作或娱乐活动。

⑦尽管知道上网可能已经导致了持续或复发性的身体、社交、工作或心理问题，但仍不管这些情况而继续使用互联网。

（2）“5+1”标准

该标准是由美国学者彼尔德和沃尔夫提出的。同时符合下面5项及后面3项中的1项的人，即可被诊断为网络成瘾综合征。

以下5项是必备条件：

①一心想着上网，包括回想以前的网上活动，或期待下次上网。

②需延长上网时间来获得满足感。

③多次努力控制、减少或停止上网，但未能成功。

④在努力减少或停止上网时，感到烦躁不安、闷闷不乐、忧郁或易发脾气。

⑤上网的时间比计划的要长。

同时至少有以下表现中的1项：

①因为上网，妨碍或丧失了重要的人际关系或工作，或失去教育与就业的机会。

②对家人、好友、治疗者或其他人说谎，隐瞒上网的程度。

③把上网作为逃避问题或缓解无助、嫉妒、内疚、焦虑、抑郁等不良情绪的方法。

（3）我国的诊断标准

2008年11月8日，我国首个《网络成瘾临床诊断标准》通过专家论证，明确将网络成瘾列为“精神疾病”。如果一个人平均每天除工作、学习之外连续上网达到或超过6小时，且符合以下症状标准超过3个月，即患有网络成瘾综合征：

①对网络的使用有强烈的渴求或冲动感。

②减少或停止上网时会出现周身不适、烦躁、易怒、注意力不集中、睡眠障碍等戒断反应；上述戒断需通过使用其他类似电子媒介，如电视、掌上游戏机等来缓解。

③同时，以下5条至少符合1条：

A.为达到满足感而不断增加使用网络的时间和投入程度。

B.使用网络的开始、结束及持续时间难以控制，经多次努力后均未成功。

C.固执地使用网络而不顾其明显的危害性后果，即使知道网络使用的危害仍难以停止。

D.因使用网络而减少或放弃了其他兴趣、娱乐或社交活动。

E.将使用网络作为一种逃避问题或缓解不良情绪的途径。

（二）网络孤独症

网络孤独症是指过分地依赖网络，淡化个人与社会及他人的交往，远离周围伙伴，慢慢地对丰富多彩的现实生活失去了感受力和参与感，变得越来越孤僻。其主要特征为：社交功能和交流技巧出现障碍、异常动作以及复杂多样化的行为。

一些大学生（女生居多）性格内向、自卑，惯于自己承受心理负担，不愿意或不善于与他人交往，厌恶社会上那种虚情假意的人情来往。当网络走进他们的生活时，他们青睐网上交往这种隐匿性别和身份的形式，常上网向网友发泄自己的不良情绪，讲自己的“心情故事”，这让他们觉得心情得到了一定程度的放松，从网友那里得到了一定的心理支持。可下网后他们发现自己面对的依然是四壁空空的孤独，并且由于人与人之间的交往中80%的信息是通过非语言的方式（如眼神、姿势、手势等）传达的，当那些善于通过这些身体语言来解读对方心理的性格内向者，试图借助网络来排泄自身的孤独时，网络所能给的只能是键盘、鼠标和显示器所造就的书面语言，这使得他们感到网络对孤独、抑郁的排解只能是“隔靴搔痒”。

（三）网络恐惧症

针对大学生群体而言，网络恐惧症具体是指部分大学生尤其是来自经济落后地区的农村学生由于没有接触过互联网或接触很少，缺乏网络知识，担心被他人嘲笑而产生的网络畏惧和焦虑的心态。大学新生中常产生这种网络畏惧心理。另外，一些网络工程或计算机专业的大学生也可能有这样的障碍，他们主要是害怕跟不上网络的发展速度，掌握不了新的网络技术而被淘汰。

（四）网络依恋

网络依恋是指长时间地沉溺于网络游戏、上网聊天、网络技术（安装各种软件、下载使用文件、制作网页），醉心于网上信息、网上猎奇，造成对网络的过度依赖和依恋，导致个人生理受损，正常学习、工作、生活及社会交往受到严重影响。

网络依恋心理障碍包括这样几种类型：

①网络色情依恋，是指迷恋网上的色情音乐、图片以及影像。

②网络交际依恋，是指利用各种聊天软件以及网站聊天室长时间聊天。

③网络游戏依恋，是指沉迷于网络设计的各种游戏中，或与计算机对打，或通过互联网与网友联机进行游戏对抗。

④网络恋情依恋，是指沉醉在网络所创造的虚幻的罗曼蒂克的网恋中。

⑤网络信息搜集成瘾，是指强迫性地从网上收集无关紧要的或者不迫切需要的信息，堆积和传播这些信息。

⑥网络制作依恋，是指下载使用各种软件，追求网页制作的完美性和编制多种

程序。

在这6种类型中，网络交际依恋者、网络游戏依恋者、网络恋情依恋者及网络信息搜集成瘾者占大学生网络依恋群体中的多数。

（五）网络自我迷失和自我认同混乱

网络自我迷失和自我认同混乱是指在现实生活情境中，部分大学生能始终如一地扮演着自己的角色，但在网络世界里，网络的匿名性和各种虚拟情境使他们感到身份迷失、角色混淆。当网络屏蔽了大学生与现实生活的联系时，他们以为网络中的自己就是现实中的自己，网络所虚拟的现实就是真实的生活，从而迷失方向，造成角色混乱（不能整合自己所承担的各种角色）、性别混乱（不能辨别自己的性别，产生种种变态心理）、权威混乱（盲目反抗或盲目服从）等。

在以计算机为终端的网络中，由于网络的匿名性使上网者隐去了身份，许多现实社会中的规范、规则、道德在虚拟世界中冻结，大学生上网者在表现个人自我时，把社会自我抛得越来越远，甚至企图借助网络在现实社会中凸显自我，将自我凌驾于社会之上。网络黑客、网络犯罪就是这方面的典型例子。此外，某些大学生对一些社会现象愤懑不满，他们想通过上网发泄不满，逃避社会，希望在网上有一个“清洁”的交往环境，构建一个良好的自我。然而网上充斥的色情图文、脏话、无聊的帖子、庸俗的话题，使他们在对社会产生失望之后又对网络产生了失望之情。

问题汇总

一、大学生上网存在的问题

网络的信息量大、传播速度快、内容良莠不齐，大学生的世界观、判断力与思维力正在形成，极易上瘾。虽然学校千方百计地教育大学生要正确上网，但是大学生上网还是存在诸多问题，主要表现在以下几个方面：

（一）沉溺网络游戏

很多大学生沉溺于网络游戏中无法自拔，甚至可以说是废寝忘食。不少学生声称要把中学被压抑的娱乐时间找回来，在互联网中漫游，在游戏中激战，完全丧失自制力，学业也日渐荒废。

【温馨小提示】

刚刚进入人生美好年华的你，不应该将时间浪费在虚拟的网络游戏上。这些虚拟的东西换不来任何实在的回报，只会渐渐消磨你的意志，荒废你的人生。从现在开始，你试着拓宽自己的兴趣面，寻找自己真正感兴趣、健康并能提升自己的娱乐方式。你可以将它们一一列在一张纸上，从最感兴趣的事开始尝试。一开始或许会有些困难，但坚持下去你一定会发现自己的生活已经发生了惊人的变化！

（二）网上交友的迷茫

大学生经常提到“屌丝男”“恐龙妹”“御姐”等字眼，如果问问今天他们在干什么，冷不丁就会告诉你要去和网友见面。大学生中多数人都有网友，网友、网恋就似一日三餐频繁地出现于学生的生活中，也迷惑、扰乱了学生正常的人际交往和情感交流。在网络聊天中，有多少人知道冰冷的机器后面到底是男还是女，性别在虚拟的世界中同样可以随心所欲。错位的性别交流容易导致现实生活中的认知混乱，如性别角色错位等。

【温馨小提示】

不论你是男是女，外表再美好也及不上内心世界的充实来得重要，时间会逐渐卸下华丽的外表，却会让内心愈加成熟、殷实。所以，从这一刻起，你学会悦纳和完善最真实的自己，注重对自己风度和气质的培养、对自己胸怀的扩展以及对理想坚定不移的追求；学会和各种人相处，广交朋友并保有几个最知心的好友，从这些人中获得最真实的社会支持；学会在真实世界中寻找真爱，要相信真爱的存在，避免被世俗的利欲熏染真心。除此之外最重要的是，常常与父母联系，因为我们再如何寻找真心的情感，也及不上父母对子女的那份亘古绵长、无私无求的爱!

（三）依赖网络世界

目前，部分大学生发现自己无法离开网络，否则会感觉孤独、烦躁、食欲不振、精神无所寄托，甚至会消极厌世，产生轻生念头。这就暗示着，这些学生已经对网络产生依赖，有上瘾的症状了。大学生对网络的这种迷恋如同吸食毒品一样，上网亢奋，下网颓废，整天沉湎于虚拟世界中，荒废学业，忘记工作，漠视友情和亲情，长此以往，后果不堪设想。

【温馨小提示】

学会管理自己的时间。你可以安装一个定时提醒的小软件，或者在网上设立“限时报警”服务，有效地控制上网时间；你也可以列出沉迷网络的害处并制成卡片，随身携带，以便时刻提醒自己；你还可以列出因为沉迷于互联网而错过参与一些活动的机会的清单，以提醒自己衡量利弊得失。

（四）色情与暴力“入侵”

网络为大学生提供了各种信息，但是信息良莠不齐，其中不乏色情与暴力的图片、视频等诱惑，刺激着大学生的好奇心和渴望。而大学生群体正处于心理、生理和行为日趋成熟的阶段，加上一些大学生内心空虚、青年群体所特有的冲动性、有限的自控辨析能力等，他们极易受诱惑而产生罪恶心，埋下犯罪的种子。

【温馨小提示】

完善对网络的认识和分享高品质的网络资源，坚持以预防为主的原则。学习正确认识网络，利用网络中的积极因素，自觉拒绝网络的各种诱惑。尝试分析自己上网的动机和情结所在，充分认识上网的诱因，并努力予以消除。如果觉得自己抵御诱惑有一定的困难，还可以求助专业的心理咨询师。

当然，大学生群体中的网络问题不止以上提到的这些，随着网络的飞速发展，各种新的网络问题也不断涌现，而有些问题本不应出现在这个青春美好的群体中，如网络黑客（信息盗取、病毒制作与传播、财产窃取）、网上人身攻击、文章剽窃甚至是色情类犯罪。这些问题反映了大学生道德感的弱化，其中有些问题甚至已经涉及法律范畴，要诉诸法律才能解决。

二、大学生克服网络问题的方法[①]

为了构建健康有序的学习生活，及时抵制网络这个“潘多拉魔盒”的诱惑，大学生们还可以尝试以下方法：

（一）想象厌恶法

大学生在非常想上网或正在上网的时候，想象某些厌恶的情境，达到减少上网行为的目的。例如，大学生想象眼前站着某位使自己感到害怕的人，如威严的父亲或者严厉的老师等；也可以想象自己最害怕的动物正在向自己靠近；还可以想象键盘上爬满了毛毛虫等。

（二）自我管理法

1.转移注意力

大学生可以在想上网的时候，强迫自己转移注意力，主动离开放有电脑的房间、放下手机，用看书、打球、跑步、听音乐等其他活动取代原来的上网行为。

2.上网时间递减法

大学生可以设立合理的“小步子”目标，逐渐减少上网时间。如果大学生以前每天上网6小时，那么第一个目标应该是每天上网5小时；这个目标实现并维持一段时间之后，再把目标定在每天上网4小时；以此类推，直到时间合适为止。在此过程中，每次上网的时候，大学生可以使用闹钟提醒自己准时下网，与此同时，可以让父母、朋友监督。

3.自我指令

大学生可以给自己制定学习时间表，规定每天的什么时候必须学习。每当有上网的念头时，大学生可以反复地自我暗示：“不行，现在不是时候，现在应该学习，等周末再说。”每当抵制住了诱惑，认真学习，度过了充实的一天之后，大学生就应该进行自我鼓励：“今天学得有收获、很投入，坚持就是胜利！”

4.自觉提高上网效率

每次上网之前，大学生应该先花两分钟时间仔细想一想自己要上网干什么，把具体要完成的任务列在纸上，再花1分钟时间，估计大概需要多长时间才能完成所有任务。如果他估计要用60分钟，就把闹钟定到30分钟，提醒自己检查任务的完成情况，并反思自己有没有做与任务无关的事情。

5.自我奖励与自我惩罚

大学生可以运用以上的方法，根据自己完成的效果给予自己奖励或者惩罚。如果他完成得好，就可以好好奖励自己，如去大吃一顿或买一个自己喜欢的东西；如果完成得不好，就惩罚自己做50个俯卧撑或者做家务等。

① 全国少工委办公室，中国心理卫生协会，中国青少年发展服务中心．心理健康辅导——个体辅导［M］．修订版．北京：世界图书出版公司，2007：177-179.

认识自己

网络成瘾自测问卷

如果你开始怀疑自己的网络行为已经成瘾了，想证明你的猜测的正确性，可以从以下几个不同的角度了解自己是否成瘾和成瘾的大概程度。

本问卷包括20个陈述，请根据近期的表现如实作答。按照发生的频度，用1~5进行评分，1~5分的具体含义如下：

1分——几乎没有；2分——偶尔；3分——有时；4分——经常；5分——总是。

(　　) 1. 你发现待在网上的时间会超出预计时间。

(　　) 2. 你由于上网上得太多，以至于忘记了要做的事情。

(　　) 3. 你觉得网上的愉悦已经超过与恋人或伴侣间的亲昵。

(　　) 4. 你会与网上的人建立各种关系。

(　　) 5. 你的亲友会抱怨你花太多的时间在上网方面。

(　　) 6. 由于你花在网上的时间太多，以至于可能耽误学业和工作。

(　　) 7. 你宁愿去进行网络聊天，也不愿意去完成必须做的工作。

(　　) 8. 上网影响到了你的学习或工作业绩和效果。

(　　) 9. 你尽量隐瞒你在网上的所作所为。

(　　) 10. 你会同时想起网上的快乐和生活中的烦恼。

(　　) 11. 在准备开始上网时，你会觉得你早就渴望上网了。

(　　) 12. 没了互联网，你的生活会变得枯燥、空虚和无聊。

(　　) 13. 别人打扰你上网时，你会恼怒或吵闹。

(　　) 14. 你因深夜上网而睡不着觉。

(　　) 15. 睡觉时你仍全身心想着上网或幻想着上网。

(　　) 16. 你上网时老想着“就再多上一会儿”。

(　　) 17. 你尝试减少上网时间，但失败了。

(　　) 18. 你企图掩饰自己上网的时间。

(　　) 19. 你选择花更多的时间上网，而不是和别人出去玩。

(　　) 20. 当你不能上网时，你会感到沮丧、忧郁和焦虑，而一旦上了网，这些感觉就消失了。

【测评分析】计分标准：请把你选择的各项分数加在一起，合成一个总分，对照以下不同分数段的解释，自我评判自己上瘾与否以及上瘾的程度。

（1）24~49分：你是一个一般的上网者，只是有时会上得多些，但总体上仍能够自我控制，尚未沉溺于此。

（2）50~79分：上网似乎开始引起一些问题，你该谨慎对待上网给你带来的影响以及给家庭其他成员带来的影响。

（3）80~100分：上网已经给你和你的家庭生活带来很多问题，你必须马上正视并解决这些问题。

资料来源　程乐华. 网络心理行为公开报告［M］. 广州：广东经济出版社，2002：266-268.

训练 1

“兴趣”大比拼

“打篮球、散步、游泳、跑步、爬山、旅游、唱歌、看书、购物、跳舞、看电影、听音乐、找朋友聊天……”你在现实生活中喜欢做什么呢？在网络上又喜欢做什么呢？现在，同学们就来进行一下网络与现实兴趣的大比拼吧！

首先，请将你在网络上喜欢做的事情写在左边的横线上。接下来，你可以在第一段提及的行为中选取你觉得最有可能替代网络行为的事情，并填写在右边的横线上，也可以填写你自己认为更愿意从事的现实行为。

在网络上喜欢做的事情	在现实中可以替代该行为的事情

资料来源　卢勤，周宏，邵昌玉．大学生心理健康理论与实践［M］．成都：四川大学出版社，2010：257.

训练 2

熊猫烧香：李俊的人生拐点

2006年元月，湖北省仙桃市龙华山派出所民警在办理第二代身份证时，发现所用的计算机已中毒，即使用杀毒软件杀毒后仍没有改善。紧接着，该局部分办公计算机也因中了“熊猫烧香”病毒而瘫痪。来势凶猛的计算机病毒在该市还是首次出现，这引起了该市公安局网监部门的高度重视，公安局立刻正式立案侦查。同年2月3日，“熊猫烧香”电脑病毒制造者李俊在武汉落网。“熊猫烧香”被列为那一年的十大电脑病毒之首，曾让上百万台电脑受害。

年仅24岁的李俊究竟是怎样走上制造病毒的道路的呢？

李俊妈妈陈女士说，李俊很小的时候就喜欢玩电脑，没事就到网吧去玩。因为怕他在外面学坏，父母就给他买了台电脑。没想到到头来儿子却是因为玩电脑被警察抓走了，陈女士感到悔恨不已。

李俊的父亲则说，四五岁时，李俊爱上了玩积木及拆卸家中的小机械产品。那时候，他将家中的收音机、闹钟、手电筒等凡是能拆开的物品，都拆成一个个零部件，歪着脑袋观察每个零部件后，又将零部件重新组装起来，恢复原样。如果闹钟再次走动或收音机能发出声音，李俊往往会拍手大笑，高兴好久。

李俊的弟弟李明比他小3岁，是西南民族大学音乐教育专业学生。2006年放寒假回家，他偶尔和哥哥提起最近他和同学都中过“熊猫烧香”的电脑病毒。哥哥听说后却一改以往的内向和谦卑，不屑一顾地笑说，这病毒没什么大不了的。当时李明并没有想到，他的哥哥就是“熊猫烧香”的始作俑者。

在李明的记忆中，自从哥哥有了自己的收入后就很少给家里人钱，而且哥哥也从不找父母要钱花。有人曾对李俊说，李明是他弟弟，他应该给李明点零花钱。可李俊很严肃地说：“钱要靠自己挣！挣不到钱的人，是无能的人！”

资料来源　周斌. 警史钩沉（2009年第4辑）[M]. 武汉：武汉出版社，2009：94-100.

【思考】

（1）你觉得李俊的成长经历对他之后的网络犯罪产生了哪些影响？

______

______

（2）从这个案例中你得到了哪些启发？

______

______

训练3

天使的另一面是魔鬼

小南是某高校大一女学生，19岁，因迷恋网络聊天被学院要求到心理咨询中心接受心理治疗。小南自述喜欢网上聊天，不能控制上网时间，否认网络成瘾。

小南出生于工人家庭，幼年时期得到父母较好的照顾，她感到生活充满了乐趣。从她上小学开始，父母先是因为企业改制双双下岗，接着开始做小生意，每天很晚才回家。大多数时候，她都是一个人在家，自己做饭吃，独自做作业，没有事情的时候就画画、写字。父母回家后，收拾完就睡觉，根本无暇关心小南的学业和情感需要。在学校里被同学欺负后，小南不能得到父母的帮助，开家长会父母也经常不能参加，她感到非常无助，并逐渐疏远与父母、同学的关系。

进入初中以后，在小南的要求下，父母添置了电脑，开通了网络。通过网络，小南结识了很多朋友，认为他们对她很好，有什么话都愿意和网上的朋友说。不开心的时候，她可以在网络上得到安慰；有困难的时候，她可以从网友那里得到一些帮助。因此，小南发现与现实生活中的人相比，网络上的朋友更真诚。这使她觉得像是找到了一个“新家”，把网络上的朋友当成了“亲人”。

自从开始上网之后，她和同学的交往就更少了，学习成绩也大幅度下滑。但是，小南仍然没有意识到这些问题，她认为现在自己感到“充实”都是因为得到了网友的帮助和支持，她也应该给予网友帮助和支持，并在这种给予中感受到自己对他人的价值。因此，每天小南一到家就联系他们，不愿意让他们等，更不愿意他们把她看成一个虚伪的人。由于长时间上网使学习成绩大幅下滑，小南的父母开始反对她无节制地同网友聊天。争吵了多次，她和父母的关系变得很紧张。有一次，父母把宽带给中断了，小南和父母大吵后离家出走，到网吧待了几天，逼得父母只好恢复了宽带。

小南后来勉强考进大学。由于没有了父母的反对，她更加疯狂地迷恋网络，上网频率越来越高，上网时间越来越长。她开始出现头昏、疲倦、四肢无力等症状，时常感到莫名的焦躁、空虚、情绪低落。有一次因为上网时间过长，导致身体极度虚弱，她被送进医院。

对于未来自己该做什么、能做什么和成为一个什么样的人，小南感到十分迷茫。

【思考】

（1）小南目前最需要解决的是什么问题？

____

____

（2）小南可以采取哪些措施帮助自己？

____

____

幸福阳光

痛苦和盐

盐铺的一个学徒总是对现状不满，觉得日子过得不如意，常常向师傅抱怨。

这天，师傅又听到徒弟在抱怨，于是让他去取两小包盐过来。徒弟把盐取回来后，师傅让徒弟把其中一包倒到水杯里喝下去，然后问他味道如何。徒弟只喝了一口，就吐了出来，说："很苦。"

师傅笑着让徒弟带着另一包盐和自己一起去湖边。师傅让徒弟把盐都撒到湖里，然后对徒弟说："现在你喝点湖水试试看。"徒弟不知道师傅是什么意思，只好去喝了口湖水。

师傅问："什么味道？"

徒弟回答："很清凉。"

师傅问："尝到咸味了吗？"

徒弟回答："没有。"

师傅点了点头，坐在这个总爱怨天尤人的徒弟旁边，握着他的手说："人生的苦如同这些盐，有一定的量，既不会多也不会少。我们承受苦痛的容量决定痛苦的程度。所以当你感到痛苦的时候，就把你承受的容积放大些，让自己的心不是一杯水，而是一个湖。"

读过这则小故事，结合本章所学的内容，请大家谨记：

◎没人能阻止我们的上网行为，请自己控制上网的时间和明确上网的目的。

◎没人能阻止我们在网上交友，请自己慎重判断对方的真实意图。

◎可以保持使用网络获得信息的方式，但不要把网络作为获得信息的唯一方式。

◎在生活中使用网络，但不要只在网络中生活。

资料来源　[1] 谷心光，何红波．激励你一生的成功格言（2）[M]．乌鲁木齐：新疆电子出版社，柯文出版社，2004：329. [2] 吴冰兰．网络生活：过度上网对学生的危害 [EB/OL]．[2013-08-13]．http://www.ssjy.org/chn20111221606064/article.jsp?articleId=12607509.

学思践悟

社交工具还是伤人利器?

——大学生沉迷网络游戏调查

玩网络游戏上瘾；上网时全神贯注，下网后六神无主；通宵打网游引发“电子血栓病”……中南大学湘雅二医院精神卫生研究所对3 000多名大学生进行了网络成瘾性调查，发现其中超过1/5的大学生存在手机成瘾风险，学生网络游戏成瘾问题严峻。一些网络游戏充斥着暴力和色情内容，而很多商业性质的网瘾治疗机构鱼龙混杂、良莠不齐，如何帮助青少年健康上网已成为世界性的公共卫生问题。

一、网瘾学生的“AB面”：为游戏里的兄弟“两肋插刀”，却难给父母一个微笑

中南大学湘雅二医院精神卫生研究所的此项网络成瘾性调查，对多所高校的3 000多名大学生进行了长期跟踪。调查结果显示，有20.6%的大学生存在网络成瘾风险，受访大学生群体平均每天使用手机7至9小时，平均每人每天使用手机118次。大学生群体使用手机主要用于玩游戏、看影视剧、玩直播和购物等。

一些受访学生表示，网络游戏不仅是娱乐工具，更是社交工具。但正是这个被寄希望于拓展社交、寻找安慰的网络工具，成为伤害大学生身心健康与人际关系的利器。

在受访的3 000多名学生中，有1/3的学生因为长时间使用手机和电脑等而精神或身体健康受损，有1/5的大学生因为沉迷网络游戏而错失了重要的人际关系，有近15%的大学生因为沉迷网络和家人经常起冲突，还有个别大学生因为沉迷网络产生易怒情绪、和同学打架……

“我们发现，沉迷于网络的不仅有本科生，还有不少硕士生、博士生。有硕士生在找工作受挫后沉迷网络游戏不能自拔，最后干脆不找工作了。”一位调查人员透露。

调查组成员之一、中南大学湘雅二医院精神卫生研究所副教授王绪轶接待过不少因沉迷网络游戏而荒废学业的学生。他说：“让我印象最深的是一个学生曾考取过一所知名高校，因沉迷网游多次缺考被退学，后来他又考上了湖南一所高校，还是因为沉迷游戏多次缺考，被老师强制带到医院治疗。”

让人担忧的是，一些学生形成了“网游性格”，把网络游戏里的玩伴看得比父母都亲。他们常常有两张面孔，A面是在游戏中热情洋溢，“讲义气，为游戏里的兄弟两肋插刀”，“B面”则是在现实生活中，不仅对学业和社交漠不关心，甚至对父母冷漠相对，连一个微笑都很难见到。

二、“电子血栓病”侵袭网瘾少年，商业治疗机构良莠不齐

湖南省脑科医院大精神科主任周旭辉说，近年来，临床上接诊的网络成瘾学生患者越来越多。很多家长对于孩子沉迷网络不仅深恶痛绝，更感到无奈。

调查发现，有学生通宵熬夜看手机，出现心血管方面的疾病，还有博士生在过马路、骑车时沉迷于手机而被机动车撞伤。近年来，中南大学湘雅二医院收治了一些患

上静脉栓塞的学生，多是经常通宵打游戏的网游爱好者。

中南大学湘雅二医院急诊医学教研室副主任柴湘平说，沉迷于电子游戏导致的血栓被称为“电子血栓病”，有学生组团通宵达旦地玩网络游戏，还有人连续玩网游几个通宵后，出现下肢静脉栓塞，后来发展成肺栓塞，送到医院抢救。

沉迷网络，对学生的心理健康影响更大。王绪轶说，大学生网络成瘾与负面情绪相关，成瘾程度越高，孤独、抑郁、焦虑、压力等负面情绪越高；网络成瘾与自尊水平呈显著负相关，青少年的自尊水平越低，人际交往能力越弱，越容易网络成瘾。

记者调查发现，目前网瘾治疗机构良莠不齐，不少机构缺乏专业精神卫生医生，有的甚至聘请保安、武术教练对网瘾青少年进行强制管理，严重影响青少年心理健康，还会让其产生“报复式反弹”的逆反心理。

“隔离、吃药、断Wi-Fi，不听话就要挨电棍……我在一家网瘾治疗中心治疗了15天，花了8 000多元，出来以后还是不上网就难受，没起什么作用。”曾在商业网瘾治疗中心“治病”的一名大学生告诉记者。

三、反网络成瘾机制亟待建立，引导与爱缺一不可

专家指出，近年来，为了防止青少年沉迷网络，政府、学校乃至社会各界都采取了相应措施，一些游戏生产企业采取实名注册，推出防沉迷系统，但仍有一些网游企业剑走偏锋，对学生产生了负面影响，甚至有学生因为缺乏辨别是非的能力，盲目模仿，走上犯罪道路。

王绪轶建议，政府、学校、医疗机构等应形成“反网络成瘾”的联动机制，相关部门加大对网络游戏产业的监管力度，对网络游戏的内容和价值观严格把关，防止不正当价值导向的网络游戏对青少年造成不良影响；医疗机构和学校合作，对重度网瘾学生提供规范的心理治疗，对一些已经出现抑郁、焦虑症状的患者进行药物治疗和心理辅导。

周旭辉指出，学校和家庭应关注学生的心理健康，多组织社团活动，帮助学生提高社交能力，更好地融入学校生活，对学生使用手机、电脑的情境进行必要限制，引导学生养成良好的网络使用习惯。

资料来源　帅才，姚羽．社交工具还是伤人利器？——大学生沉迷网络游戏调查［EB/OL］．(2019-05-16)［2022-10-28］．https://baijiahao.baidu.com/s?id=1633695656915293556&wfr=spider&for=pc.

第十一章
用“心”感悟生命
——生命教育

生命是单程路，不论你怎样转弯抹角，都不会走回头路，你一旦明白和接受这一点，人生就简单得多了。

——穆尔

生命，只要你充分利用，它便是长久的。

——塞内加

阳光心态

在暴风雨后的一个早晨，一个男人来到海边散步。突然，他注意到，在沙滩的浅水洼里，有许多被昨夜的暴风雨卷上岸来的小鱼。它们被困在浅水洼里，回不了大海了，虽然大海近在咫尺。被困的小鱼也许有几百条，甚至上千条。用不了多久，浅水洼里的水就会被沙粒吸干，被太阳蒸干，这些小鱼就会干死了。

男人继续朝前走着。他忽然看见前面有一个小男孩，走得很慢，而且不停地在每一个水洼旁弯下腰去——他在捡水洼里的小鱼，并且用力把它们扔回大海。这个男人停下来，注视着这个小男孩，看他拯救着小鱼们的生命。

终于，这个男人忍不住走过去说：“孩子，这水洼里有几百上千条小鱼，你救不过来的。”

“我知道。”小男孩头也不抬地回答。

“哦？那你为什么还在扔？谁在乎呢？”

“这条小鱼在乎！”男孩儿一边回答，一边拾起一条鱼扔进大海。“这条在乎，这条也在乎！还有这一条、这一条……”

资料来源　佚名. 一个外籍教师对中国学生讲的故事［N］. 田辉，译. 青年参考，1998-12-18.（这是一位外教在中国某医学院所作的一次演讲）

【思考】你是怎么看待生命的？

阳光殿堂

一、生命的含义①

《牛津大辞典》对“生命”一词的解释是：“将动物和植物与地球、岩石等区分开来的条件；也用作生物的总称，包括动物、植物和人。”《现代汉语词典》对“生命”一词的解释是：“生物体所具有的活动能力，生命是蛋白质存在的一种形式。”而《辞海》对“生命”一词的解释更为详细一些：“由高分子的核酸蛋白体和其他物质组成的生物体所具有的特有现象。能利用外界的物质形成自己的身体繁殖后代，按照遗传的特点生长发育、运动，在环境变化时常表现出适应环境的能力。”这3种对生命的解释最具有权威性。

每种生命都有其独特性，人类生命也同样如此。人类生命有二维：一是实体性生命（生理生命）；二是关系性生命（人文生命）。一般都认为，生命是生物体、有机体存在的一种方式。人类生命在实体性层面表现为一个个的个体，主要由大自然演变而生，也依靠自然之物而孕育、成长，直至死亡；人类生命在关系性层面表现为任何人的生命都在也只能在社会文化与文明中造就、存在与发展，其与亲人、他人和社会性精神产品密不可分，并形成了紧密的联系，是无法割裂开来而单独生存与发展的。所以，人类关系性生命可以从人文生命的角度来认识，以与生命的实体性层面（生理生命）相区别与对应。

具体而言，关系性生命的内涵由相互联系的3个方面组成，或称“三重性”：

1. 血缘性亲缘生命

任何一个人都不是凭空诞生的，一定是父精母血孕育而就，人由此传承了父母的血脉，同时要繁衍子孙后代。这就使人之生命与前辈构建了关系，也与后辈密不可分。关键在于，人在获得生理性血缘生命的同时，也传承了亲缘性，但亲缘性不是纯生理与自然的，而是千百年来人类文化与文明凝聚而成的。换句话说，人类在实体生命的层面也与动物的生命有着截然不同之处，因为其血缘中就包含了亲缘性。人类这种血脉相承的血缘关系铸就了人的生命在生物复制与社会复制两个方面的延续性。所以，具体的个人即使死去，子孙后代也延续了他的生命。从这个意义上看，人的血缘、亲缘生命以基因的方式得以“不朽”。

2. 人际性社会生命

人只能生活在社会之中，必然与社会其他的人和组织结成复杂的关系，其生命必然打上社会的烙印，离开了与社会和他人的关系，单独的个体是一天都活不下去的。此外，这种人与他人、社会的关系可以延续到其生理生命终结之后，也就是说，一个人虽然离开了世界，但如果有很多活着的人想着他、提到他，则其人际社会生命还存在。

① 郑晓江. 论人类生命的二维性四重性——以自杀问题与人生意义问题为中心［J］. 广东社会科学，2010（5）：51-56.

3.超越性精神生命

人类与动物区别最大的地方也许就是人有超越性精神生命，包括人的精神、意识、思维、心理等。人的精神生命最大的特征在于其超越性，人在思想中既可上溯无穷之前，亦可思索亿兆年之后；既能思考实体性物质，也可以创造出自然所没有的无穷无尽的精神世界。所以，人们如果在生前能够创造出丰富的精神产品，在其逝世后仍然让无数人受益，造福社会，推动历史的发展，其生命就以精神创造出的价值方式永远延续着。

二、生命教育的内涵①

生命教育是指指导学生正确认识人的生命价值，理解生活的真正意义，培养学生的人文精神，激发学生对终极信仰的追求，滋养学生的关爱情怀。关于生命教育，对不同年龄阶段的学生，其内容应有所不同。大学阶段的学生应该既认识到生命的伟大与崇高，又认识到生命的脆弱与无助；既了解人类生命的价值，又了解自然界中其他生命的意义，教育学生以平等的眼光看待世间万物，以敬畏的心情善待一切生命，以负责的态度关爱自己和他人的生命。

生命教育的内容可以划分为如下几个层次：

1.生存意识教育

生存意识教育，实际上也就是珍惜生命的教育。这是生命教育的基础和首要前提，包括生命安全教育、生活态度教育、死亡体验教育。

2.生存技能教育

这是个体生命得以存在和发展的必要条件，包括动手能力、适应能力、抗挫折能力、野外生存以及安全防范能力和自救能力的训练。

3.生命价值升华教育

生命价值升华教育即生命质量提升教育，是生命教育的最高层次。

总而言之，生命教育是一种新的教育价值取向，是一个纵向包括生存意识、生存技能和生命价值升华3个层次，横向包括处理人与自己、人与他人、人与自然和人与宇宙4种和谐关系的立体结构。3个纵向层次对应着一个人追求的“活着”“活好”“活出意义”3种不同的人生境界。实施生命教育，在积极方面可以尊重生命、肯定生命的价值与意义，并达成自我实现及关怀人类之目标；在消极方面可以避免自我伤害或自杀行为的发生，从而提高大学生的生命质量。

三、生命的意义

生命的意义是关于生命的积极思考，不同的学者有各自的定义。

1.李虹的观点②

清华大学李虹认为，生命的意义包括3个方面的含义：

第一，对个人所理解的“生命”的执着；

第二，对所理解的“生命”价值的内部标准，并用此标准去度量“生命”意义的实现程度；

① 刘卡静．中学生生命意识、生存技能和生命意义感现状研究［D］．成都：四川师范大学，2008.
② 樊富珉，王建中．当代大学生心理健康教程［M］．武汉：武汉大学出版社，2006.

第三，按照“标准”评价自己“生命”的作用。

因此，生命的意义可以说主要包括两个方面：对生命的意义的执着；对生命的意义的理解。一个人对自己生命意义的认识一般是比较稳定的，它会逐渐转化为生命不同发展时期的信念和价值体系。

2.弗兰克尔的观点①

奥地利著名心理学家维克多·弗兰克尔（Viktor E. Frankl）提出了意义治疗法，其中的关键是：如何在苦难中体会人生的意义与价值，从而避免走向极端。

弗兰克尔是第二次世界大战中纳粹集中营的幸存者，他从自己的苦难经历及长期的科学研究中，逐渐发展出了意义治疗法，主要是帮那些在生活中受到巨大打击者寻找意义与责任，把他们从死亡的边缘拽回来，重新扬起生活的风帆。

实际上，人生的正面状态固然有意义和价值，但人生的负面状态又何尝没有意义和价值呢？人们若能把这些人生的负面状态都视为人生过程中必须承受的部分，而且是人生中宝贵的经历和不可或缺的组成部分，就能够勇敢地接受这些挑战，经受住磨炼，生命因此也更加丰富，心情也会转变，承受痛苦和灾难的能力也就大大地增强了。

最后，弗兰克尔对生命意义的层次进行了划分。在意义治疗法的视角下，生命的意义可以被分为两个层面：

一是关于生活本身的终极意义。弗兰克尔认为人类的终极意义本质上是自我超越。

二是此刻的意义、当下的具体意义。人不应该寻求抽象的生命意义。每一个人在他的生活中都拥有需要完成的特定的事业或使命。

四、生命价值观

价值观在《中国大百科全书·心理学卷》中是这样被定义的：主体对客观事物按其对自身及社会的意义或重要性进行评价和选择的标准。辛志勇和金盛华把大学生所理解的价值观初步界定为：人们在目标确立、手段选择、规则遵循方面所体现出来的观念，这种观念对个体或群体的行为具有导向作用。

生命价值包含了人的自我价值和社会价值两个方面。生命的社会价值是个体的生命活动对社会、他人所具有的意义。衡量生命的社会价值的标准是个体对社会和他人所作的贡献。生命的自我价值是个体的生命活动对自己的生存和发展所具有的价值，主要表现为对自身物质和精神需要的满足程度。生命价值是个体对自我及社会需要的满足，它是自我价值与社会价值的辩证统一。

生命价值观是个体价值观在生命中的具体体现，是个体在生活中判别、选择什么样的生存与发展模式最有价值的标准和规范自身行为的心理倾向系统，是个体对待生命及其价值的基本观点和看法，也是一种生活态度和生活理想。

有研究表明，大学生的生命价值观包括3个维度：

1.存在价值

这是生命价值的最根本的基础，在大多数情况下生命的存在是第一位的，没有此前提条件，一切有关生命价值的讨论都是空谈。此方面主要涉及人对生命和死亡的认

① 郑顺艺. 大学生生命意义的结构及其发展特点［D］. 沈阳：沈阳师范大学，2011.

识态度等。

2. 目标价值

这主要是涉及作为社会成员的人的社会属性，此方面主要包括人作为社会成员所希望达成的人生目标。

3. 发展价值

这个项目主要涉及生命在存在的基础上如何向目标发展，作为个体的人为实现其最终目标而如何作出取舍的问题，其中包括了为达到最终目标怎样发展和面对困难与挫折时的态度、表现等。

当代大学生更关注于生存和发展的问题，这与当前大学生面临的升学、就业、家庭负担等实际问题有极大联系，而相对来说在生命目标上就没有前两者那么明确，这说明部分大学生对自己的未来感到迷茫。因此，大学生应具有正确的生命价值观：珍爱生命，树立目标，以积极的心态面对生活，实现自我价值与社会价值。

五、生命中的暗礁

（一）压力

压力也称“应激”“紧张”，是由一定刺激事件引起、使个体认为事件已经超出了当时的可控能力而体验到的一种身心紧张状态，它可引起当事人一系列心理、生理上的变化。[①]

压力源指压力产生的来源，即促使个体产生压力的刺激事件。我国的大学生心理压力主要有两方面：

一是个人自身压力，包括家庭压力、适应压力、健康压力、恋爱压力、自卑压力和挫折压力等；

二是社会环境压力，包括人际压力、择业压力、情绪压力、学校环境压力和学业压力。

应对方式是指个体认为自己与环境的交互作用可能给其带来负担甚至超出自己拥有的资源，为减少、最小化或容忍这种交互作用的内外需求而采取不同方式的认知和行为上的努力。大学生采用的应对方式依次是解决问题、求助、幻想、逃避、合理化、自责等。大学生采用越成熟的应对方式，如解决问题和求助，则压力水平越低；相反，采用越不成熟的应对方式，如自责、幻想、逃避、合理化，则压力水平越高。

有人提出了A-Z减压26式，见表11-1。

表11-1　**A-Z减压26式**

A（appreciation）	接纳	接纳自己接纳人，避免挑剔免伤神
B（balance）	平衡	学习娱乐巧安排，平衡生活最适宜
C（cry）	哭泣	伤心之际放声哭，释放抑郁舒愁怀
D（detour）	变通	碰壁时候要变通，无须撞到南墙头
E（entertainment）	娱乐	看看电影听听歌，松弛精神选择多
F（fear not）	无畏	正直无惧莫退缩，哪怕背后小人戳
G（give）	给予	自我中心限制大，关心他人展心怀

① 王红姣，卢家楣．高职生压力源及应付方式特点研究［J］．心理科学，2009，32（6）：1328-1332；1305.

H（humor）	幽默	戴副“墨”镜瞧一瞧，苦中寻乐自有福
I（imperfect）	不完美主义	世上谁人能完美，尽力而为心坦然
J（jogging）	跑步	跑跑步来爬爬山，真是赛过食仙丹
K（knowledge）	知识	知多一点头脑清，无谓担心全减少
L（laugh）	大笑	每天都会笑哈哈，压力面前不会垮
M（management）	管理	不怕多却只怕乱，时间管理很重要
N（no）	学会说“不”	适当时候要讲“不”，不是样样你都行
O（optimistic）	乐观	凡事要向好处看，无须吓得一头汗
P（priority）	有重点	先后轻重细掂量，取舍方向不难求
Q（quiet）	静心	心乱如麻自然乱，心静如水自然安
R（reward）	奖励	日忙夜忙身心倦，爱惜自己要牢记
S（slow down）	放松	坐下停下喘口气，不必做到脑麻痹
T（talk）	聊天	找人聊聊有人听，被人理解好开心
U（unique）	独特	人比人会气死人，自我突破最要紧
V（vacation）	度假	放放假或充充电，精力充沛展笑脸
W（wear）	穿着得体	穿着打扮用心点，精神焕发心情好
X（x-ray）	探索	探寻压力的源头，对症下药有计谋
Y（Yes，I can）	我能	相信自己有潜力，勇往直前步青云
Z（zero）	从零开始	从零开始向前看，每日都是新起点

资料来源　中国香港浸会大学学生事务处辅导中心编（1998年），清华大学樊富珉教授于2001年改编为压力管理锦囊26式。

（二）抑郁

抑郁是一种心境异常低落、不愉快的负性情绪状态。①

1.素质-压力相互作用模型

在素质-压力相互作用模型中，素质与压力相互作用是基本的理论框架，认为抑郁是在压力因素和素质因素共同作用下发生的。个体经由早期的创伤性生活事件获得抑郁的易感性（素质），当新的应激性生活事件出现时，个体已获得的抑郁易感素质会被激活，从而导致抑郁的发生。

2.影响抑郁情绪的因素

影响抑郁情绪的因素是压力。压力因素是指各种应激性生活事件（压力源）。已有研究均表明，应激性生活事件与抑郁密切相关，是影响抑郁发生的重要因素。但并不是所有人在遭遇应激性生活事件时都会抑郁，在相同的压力条件下，不同个体表现的抑郁程度也有所不同，素质-压力理论把这种个体差异归为抑郁素质的差异，尤其是诸如人格特点、归因方式、自我认知评价、应对方式等抑郁心理素质的差异。

3.应对抑郁情绪的方式

应对方式可简单理解为人们应对内外环境及其有关的情绪困扰而采用的方法、手

① 张月娟，阎克乐，王进礼．生活事件、负性自动思维及应对方式影响大学生抑郁的路径分析［J］．心理发展与教育，2005（1）：96-99.

段或策略。不同的应对方式可降低或提高应激反应水平，从而影响应激和情绪障碍之间的关系。研究表明，消极应对方式与抑郁情绪密切相关。采用积极应对方式的学生比采用消极应对方式的学生较少报告抑郁症状，消极应对方式可能是抑郁个体偏爱的方式。

我们可以用认知疗法来解决抑郁情绪问题。如果大学生每当面对负性生活事件时，头脑中总是自动出现诸如“我孤立无援”“我很虚弱”“我不可能干好”“我是个失败者”等消极的认知方式，这些想法势必影响个体对生活事件以及应对生活事件的自我资源和能力作出消极、悲观的评价，进而使个体倾向采取诸如自责、逃避等消极应对方式，负性生活事件得不到有效解决，从而陷入抑郁情绪状态。例如，面对“与宿舍同学发生矛盾”这一生活事件，对自己消极认知的同学便会认为自己是个失败者，孤立无援，对此事无能为力，这些消极思想可能会使他们更易采取自责、逃避的消极应对方式；相反，对自己积极认知的同学会认为矛盾是双方的事情，并认为自己有能力去解决它，他们便倾向采用主动沟通的积极应对方式澄清事实，化解矛盾。从压力到抑郁情绪可分解为这样的逻辑过程：负性生活事件—激活负性的自我认知—负性的自我认知引发消极的应对行为—导致抑郁情绪。从这个过程中我们可以看出，生活事件虽然是客观现实，但自我认知评价是心理的现实，而正是心理的现实作为客观现实的重要中介变量影响着个体的情绪和行为。

（三）自杀[①]

自杀是指主体蓄意或自愿采取各种手段结束自己生命的行为。

自杀的心理过程大致可分为3个阶段：

1.自杀动机的形成

个别学生在遇到挫折或打击时，为逃避现实，将自杀作为寻求解脱的手段。如有位大学生因生活自理能力差，对大学生活难以适应，成绩因此一落千丈，自感生活毫无意义，便产生了死的想法。

2.心理矛盾冲突

自杀动机产生后，求生的本能可能使欲自杀者陷入一种生与死的矛盾冲突之中，使其难以最终作出自杀决定。此时，欲自杀者会经常谈论与自杀有关的话题，预言、暗示自杀，或以自杀来威胁别人，从而表现出直接或间接的自杀意图。实际上，我们可以看作欲自杀者发出的寻求帮助或引起别人注意的信号。这时，欲自杀者如果能及时得到他人的关注，或在他人的帮助下找到解决问题的办法，那么他们很可能会削弱或打消自杀的意图。这也是自杀行为可以预防和救助的心理基础。但周围的人往往认为常喊着要自杀的人其实不会自杀，因而不太关注欲自杀者发出的信号，以致痛失救助良机。

3.自杀者平静阶段

欲自杀者似乎已从困扰中解脱出来，不再谈论或暗示自杀，情绪好转，抑郁程度减轻，显得平静。这样周围的人真以为他的心理状态好转了，从而放松警惕。但这往往是自杀态度已经坚定不移的一种表现，当然也不完全排除是欲自杀者心理状态好转

① 包卫. 心理素质与现代人生——心理健康教育原理与应用［M］. 长沙：湖南大学出版社，2001：338-339.

的表现。发展到这个阶段，欲自杀者认为自己已找到了解决问题的办法，不再为生与死的选择而苦恼。因此，他们不再谈论或暗示自杀，甚至表现出各方面的平静，目的可能是摆脱旁人对其自杀行为的阻碍和干预。

六、大学生自杀的特点及原因分析

（一）特点[①]

案例窗 11-1

自杀是一种极具个体性的行为，其背后的动机也是错综复杂的，个体差异性较大。大学生自杀呈现以下特点：

1.寻求解脱

大学生在面临自我难以解决的人生问题时，感到极度空虚、羞愧、内疚、恐惧、悲观、自卑、悔恨、孤独等，感觉到自己无路可走了，最终只能选择以自杀的方式来避免痛苦。例如一例因不能取得毕业证引发的自杀行为：某大学生在大四结束时，虽然经过自己的努力通过了补考的科目，但是由于在大学期间挂的科目数目超过了学校规定，而不能领取毕业证，这样已经签约好的公司也泡汤了。他感到悔恨、不甘心，觉得自己“没脸见家里人了，只有死是唯一的选择，只有这样我才能解脱”，最终选择了以自杀的方式结束了自己的生命。

2.自我防御

大学生面对挫折情景时，尤其是认为结果是由自己造成时，自杀行为可以成为改变挫折情景、减少自责或是逃避处罚的手段之一，但这个无疑也是最消极的自我防御方式。这种用“一了百了”解决问题的方式，只能将痛苦与创伤留给自己的亲人。例如，有一个大学生被寝室的同学误认为偷拿了对方的手机，在无数次的解释仍旧无法证明自己的清白后，他极度绝望，选择了喝药自杀，来证明自己的清白。然而，当真正的小偷被抓获时，误解他的同学悔恨终生。

3.放任性自杀

放任性自杀造成的后果也是十分恶劣的。由于个体对生命的漠视和冷漠，自己不再敬畏生命，放任其结束。如受不良文化的影响，相信“杀人不过头点地”“生也何欢，死也何苦”的错误信念，甚至个别大学生视生命如草芥。如一位网络成瘾的大学生，在学习上经常挂科，生活上失去控制，整天浑浑噩噩，在接到学校劝退通知时，他倍感无奈，不想作出改变，最后选择了自杀。

4.报复性自杀

报复性自杀是当个体因某种原因产生内心的愤怒与敌对情绪时，为迫使对方承受法律责任或道义与良心上的谴责，以死向对方示威，以达到报复的目的。这种自杀的

---

① 郑洪利，刘国秋，李逸龙．阳光心旅——大学生心理健康教育［M］．青岛：中国海洋大学出版社，2012：291-292.

目的是通过自杀的行为来操纵他人或社会。例如，一名女大学生与恋人相爱后，发现男友爱上了别的女生，她表示要让男友后悔一辈子，于是把男友约到楼顶，当其面纵身跳下，以生命为代价去报复男友。

5.威胁性自杀

威胁性自杀是当大学生面对一些人生危机不知道如何选择时而采取的一种行为。这类自杀者并不是真心希望结束自己的生命，而只是把自杀作为一种要挟别人、向对方讨价还价，或是迫使对方就范的手段。[①]这类自杀往往表现出自杀姿势，虚张声势以引起他人的关注，以恋爱受挫、人际冲突最为常见。例如，一位大学生因为女友提出分手，便以喝药自杀的方式威胁对方；自杀未遂后，女友以妥协告终，但在以后双方相处的日子里，男生反复用自杀来威胁女友，造成很坏的影响。

（二）原因[②]

高校学生心理健康问题突出的原因是综合性的，既有教育的问题，也有家庭、社会因素对学生的影响，具体表现为以下几个方面：

1.情感受挫

大学生处于性心理和性生理发展比较成熟的时期，对异性的爱慕、对情感的需要比较强烈。随着大众媒体对恋爱与性问题的渲染，大学生对恋爱问题既敏感又好奇，若缺乏正确的引导，就容易产生各种心理困惑、心理冲突，从而引发悲伤、自责、绝望的心理，大有“看破红尘之势”，导致大学生轻生或者伤人。

2.就业压力大

现在就业市场竞争激烈，“双向选择”对大学生的综合素质提出了更高的要求，许多大学生一入学就考虑毕业找工作的事。“社会会不会要我？”“我拿什么来满足社会的要求”……不少高校的大学生都会有某种程度的心理恐慌感，如能正确引导，可以转化为学习的动力；如果过度焦虑，感到前途渺茫，丧失信心，即可能成为自杀的诱因。

3.学业压力大

大学是人才集中的地方，他们来自全国各地，虽然水平参差不齐，但“强中更有强中手”，竞争相当激烈。有些同学基础差、底子薄，勉强考入重点大学又很难适应功课的压力；有的同学以为考上大学可以松口气了，学习不再努力，把时间浪费在玩耍之中，导致学习滑坡，多门功课不及格，面临着退学的危机，面子上过不去又无法向父母交代，心理承受的压力很大，容易走向极端而自杀。

4.人际关系紧张

人际交往是指个体与周围人之间的一种心理和行为的沟通过程。和谐的人际交往是衡量大学生心理健康的重要标志。从中学到大学，学习方式、管理方式有很大程度的不同，来自不同的家庭环境、区域的大学生，他们的文化背景、生活方式及习惯都不一样，面临全新的人际关系问题。进入大学，首先，要处理宿舍里的同学关系，处理得不好会影响整个大学生活；其次，要处理好与专业内和专业外同学的关系以及与

---

① 段鑫星，程婧．大学生心理危机干预［M］．北京：科学出版社，2006．

② 孔洁，丛山．高职大学生心理健康指南［M］．合肥：中国科学技术大学出版社，2006：154-155．

老师的关系、与异性的关系等，处理得不好易使一些同学陷入苦恼之中，久而久之就会感到孤独、无能、无助，进而产生严重的自卑感而导致自杀。

5. 家庭变故

家庭变故包括亲人死亡、父母关系不和甚至家庭关系破裂。这是导致大学生自杀的另一个重要因素。

6. 精神和躯体疾病

精神和躯体疾病也是最常见的自杀原因。精神疾病如人格障碍、抑郁症、精神分裂症等。其中，抑郁症是高校大学生中较为常见的疾病，易导致自杀行为。躯体疾病常常见于患有绝症的人，如癌症、慢性疼痛或其他残疾等。

七、大学生自杀的预防措施

（一）自杀预防的可能性

1. 自杀可以预防的理由①

①想自杀的人，他因面临生活危机而产生消极态度和不良情绪，如羞耻、罪恶、自责等，到选择自杀行为之间要经历一段时间。

②想自杀的人，大多数有想死又期待得到帮助的矛盾心态，因此会表现出种种自杀征兆。

③想自杀的人在采取行动之前，考虑到自己的死会给亲人、朋友、老师带来极大的痛苦和震惊，会感到沉重的心理压力和负担。

④自杀者一般都会经历使之震惊、困扰的诱发事件。

因此，自杀并非突发。

2. 自杀者的征兆②

一般而言，自杀者在自杀前处于想死同时渴望被救助的矛盾心态时，从其行为与态度变化中可以看出蛛丝马迹，大约2/3的人都有可能被观察到征兆。这些征兆可以从言语、身体、行为3个方面观察：

（1）言语

有自杀意念的人会间接地、委婉地说出来，或是谨慎地暗示周围的人，如“想逃学”“想出走”“活着没有意思”等。

（2）身体

有自杀意念的人会有一些身体症状反应，比如感到疲劳、体重减轻、食欲不好、头晕等。这些往往是抑郁情绪所致，不能简单地认为是身体有病，应引起注意。

（3）行为

一个人在自杀意念增强时，在日常生活中会表现出不同于平常的行为，如旷课、频繁洗澡、看有关死的书籍，甚至出走、自伤手腕等。

以上的种种征兆可以为自杀预防提供线索和可能。

同时，我们要改变对自杀的模糊概念，如自杀无规律可循、宣称自杀的人不会自

① 王世赏. 水上专业思想政治理论课研究［M］. 武汉：武汉理工大学出版社，2005：213.
② 陈光山. 儿童心理解读［M］. 广州：中山大学出版社，2000：210-211.

杀、一般人不会有自杀念头、所有自杀的人都是精神异常者等。

（二）对他人自杀的预防措施

①如果想自杀的人临近某种重大创伤的纪念日，如心爱的人逝世周年纪念日，那么对可能出现自杀危险的人要进行重点预防。

②给予欲自杀者活下去的理由，使他能够接受自己，并觉得自己是有价值的人，是一个值得活下去的人。

③帮助欲自杀者懂得，人类必须接受自身容易出现错误的弱点，从而放弃完美主义的观点。

④欲自杀者周围的人必须学会处理欲自杀者的损失感和绝望感，不要助长其无助感和依赖感。

⑤以诚恳、果断的态度面对自杀问题，来帮助想自杀的人。

（三）个体的自我预防措施

1.关注自我的内心健康

每个大学生都要积极地关注自我心理状态，当发现自己有自杀意念萌生时，要主动求助，以积极的方式对待自己的问题，并及时解决。特别是自己在面临生活中的负面性事件时，要关注这个事件对自己的影响时间与严重程度；如自我调节不能奏效的话，就应该求助心理咨询中心，让问题在萌芽状态就得以解决。

2.树立积极的人生观

大学生应树立乐观的人生态度，以积极的心态面对挫折与失败，因为大多数的负性情绪与内部挫败感相关，与我们自身的目标期望相结合。所以，我们应有开阔的胸怀、乐观的生活态度和正确的生活目标，正确看待并且积极应对遭遇到的困难和挫折。

3.积极应对

大学生面临成长危机与境遇性危机时，要积极运用自身资源与社会资源，主动寻求社会支持，建立积极的自我防御机制，相信“办法总比困难多”，能够想办法将危机化解在萌芽状态。

（四）干预大学生自杀的方法

自杀干预的总原则为：一是关注此时此地，即以当事人当前的心理感受与情绪状态为主要关注点。二是关注消极情绪的转化，使当事人消除自杀的想法。三是问题解决与技艺训练。当事人一定是面临生活中无法解决的问题才选择自杀，因此，增强当事人解决问题的能力是关键。四是促使当事人采取积极的、共情的、协作的行动，增强改变现有状况的能力。自杀成功干预的衡量标准之一，是使当事人能够回归现实生活，正常学习与生活。

如下治疗方法能有助于成功干预自杀：

1.焦点解决短期心理治疗[①]

焦点解决短期心理治疗，简而言之就是“落实希望与尊重”，这是最有效的方

① 许维素. 焦点解决短期心理咨商［M］. 台北：张老师文化事业股份有限公司，1998.

法，因而被广泛应用于自杀干预实践中。[①]有人将其形象地比喻为“稻草变黄金”的技术。焦点解决短期心理治疗的基本精神包括改变、互动与达到目标的整体模式。

焦点解决短期心理治疗大约需要60分钟，分为3个阶段：

（1）构建问题解决的对话阶段

这个阶段大约是40分钟，当事人与咨询员以对话为主，并通过构建问题解决途径的对话框，完成资料搜集与引发当事人正向思考的目标。

（2）休息阶段

这个阶段大约是10分钟，咨询员回顾整理第一阶段当事人对其问题解决所提及的有效解决途径。

（3）正向回馈阶段

这个阶段大约是10分钟。咨询员以正向的回馈、有意义的信息以及家庭作业的形式，提供在休息阶段时所设计的介入策略给当事人参考，以促使当事人行动或改变。

2. 以问题解决为核心的认知行为疗法[②]

以问题解决为核心的认知行为疗法的要素是要帮助当事人学会解决问题的聚焦策略，强化当事人解决问题的能力，让对方明确了解过去与现在的痛苦来源于可认知的、有可能解决的问题，这些问题阻碍了对方识别自身和他人的需要。

“我不能解决自己的问题”是当事人的核心问题，因此，问题解决能力的缺乏与策略的稀少是关键因素。心理咨询师鼓励当事人认识自身现有的能力与资源，这样问题解决的策略就清晰了。

以问题解决为核心的认知行为疗法的整个过程如下：

①列出问题清单；

②根据问题的重要性、影响力以及能否迅速有效地解决，排列出解决问题的先后次序；

③确定解决问题的可能范围，鼓励个体自由想象各种可能解决问题的方法；

④详细分析可能的解决方法；

⑤把解决方法变为可具体操作、可掌握的若干步骤；

⑥对每个步骤中的困难进行预测与识别，既要考虑到实际困难，还要考虑认知与情感因素；

⑦仔细检查每个步骤的完成情况并决定是否进入下一步。

【例11-1】一位因为失恋而产生自杀倾向的大一男生自述：“我和女友是在高中确立恋爱关系的，可是高考考到了不同的大学后，女友爱上了另一个男生，和我提出了分手。我非常痛苦，很难好好学习，经常逃课玩网络游戏，睡眠质量也下降了，期末考试的成绩更是糟糕至极。爱情和学业我都没有了，感觉活着也没什么意思，不如一死了之。”心理咨询师听完他的叙述，让他先列出自己的问题清单；找出问题的重要次序，核心问题是失恋的情绪反应，背后是自我认知；解决问题的可能范围包括重找恋人、重新确立学业目标、建立新的自我认同感；经历了积极的自我认同训练，帮

① 该方法在20世纪80年代初由美国咨询家史蒂夫·德·沙泽尔（Steve de Shazer）和茵素·金·柏格（Insoo Kim Berg）及他们的同事创立。

② 莱德利，马克斯，汉姆伯格. 认知行为疗法［M］. 王辰怡，孙凌，李毅飞，等译. 北京：中国轻工业出版社，2012.

助当事人确立正确的自我认知，使当事人认识到恋爱也是一所学校，失恋也是一种成长。

3. 支持治疗①

支持治疗是以“应激与适应”为基本观念，并没有独特的理论依据，主要是在早期对当事人进行“分析工作”，无须长时间了解当事人的潜意识，而是针对目前的现实问题，以“支持”为核心进行特殊治疗。有的学者将其称为“急救性的治疗”，也就是说，当事人面临严重的心理创伤或是严重的挫败感，心理上难以承担，精神几乎崩溃，需要依靠别人的“支持”才能渡过心理上的难关。

支持治疗的原则是：

①为当事人提供适当的支持。

②调整对挫折的看法。

③善用各种资源。

④排除外在困难。

⑤以功能性的支持、鼓励、说明、指导、训练等方式与当事人一起讨论应付困难或处理问题的方式，并鼓励当事人采取成熟而有效的方式。

【例 11-2】一位来自贫困家庭的女大学生，上大学后不适应新的学习与生活环境，总是感到压抑、焦虑。正在此时，家里的主要经济支柱——爸爸突发疾病离世，她从家里奔丧归来后，天天以泪洗面，总是和同学说为什么那么多事情都降临到她的头上，自己都没有活下去的勇气了。面对她的现状，心理咨询师选择了支持治疗。首先，帮助她检索她身边的资源，有妈妈、朋友、老师、同学等，并同时让他们通过写信、谈话等方式鼓励女大学生；其次，面对重大丧失，心理咨询师给她进行了专业的哀伤辅导；最后，指导她真正地适应现状，在给予适当支持的基础上，让她能够独立应对生活中的困难与挫折，达到真正的自我成长。

问题汇总

一、压力问题

对于大多数的大一新生，第一次离开父母，独自一个人来到一个陌生的环境生活与学习，难免会遇到压力，如考试压力、人际关系压力等问题。那么，面对压力，我们该如何应对呢？

【温馨小提示】

首先，我们在认知上要认识压力及其可能导致的后果，对极可能已出现或将要出现的压力有一定的准备，如考试压力是可以预见到的。

其次，找到有效的应对方法。比较成熟的应对方法包括解决问题和求助。比如大学生遇到情感压力，可以向自己的好朋友去倾诉，这也是一种好的求助方法。

最后，要找到适合自己的放松方法。例如，身体放松常用的方法有游泳、做操、散步、洗热水澡等；精神放松的方法有听音乐、看漫画、静坐、钓鱼等；其他的方法

① 曾文星，徐静．心理治疗：理论与分析［M］．北京：北京医科大学、中国协和医科大学联合出版社，1994：70-73.

有瑜伽、冥想、打太极拳等。

二、计划问题

大学生有时感觉一学期的时间匆匆忙忙地就过去，自己好像什么也没做就晃到大三、大四了；心理上常有一种无力感，以前也给自己定过目标，但最终总是感觉计划没有变化快，没坚持多久就放弃了。那么，大学生该如何管理自己的时间呢？

【温馨小提示】

人们感叹计划没有变化快时，其根本原因不外乎两条：一是目标太高，难以完成；二是由于懒惰、拖沓，一切变成了闪光的肥皂泡。

首先，掌握“目标管理”的方法，其要点为：将大目标分解成一系列小目标；目标必须是具体的、可以度量的；达到每个目标时给自己适当的奖赏。

其次，要掌握“时间管理”的方法：根据目标优先等级合理地安排自己的时间，优先处理重要的事情；整合零碎的时间；减少浪费的时间。

最后，面对计划我们应做到立即行动，避免迟疑和拖拉。

三、自杀问题

在大学中，我们在发现自己的朋友有自杀的倾向时，该怎么帮助他或是和他相处呢？

【温馨小提示】

如果你发现身边的朋友有自杀的倾向，则你可以采取下面的措施：

首先，作为非专业人士，不作评价地倾听是很好的办法，询问他是否想自杀：“在你痛苦、绝望的时候想到结束生命吗?”（询问一个人有无自杀念头不但不会引起自杀，反而可以拯救生命，这一点常常被误解）

其次，如果他要求你对其想自杀的事情给予保密，不要答应，让他相信可以获得所需要的帮助，并鼓励他寻求这些帮助。

最后，如果当事人是认真地述说此事而不是开玩笑，应该及时告知与其关系密切的人（如他的老师、家人）。

四、面对死亡问题

我们在遇到自己的朋友或是亲人面临死亡的时候该做些什么呢？

【温馨小提示】

面对临终病人，我们可以学会以下几点：

首先，临终病人的生活仍然是可以有活力的、有渴望完成的心愿的，要让他感觉到还有生趣；

其次，不要让他觉得自己是累赘或负担，要让他觉得自己的生存对别人是有意义的；

最后，除了认真倾听并对他关注的事情更加敏感外，我们没有其他办法能帮助临终病人。

五、走出死亡问题

我们身边的朋友或是自己的亲人在遭遇亲人死亡时，常常处于无法解脱的哀伤之中，作为局外人，我们如何帮助丧亲者才是适当而有效的呢？

【温馨小提示】

首先，应该让丧亲者“将悲痛表现于外”，旁人只要做一个很好的倾听者，让丧亲者尽量地倾诉，要多陪伴他，不要让他一个人因为拼命追忆而无法逃避。

其次，让丧亲者实践逝者生前的承诺，代逝者完成遗愿或承诺的责任感能取代丧亲者的失落感；还可以提醒丧亲者去接触新环境或尽早开始工作，让新环境的新鲜感和工作的忙碌以及责任感来转移他的哀伤。

认识自己

学生生活应激问卷

指导语：本问卷主要是为了调查你生活中压力的来源以及你对压力所作出的反应。因此，你的回答没有对错、好坏之分。请你认真阅读每一道题，根据自己近3个月的情况，在备选项中选择一个最符合自己实际情况的选项，填在相应题号前的括号内。

1——从来没有；2——很少；3——偶尔；4——经常；5——总是。

一、作为一名学生

（　　）1.我曾因迟迟达不到我的目标而体验过挫折感。

（　　）2.我曾因日常争论影响我达到目标而体验过挫折感。

（　　）3.我曾因缺乏经济来源（生活费用等）而体验过挫折感。

（　　）4.在实现自己确立的目标时，我曾失败过。

（　　）5.我是一个被社会排斥的人。

（　　）6.在与异性约会时，我感到不知所措。

（　　）7.尽管我够资格，我也曾被机会拒绝。

二、我曾体验过

（　　）8.由于面对两个或两个以上都渴望得到的对象而引起冲突。

（　　）9.由于面对两个或两个以上不想得到的对象而引起冲突。

（　　）10.当选择一个既有积极方面又有消极方面的目标时所产生的冲突。

三、我曾因如下原因而感到有压力

（　　）11.竞争（在学业、工作、与朋友的关系方面）。

（　　）12.最后期限（交作业等）。

（　　）13.试图同时承担的很多事情。

（　　）14.人际关系。

四、我曾经历过如下的变化

（　　）15.突然发生的不愉快变化。

（　　）16.同时面对太多变化。

(　　) 17.影响我的生活或妨碍我达到目标的变化。

五、作为一个人

(　　) 18.我喜欢竞争，并期望取胜。

(　　) 19.我喜欢得到别人关注和爱。

(　　) 20.我对任何人和任何事都担心。

(　　) 21.我办事拖拉。

(　　) 22.我认为，我必须完美地解决我所面对的问题。

(　　) 23.考试时，我感到焦虑、担心。

六、在紧张状态下，我曾有过如下的生理反应

(　　) 24.两手出汗。

(　　) 25.说话结巴。

(　　) 26.发抖、咬嘴巴等。

(　　) 27.快速来回走动。

(　　) 28.疲劳。

(　　) 29.肠胃反应，消化性溃疡。

(　　) 30.气喘、支气管痉挛、呼吸急促。

(　　) 31.背痛、肌肉紧张、磨牙。

(　　) 32.皮疹、皮肤瘙痒、过敏。

(　　) 33.周期性偏头疼、血压高、心跳过速。

(　　) 34.关节炎、全身疼。

(　　) 35.病毒性感染、感冒、流感。

(　　) 36.由于不能进食，体重减轻。

(　　) 37.由于进食过度，体重增加。

七、在紧张状态下，我曾有过以下情绪方面的体验

(　　) 38.害怕、焦虑、烦恼。

(　　) 39.愤怒。

(　　) 40.内疚。

(　　) 41.忧伤、抑郁。

八、在紧张状态下，我曾有过以下的行为

(　　) 42.哭闹。

(　　) 43.欺辱他人（骂人或打人）。

(　　) 44.自虐。

(　　) 45.大量吸烟。

(　　) 46.迁怒于他人。

(　　) 47.企图自杀。

(　　) 48.使用自我防御机制。

(　　) 49.与他人隔绝。

九、对于紧张状态我曾

(　　) 50.思考并分析我所处紧张状态的情况。

(　　) 51.思考并分析我所使用的策略是否很有效。

【测评分析】该问卷采用美国得克萨斯州东部大学心理系教授格资勒（B. M. Gadzella）编制的“学生生活应激问卷”。该量表由河北师范大学教育科学学院王欣教授组织翻译与逆翻译，并根据我国的国情进行修订。学生生活应激问卷共有51道陈述题，每道题有5个选择项，题分为两个维度：应激源和应激反应。这两个维度由9个因子组成：

（1）挫折：1~7题。

（2）冲突：8~10题。

（3）压力：11~14题。

（4）变化：15~17题。

（5）自我强加：18~23题。

（6）生理反应：24~37题。

（7）情绪反应：38~41题。

（8）行为反应：42~49题。

（9）认知反应：50~51题。

记分方法：前8个因子中各题都是正向记分，即1=1分，2=2分……最后一个认知反应因子为倒记分，即1=5分，2=4分……总分为9个因子所对应的各题的总和。总分越高者，其所面临的生活应激及产生的应激反应越大。

阳光训练

训练1

价值大拍卖[①]

步骤一：课程导入。

同学们，你们在生活中听说过或见过拍卖会吗？谁能说说它是什么样子的？

教师总结：同学们都说得很好，在拍卖会上我们可以选择自己喜欢的东西进行竞买。而在今天的课堂上，我们也将进行一场“拍卖”，只不过我们要拍卖的不是货品，而是人生当中比较重要的一些东西，同学们同样可以在这场拍卖会中选择自己希望拥有的东西。

步骤二：介绍拍卖品及拍卖规则。

让我们一起来看看今天有什么可供选择：幸福、健康、自信心、成就感、他人的赞扬、实现父母的期望、威望、实现理想、自由、财富以及名气。

宣布拍卖规则（将事先准备好的道具钱发给学生）：

（1）每人可有5 000元资金参加竞买。

（2）每件物品的底价均为500元，每次竞价以300元为单位。

（3）价高者得，每件物品的最高出价喊价3次无人加价，则击槌成交。

（4）若一次出价5 000元，则立即成交。

（5）货品一经售出，概不退还。

步骤三：准备竞买。

① 高永金．心理制胜——初中生心理必修课［M］．哈尔滨：哈尔滨工程大学出版社，2011：191-192.

老师播放一段长约3分钟的音乐，同学们可以在音乐声中认真思考，并在所拿到的目录中写下自己的计划。例如，计划花2 000元买自信心、用3 000元买成就感，则可在“自信心”下方的横线上写2 000，在“成就感”下方的横线上写3 000，照此类推。同时，在准备过程中仍有疑问的同学可以举手，老师会解答。

（学生思考，准备出价竞买）

步骤四：开始拍卖。

（音乐声停）好了，同学们准备好了吗？现在拍卖开始！

首先是第一件拍卖品：自信心。好，A同学出价500元！B同学出价800元……好！D同学出价2 000元！还有没有出更高价的？2 000元第1次，2 000元第2次，2 000元第3次。（敲下小槌）成交！祝贺你，D同学，你获得了自信心！现在请你上台来领取。

将写有“自信心”的纸袋高高举起，在收下该同学的道具钱后将纸袋放入他的手中，并示意其他同学鼓掌祝贺。

步骤五：拍卖后的思考。

【思考】

（1）在拍卖的过程中，你拍到了你想要的吗？

____

____

（2）在你的生命过程中，什么对于你来说是最重要的呢？

____

____

训练2

生命之旅[①]

步骤一：游戏第一轮。

（1）通过音乐背景和其他布置，营造严肃、祥和的课堂氛围。教室多媒体显示一些人物，如音乐家、美术家、船长、文学家、孕妇、老爷爷、老师、清洁工、小贩、售货员、科学家、建筑工人、园丁、司机。

（2）教师引导：假如这些人同坐一条船，船遇到意外，重量太大要沉下去了，所有行李物品都抛弃了以后还是太重，你希望谁先下去？接着呢？

（3）学生在白纸上抄下来人物，教师引导学生逐一划掉自认为不重要的人，注意先后顺序；最后留下一个自认为最重要的人物。

（4）学生分享感受：为什么留下这个人？为什么首先划掉那个人？

步骤二：游戏第二轮。

（1）柔和的音乐背景下，教室多媒体显示“写下10个你生命中最重要的人”。如果所在教室不具备多媒体，教师可以在黑板上写下如上字样。

（2）学生在白纸上写下如“爸爸、妈妈、爷爷……”。

（3）教师引导：假设我们的生活遇到了意外，不幸其中一些人要离开，你希望谁

① 阳志平，等. 积极心理学：团体活动课操作指南［M］. 北京：机械工业出版社，2010.

先离开？然后呢？

（4）学生依次划掉自认为不那么重要的人，留下一个最重要的人。

（5）学生分享感受：为什么留下这个人？划掉过程中自己的感受如何？

步骤三：游戏第三轮。

（1）柔和的音乐背景下，教室多媒体显示“写下10项你生命中最重要的东西”。（教师引导：没有了这些东西，你将不能生存或者人生没有意义）

（2）学生在白纸上写下如“空气、食物、水……”。

（3）教师引导：假设我们突然遇到了地震、洪水等大灾害，要失去一些东西，你希望先失去什么？然后呢？

（4）学生逐一划掉自认为不那么重要的东西，留下一两项。

（5）学生分享感受：为什么选择这10项？自己有什么感受？

步骤四：游戏第四轮。

（1）柔和的音乐背景下，教室多媒体显示：“假如你的生命只剩下3个月，你最希望做的事情有哪些？”

（2）学生写下几件重要的事情，如“环游世界、和爸爸妈妈待在一起……”。

（3）多媒体继续显示：“假如生命只剩下一周，你最希望做的事情是什么？”

（4）多媒体继续显示：“假如生命只剩下一天，你最希望做的事情是什么？”

（5）学生分享感受：为什么希望做这件事情？

【思考】对这个游戏有什么感想？

【小结】最珍贵的东西往往是不用钱的，如空气、水，或者金钱买不到的，如友情、亲情，所以我们应该珍惜那些平时被我们忽视了的东西。

幸福阳光

阿基米德与酝酿效应

在古希腊，有一位国王让人做了一顶纯金的王冠，但又怀疑工匠在王冠中掺了银。于是，国王让阿基米德来检验王冠的纯金度。阿基米德冥思苦想，尝试了很多方法，但都失败了。某天，阿基米德在洗澡时发现浴盆里的水外溢了，同时感觉身体被轻轻地托起，他恍然大悟，运用“浮力”这一原理解决了问题。

人们在解决问题的过程中，在把难题放在一边，搁置一段时间后，才可能得到满意的答案，这一现象被心理学家称为酝酿效应。心理学家认为，其实在“酝酿”过程中，人们把储存在记忆里的相关信息进行组合，并在潜意识层面进行了推理。人们之所以会在休息的时候找到答案，是因为个体消除了初期的心理紧张感，忘记了大脑里不正确、导致僵局的思路，而具有了创造性的思维状态。因此，如果你面临某个难题，不妨先把它放在一边，去散散步、喝点儿茶，或许答案真的就会“踏破铁鞋无觅处，得来全不费功夫”了。

资料来源　[1] 黄强，张树桂，杨广兴. 职业培训心理学 [Z]. 天津：天津职业技术师范学院职业技术教育研究所，1987：141-142. [2] 何东亮，丁瑜. 师范教育心理学 [M]. 上海：上海交通大学出版社，1997：132-133.

学思践悟

生命教育课成为充满温度“网红”课

“今天的你，过得开心吗？”“回首过去的大学学习生活，你有深感孤独的时候吗？”这些直抵人心的“灵魂拷问”均是同济大学开设的大学生生命教育课“生命的省思”课上的热点议题。

这门在学生心中“充满温度的选修课”最初开设于2020年新冠肺炎疫情期间。8周16课时的课程直面困扰学生的生命议题，引发众多学生强烈共鸣，感慨“每节课都像一场心灵体操”。课程结束后，一位学生在期末作业中写道：“这门课让我解锁了一种新的手段，能让我在迷茫、困顿的时候，更加理性地思考如何过好每一天。”

这门课是怎么上的？为什么会给学生带来这样的转变？课程建设总负责人、同济大学心理健康教育与咨询中心教授姚玉红的回答是：这是一门由师生共同探索未知的课程。没有人敢断言自己过的人生就是标准的“好人生”。不同于传统课程，这门生命教育课更偏重实践和体验，从学生最关心的日常话题切入，让师生在互动和讨论中相互启发，引导学生感悟、珍惜并敬畏生命。

一、打开心扉，解码这门特殊“网红”课

这门课究竟有怎样的魅力？课后，有人恍然大悟：“爱情不是大学的必修课，孤独才是！”有人改变了看世界的角度，学会与自己和解。还有不少学生迈出了难得的一步，敞开心扉地完成了青春期后和父母的第一次亲密谈话。

这门“网红”课程的背后，可谓处处充满了心理学家的精心设计。比如：在生命教育的课堂上，老师们和同学们一起用图片直观感受生命中的三层孤独：自我孤独、人际孤独和存在性孤独，让同学们就此讨论体验过哪些类型的孤独，最难熬的是哪种，和孤独相处的体验是什么。两人搭档的角色扮演中让一位同学扮演另一位同学的孤独过往，二者尝试对话。在“生命的消亡”课上，老师用一张纸比喻每个同学预期的生命长度，然后通过不断对折、再对折让同学们假设：如果余下的生命长度不断缩短，直至生命只剩最后一年时，你还想做什么？

这套课程还会在每节课后布置实践型作业，希望学生将课上的知识学习、体验感悟带出课堂，应用到生活中。以“生命的传承”这节课为例，理论知识主要聚焦原生家庭。当时恰逢国庆长假，课后作业的题目就是让学生邀请重要家人进行一次半小时以上的采访并反馈感想。殊不知，这样一份作业，竟是很多学生青春期后第一次与父母的亲密谈话。在作业完成前，不少学生心有顾虑，而当大多数同学在访谈之后，都表示感慨万千。不少学生发现，青春期后与家长的日常交流常常流于表层，缺乏深层的耐心交流。这场访谈也带来了不少正向结果。访谈后，有学生发现了父母身上的宝贵品质，有学生放下了对父母的误解，也有人终于学会了“放下”。

二、从“活下去”到“活得好”，对焦大学生关注点之变

为什么要在大学里开设生命教育课？原来，同济大学的老师们在工作中发现，知

识和能力习得固然重要，对生命的观照同样不可忽略。不论“空心病”，还是“网抑云”，这些现象的诞生都离不开一点：如今，不少大学生的关注焦点从祖辈们“如何活下去”的生存型难题，转变为“如何活得好”的发展型难题。很多对于生命议题的困惑，直接影响着当下学子的求学生涯与生活质量。比如，学习了这么多知识和技能，我怎么还是不确定怎么才能过好这一生？当下学子如是困扰不少，迫切需要一个个“回答”。

大学和中学不同，更多同学都在更独立的生活中体验过孤独；但他们常常会害怕感受孤独，误将孤独等同于失败，忽略了经历孤独也是成为独立个体的必经过程。“如果缺乏合适的引导，这种矛盾的情境往往容易造成其他心理困扰，如抑郁、回避交往等。”在新媒体时代，大学生们不可避免会接触意外死亡、自伤自杀等极端事件新闻，因此，必须要有一门课直面孤独，让同学们认识到人类对抗死亡焦虑、对生命活力的本能渴望，直面生命的有限性，同时展示生命的无限可能。

针对这些实际而迫切的需求，同济大学心理健康教育与咨询中心从心理学、哲学、教育学多个视角来思考和体验生命，不断打磨和升级课程，在2020年疫情期间采用线上慕课的形式，推出了“大学生生命教育：生命生机生活”课程。

该课程在线上一经推出便得到师生好评，而后第一时间升级为线下课程，并更名为“生命的省思——如何过好这一生”。整个课程体系涵盖生命的价值、生命的成长、生命的传承、生命的孤独、生命的亲密、生命的韧性、生命的消亡、生命的选择等共8个主题，基于学生的物质生命，对其整个成长过程进行了完整的探讨。讲课老师们说，这些课程以生命体验和人文关怀为主要理念，希望引导学生珍惜和敬畏生命，追求生命价值，实现生命超越。

同济大学在完成第二轮教学时，共有200余名同学选修了全部课程，并依托课程培养了近40名以辅导员为主体的教学师资。参与课程的辅导员告诉记者，教学相长的过程让他们对大学生群体有了更深度的靠近和理解。

该课程还将在上海市教委的支持指导下尝试拓展为32课时。其中，理论部分的引导力求更为精练凝缩，增多实践体验的成分。比如，学校将探索课程配套的心理工作坊，作为课堂教学的有力补充，让生命教育走进学生社群。

资料来源　吴金娇. 生命教育课成为充满温度“网红”课［N］. 文汇报，2021-11-19（10）.

主要参考文献

［1］陈琦，刘儒德．当代教育心理学［M］．3版．北京：北京师范大学出版社，2019．

［2］席林．奇才——连续突破性创新者的创意启示录［M］．李蒙，宫海荣，译．长沙：湖南文艺出版社，2019．

［3］张大均，吴明霞．大学生心理健康［M］．2版．北京：清华大学出版社，2019．

［4］赵玲，李红娇．大学生心理健康教育［M］．4版．北京：科学出版社，2018．

［5］贝纳德．哈佛家训Ⅱ［M］．于玲，编译．哈尔滨：黑龙江科学技术出版社，2015．

［6］周长玉，王瑞雪．大学生心理健康教育［M］．北京：中国建材工业出版社，2015．

［7］周莉．大学生心理健康教育［M］．2版．北京：中国人民大学出版社，2015．

［8］王心华，陆毅．大学生心理健康教育［M］．北京：现代教育出版社，2013．

［9］吴萍娜．大学生心理健康与发展——我的大学，从"心"开始［M］．厦门：厦门大学出版社，2013．

［10］郭瞻予，房素兰．让快乐伴你成长：大学生心理健康教育读本［M］．2版．沈阳：辽宁大学出版社，2012．

［11］莱德利，马克斯，汉姆伯格．认知行为疗法［M］．王辰怡，孙凌，李毅飞，等译．北京：中国轻工业出版社，2012．

［12］彭聃龄．普通心理学［M］．4版．北京：北京师范大学出版社，2012．

［13］宋志英．大学生心理素质与训练［M］．合肥：中国科学技术大学出版社，2012．

［14］郑洪利，刘国秋，李逸龙．阳光心旅——大学生心理健康教育［M］．青岛：中国海洋大学出版社，2012．

［15］陈琴，何静春．大学生心理课堂［M］．武汉：武汉大学出版社，2011．

［16］高永金．心理制胜——初中生心理必修课［M］．哈尔滨：哈尔滨工程大学出版社，2011．

［17］刘铸，刘献文．大学生职业生涯发展与规划［M］．沈阳：辽宁大学出版社，2011．

［18］杨佩昌．成大事者心理解密［M］．北京：朝华出版社，2011．

［19］郭玲玲，郭希涛．大学生心理健康教育教程［M］．西安：第四军医大学出版社，2010．

[20] 金宏章，张劲松. 大学生心理健康教育（教师用书）——理解·规范·提高［M］. 北京：科学出版社，2010.

［21］芦淼. 不一样的恋爱心理学［M］. 北京：中国青年出版社，2010.

［22］卢勤，周宏，邵昌玉. 大学生心理健康理论与实践［M］. 成都：四川大学出版社，2010.

［23］倪京凤. 积极心理学取向的班级辅导培训手册［M］. 上海：上海教育出版社，2010.

［24］欧阳辉，闫华，林征. 大学生心理健康应用教程［M］. 沈阳：辽宁教育出版社，2010.

［25］汪艳丽. 大学生心理素质训练［M］. 北京：高等教育出版社，2010.

［26］阳志平，等. 积极心理学：团体活动课操作指南［M］. 北京：机械工业出版社，2010.

［27］程小苹. 大学院校班级辅导活动手册［M］. 重庆：重庆大学出版社，2009.

［28］赫云鹏. 大学生心理健康与发展［M］. 北京：高等教育出版社，2009.

［29］王丽坤. 大学生心理健康教育［M］. 武汉：武汉理工大学出版社，2009.

［30］王振龙，刘志选. 心理与健康［M］. 北京：科学出版社，2009.

［31］吴汉荣. 医学心理学［M］. 武汉：华中科技大学出版社，2009.

［32］陈露晓. 心理健康教育［M］. 天津：天津教育出版社，2008.

［33］陈选华，王军. 放飞理想：大学生心理健康教育教程［M］. 合肥：中国科学技术大学出版社，2008.

［34］段保才. 高职生挫折心理及应对方式研究［M］. 太原：山西人民出版社，2008.

［35］韩仁生，李传银. 教育心理学［M］. 济南：山东人民出版社，2008.

［36］廖克玲，杨桂芬. 高职院校心理教育教程［M］. 广州：广东科技出版社，2007.

［37］陆明. 新规则：当今处世必须遵守的最新潜规则［M］. 银川：宁夏人民出版社，2007.

［38］马文华. 高校困难学生资助奖励政策解读、工作程序规范实施指导及相关标准规范实用手册（第一卷）［M］. 北京：华夏教育出版社，2007.

［39］全国少工委办公室，中国心理卫生协会，中国青少年发展服务中心. 心理健康辅导——个体辅导［M］. 修订版. 北京：世界图书出版公司，2007.

［40］申继亮. 大学生心理健康教育读本［M］. 北京：高等教育出版社，2007.

［41］叶红梅，张国萍. 大学生心理健康教育［M］. 北京：中国传媒大学出版社，2007.

［42］郑健. 做人不败的底线［M］. 北京：中国国际广播出版社，2007.

［43］郑雪. 人格心理学［M］. 广州：暨南大学出版社，2007.

［44］段鑫星，程婧. 大学生心理危机干预［M］. 北京：科学出版社，2006.

［45］樊富珉，王建中. 当代大学生心理健康教程［M］. 武汉：武汉大学出版社，2006.

［46］孔洁，丛山. 高职大学生心理健康指南［M］. 合肥：中国科学技术大学出

版社，2006.
［47］李玉杰，李景春. 心理学概论［M］. 北京：人民日报出版社，2006.
［48］聂振伟. 大学生心理健康教育［M］. 大连：辽宁师范大学出版社，2006.
［49］张晔，秦华伟. 人格理论与塑造［M］. 北京：国防工业出版社，2006.
［50］张玉芬. 大学生人格教育［M］. 北京：经济管理出版社，2006.
［51］中共湖南省委高等学校工作委员会宣传部，湖南省高校大学生心理健康教育研究会. 大学生心理健康教育与指导［M］. 长沙：湖南大学出版社，2006.
［52］曹鸣岐. 应用社会心理学［M］. 西安：西安地图出版社，2005.
［53］常宝香. 巴雷托的创新忠告［M］. 北京：中国人文出版社，2005.
［54］杜映梅，BESSIE. 职业生涯规划［M］. 北京：对外经济贸易大学出版社，2005.
［55］樊富珉. 团体心理咨询［M］. 北京：高等教育出版社，2005.
［56］贺淑曼. 大学生心理优化辅导［M］. 北京：高等教育出版社，2005.
［57］孟昭兰. 情绪心理学［M］. 北京：北京大学出版社，2005.
［58］宁金友. 农牧科技与教育研究［M］. 西宁：青海人民出版社，2005.
［59］牛陇安，王云霞. 高职学生心理健康指导［M］. 西安：西北大学出版社，2005.
［60］沈劼. 加强当代大学生职业生涯规划指导［M］//桑秀藩. 树理想信念之魂 立民族精神之根——上海立信会计学院思想政治教育研究论文集. 上海：立信会计出版社，2005.
［61］王世赏. 水上专业思想政治理论课研究［M］. 武汉：武汉理工大学出版社，2005.
［62］张作记. 行为医学量表手册［M］. 北京：中华医学电子音像出版社，2005.
［63］周宗奎. 大学生学习指南［M］. 北京：高等教育出版社，2005.
［64］陈琦. 教育心理学：原理与应用［M］. 合肥：安徽教育出版社，2004.
［65］董一英，童三红. 心理学教程［M］. 长春：吉林人民出版社，2004.
［66］广东省教学教材研究室. 高中生心理健康教育教师用书［M］. 2版. 广州：广东教育出版社，2004.
［67］胡凯. 大学生心理健康概论［M］. 长沙：中南大学出版社，2004.
［68］王建军，莫俊生，刘承红，等. 大学生心理学［M］. 北京：海潮出版社，2004.
［69］吴发科. 中学生心理健康教育教案荟萃［M］. 广州：广东高等教育出版社，2004.
［70］张大均，邓卓明. 大学生心理健康教育——诊断·训练·适应·发展［M］. 重庆：西南师范大学出版社，2004.
［71］张万祥. 新课标德育资料库［M］. 宁波：宁波出版社，2004.
［72］段鑫星，赵玲. 大学生心理健康教育［M］. 北京：科学出版社，2003.
［73］蒋雪岭. 麻雀变凤凰：管理、培训、生活游戏大全［M］. 北京：中国经济出版社，2003.

[74] 孔燕. 微笑成长：大学生心理健康教育案例 [M]. 合肥：安徽人民出版社，2003.

[75] 沃特曼，等. 让感觉跟着跑 [M]. 龙靖，编译. 北京：民主与建设出版社，2003.

[76] 程乐华. 网络心理行为公开报告 [M]. 广州：广东经济出版社，2002.

[77] 樊富珉，林永和，王建中，等. 大学生心理素质教程 [M]. 北京：北京出版社，2002.

[78] 覃卓颖，张鑫. 心理自疗 [M]. 长春：吉林人民出版社，2002.

[79] 张厚粲. 心理学 [M]. 天津：南开大学出版社，2002.

[80] 包卫. 心理素质与现代人生——心理健康教育原理与应用 [M]. 长沙：湖南大学出版社，2001.

[81] 王希永，金庆昕. 大学生心理保健 [M]. 广州：中山大学出版社，2001.

[82] 汪雪兴. 管理心理学 [M]. 3版. 上海：上海交通大学出版社，2001.

[83] 钟志贤. 远程教育导论——学与教的原理和方法 [M]. 北京：高等教育出版社，2001.

[84] 陈光山. 儿童心理解读 [M]. 广州：中山大学出版社，2000.

[85] 林崇德. 教育心理学 [M]. 北京：人民教育出版社，2000.

[86] 王建民，尚燕杉，张红军. 21世纪创新学生性健康教育新概念（中册）[M]. 通辽：内蒙古少年儿童出版社，2000.

[87] 张承芬. 教育心理学 [M]. 济南：山东教育出版社，2000.

[88] 马剑侠，陈录生，汪庆华，等. 大学生心理健康教育 [M]. 开封：河南大学出版社，1999.

[89] 汤宜朗，许又新. 心理咨询概论 [M]. 贵阳：贵州教育出版社，1999.

[90] 田志华. 青年心理与心理咨询 [M]. 北京：中国青年出版社，1999.

[91] 杨芷英，王希永. 思想政治教育心理学 [M]. 北京：首都师范大学出版社，1999.

[92] 王幅明. 新世纪青年必读：现代人综合素质纵横谈 [M]. 郑州：大象出版社，1999.

[93] 张奇. 学习理论 [M]. 武汉：湖北教育出版社，1999.

[94] 张日昇. 咨询心理学 [M]. 北京：人民教育出版社，1999.

[95] 冯国斌，刘玉玲. 大学生心理咨询 [M]. 北京：中国社会出版社，1998.

[96] 辽宁省教委思想政治教育处，整体构建学校德育体系的研究与实验课题组. 大学生心理健康导论 [M]. 大连：大连理工大学出版社，1998.

[97] 刘善循，赵梅，刘红梅. 青少年心理卫生与咨询 [M]. 北京：军事医学科学出版社，1998.

[98] 时蓉华. 新编社会心理学概论 [M]. 上海：东方出版中心，1998.

[99] 许维素. 焦点解决短期心理咨商 [M]. 台北：张老师文化事业股份有限公司，1998.

[100] 高玉祥. 健全人格及其塑造 [M]. 北京：北京师范大学出版社，1997.

[101] HALL E，HALL C. 教育公共关系学 [M]. 吴学先，等译. 北京：高等教

育出版社，1997.
［102］仇春霖．大学美育［M］．北京：高等教育出版社，1997.
［103］高汉运．青年学生心理健康［M］．徐州：中国矿业大学出版社，1997.
［104］王化桥．EQ训练教程——情感技巧与成功素质［M］．成都：西南交通大学出版社，1997.
［105］郑日昌，陈永胜．学校心理咨询［M］．北京：人民教育出版社，1997.
［106］樊富珉．团体咨询的理论与实践［M］．北京：清华大学出版社，1996.
［107］何民．策划你的一生——高考专业选择与未来职业设计［M］．北京：新华出版社，1996.
［108］杨怀中．青年实用心理学［M］．北京：中国人事出版社，1996.
［109］章志光．社会心理学［M］．北京：人民教育出版社，1996.
［110］郑日昌．大学生心理诊断［M］．济南：山东教育出版社，1996.
［111］郭念峰．临床心理学［M］．北京：科学出版社，1995.
［112］田宝，钱建龙．青少年心理技能训练［M］．北京：人民体育出版社，1995.
［113］陈安福．心理教育［M］．成都：四川教育出版社，1994.
［114］柳斯品．现代大学生保健指南［M］．北京：北京医科大学、中国协和医科大学联合出版社，1994.
［115］曾文星，徐静．心理治疗：理论与分析［M］．北京：北京医科大学、中国协和医科大学联合出版社，1994.
［116］郑日昌．中学生心理咨询［M］．济南：山东教育出版社，1994.
［117］陈家桢，顾家武．心术全书［M］．延吉：延边人民出版社，1993.
［118］梁志燊．现代学前教育［M］．北京：教育科学出版社，1993.
［119］罗国杰．思想道德修养［M］．2版．北京：高等教育出版社，1993.
［120］许又新．神经症［M］．北京：人民卫生出版社，1993.
［121］何成银．大学生心理咨询与治疗［M］．成都：四川教育出版社，1992.
［122］马建青．辅导人生——心理咨询学［M］．济南：山东教育出版社，1992.
［123］马辛．简明精神病学［M］．北京：人民卫生出版社，1992.
［124］谢小庆，张治灿，杨立谦，等．洞察人生——心理测量学［M］．济南：山东教育出版社，1992.
［125］中国大百科全书总编辑委员会．中国大百科全书·心理学［M］．北京：中国大百科全书出版社，1992.
［126］冯江平．挫折心理学［M］．太原：山西教育出版社，1991.
［127］程才根，胡卫东．大学生心理健康概论［M］．沈阳：辽宁大学出版社，1990.
［128］袁俊昌．社会心理学纲要［M］．海口：三环出版社，1990.
［129］张伯源，敖明，许岫茹．心理咨询和行为治疗［M］．北京：团结出版社，1990.
［130］中国百科大辞典编委会．中国百科大辞典［M］．北京：华夏出版社，1990.

［131］韩进之. 教育心理学纲要［M］. 北京：人民教育出版社，1989.
［132］卢家楣. 现代青年心理探索［M］. 上海：同济大学出版社，1989.
［133］文贤彬. 大学生思想修养与人生哲理［M］. 长沙：湖南教育出版社，1989.
［134］黄志坚. 青年学［M］. 北京：中国青年出版社，1988.
［135］傅立强，刘跃发. 冲出苦恼的旋涡——写给青年朋友的136封信［M］. 沈阳：辽宁大学出版社，1988.
［136］马有度. 中国心理卫生学［M］. 成都：四川科学技术出版社，1988.
［137］辛立洲. 大学生社会学［M］. 南宁：广西科学技术出版社，1988.
［138］李全民. 大学生思想品德修养学［M］. 北京：航空工业出版社，1987.
［139］王承璐. 人际心理学［M］. 上海：上海人民出版社，1987.
［140］张人骏，朱永新，袁振国. 咨询心理学［M］. 北京：知识出版社，1987.
［141］华东六省一市教育学院. 教育心理学［M］. 福州：福建教育出版社，1983.
［142］詹思延. 流行病学［M］. 7版. 北京：人民卫生出版社，1981.
［143］胡德辉，叶奕乾，杨治良. 现代心理学［M］. 开封：河南教育出版社，1980.
［144］赵天睿. 当代大学生性观念现状及其教育对策［J］. 产业与科技论坛，2012（16）：121-122.
［145］高蕾. 当代大学生人际交往中存在的问题及应对策略［J］. 教育探索，2012（1）：138-139.
［146］肖保根. 准毕业生的四个求职关键词［J］. 青年心理，2011（3）：20-21.
［147］严海霞. 大学生孤独心理的成因分析及防治［J］. 中国成人教育，2011（3）：30-32.
［148］郑晓江. 论人类生命的二维性四重性——以自杀问题与人生意义问题为中心［J］. 广东社会科学，2010（5）：51-56.
［149］王红姣，卢家楣. 高职生压力源及应付方式特点研究［J］. 心理科学，2009，32（6）：1328-1332；1305.
［150］刘舒敏. 当代大学生恋爱现状分析与对策［J］. 教育与职业，2007（29）：174.
［151］孙莉. 心理咨询不是救命草［J］. 青年心理，2007（2）：46-47.
［152］武文军，肖欢，万唯佳. 大学新生人际交往研究综述［J］. 广西青年干部学院学报，2007（2）：28-29.
［153］朱春鹰. 大学生网络行为的心理分析及应对措施［J］. 思想政治教育研究，2006（3）：123-124.
［154］张月娟，阎克乐，王进礼. 生活事件、负性自动思维及应对方式影响大学生抑郁的路径分析［J］. 心理发展与教育，2005（1）：96-99.
［155］李志强. 试析大学生虚荣心理的教育对策［J］. 零陵学院学报，2003，24（5）：154-156.
［156］王振宏，郭德俊. Gross情绪调节过程与策略研究述评［J］. 心理科学进展，2003，11（6）：629-634.

[157] 黄敏儿，郭德俊. 原因调节与反应调节的情绪变化过程 [J]. 心理学报，2002 (4): 371-380.

[158] 庞维国. 论学生的自主学习 [J]. 华东师范大学学报 (教育科学版)，2001 (2): 78-83.

[159] 许海姝. 美国年轻人眼里的开心时刻 [J]. 黄金时代，2001 (2): 41-43.

[160] 许燕，曹雪. 从传统性到现代性的转变上看京港大学生的人格差异 [J]. 心理学探新，2000，20 (4): 44-49.

[161] 戴哲人. 心理学与教育工作 [J]. 安徽教育，1979 (5): 8-9.

[162] 吴秀秀. 当代大学生人际交往不良倾向及其对策研究 [D]. 南京：南京师范大学，2011.

[163] 郑顺艺. 大学生生命意义的结构及其发展特点 [D]. 沈阳：沈阳师范大学，2011.

[164] 刘卡静. 中学生生命意识、生存技能和生命意义感现状研究 [D]. 成都：四川师范大学，2008.

[165] 孙非. 大学生心理导论 [D]. 北京：中国经济出版社，1992.

[166] 叶之红，罗汉书. 概念解读：何为职业生涯规划 [N]. 中国教育报，2007-01-03.

[167] 祁立刚. 塑造大学生健康人格 [N]. 光明日报，2005-12-28.

[168] 段远翎. “网络迷恋者”迷恋些什么？——大学生上网情况调查 [N]. 闽南日报，2005-09-20.

[169] 陈仲庚，等. 艾森克人格问卷 (EPQ) 使用说明 [Z]. 北京：北京大学心理学系临床心理学实验室，1985.

